长短经

〔唐〕赵蕤◎著

诸葛静一◎解译

全鉴

国家一级出版社　　中国纺织出版社　　全国百佳图书出版单位

内 容 提 要

《长短经》是一本韬略奇书，由唐代赵蕤所著，用唐以前的历史事件为论证素材，集诸子百家学说于一体，融合儒、道、兵、法、阴阳、农等诸家思想，所讲内容涉及政治、外交、军事等各种领域，并且还能自成一家，形成一部逻辑体系严密、涵盖文韬武略的谋略全书。本书通过原文、注释、译文、评析等对《长短经》作了全方面的解析，从而把《长短经》的谋略精华和盘托出，以便读者更好地领略作者的智慧。

图书在版编目（CIP）数据

长短经全鉴 / （唐）赵蕤著；诸葛静一解译. -- 北京：中国纺织出版社，2019.7
ISBN 978 - 7 - 5180 - 5146 - 5

Ⅰ. ①长… Ⅱ. ①赵… ②诸… Ⅲ. ①政治—谋略—中国—古代②《长短经》—译文 Ⅳ. ①D691

中国版本图书馆CIP数据核字（2018）第130359号

策划编辑：段子君　　责任校对：寇晨晨　　责任印制：储志伟

中国纺织出版社出版发行
地址：北京市朝阳区百子湾东里 A407 号楼　邮政编码：100124
销售电话：010—67004422　传真：010—87155801
http：//www.c-textilep.com
E-mail：faxing@c-textilep.com
中国纺织出版社天猫旗舰店
官方微博 http://weibo.com/2119887771
北京佳诚信缘彩印有限公司印刷　各地新华书店经销
2019 年 7 月第 1 版第 1 次印刷
开本：710×1000　1/16　印张：20
字数：290 千字　定价：48.00 元

"一策而转危局，一语而退万军，一计而平骚乱，一谋而值千金，数言而定国基。"谋略作为人类智慧的表现形式之一，几乎在社会生活的每一处都能找到它的踪迹。在一个人的成长中，谋略水平的高低是其人生成功的基点：谋成，则事成；谋败，则事败……

如果说兵家谋略以《孙子兵法》为代表，主要侧重于军事领域；法家谋略以《韩非子》为代表，主要侧重于政治领域；纵横家谋略以《鬼谷子》为代表，主要侧重于外交领域；而《长短经》则集古今谋略大成，是谋略学中的经典之作。

《长短经》是唐代赵蕤编写的一本纵横学著作，亦称《反经》。为历代有政绩的帝王将相所共悉，被尊奉为"小《资治通鉴》"。

赵蕤（ruí）字太宾，梓州盐亭（今四川省盐亭县）人，约生于唐高宗显庆四年（公元 659 年），卒于唐玄宗天宝元年（公元 742 年）。由于他生活在大融合、大统一、大团结的"开元盛世"，缺乏战国时期那种大分裂、大动乱、大辩论的政治环境，加上他视功名如粪土，视富贵如浮云，而且"夫妇俱有隐操"，所以采取了"不应辟召"的处世态度。

赵蕤自幼好帝王之学，"博学韬钤，长于经世"，并且"任侠有气，善为纵横学"，并因此闻名于当世。唐玄宗多次征召，他都辞而不就，过着隐居的生活。大诗人李白对他极为推崇，曾经跟随他学习帝王学和纵横术，时称"赵蕤术数，李白文章"。

关于赵蕤，刘昫的《旧唐书》和欧阳修的《新唐书》皆未立传。唯北宋孙光宪的《北梦琐言》和清代纪晓岚的《四库全书总目提要》有他的事迹简历和传略。

《长短经》是赵蕤的代表作，成书于开元四年（公元 716 年），共九卷64 篇，集儒家、道家、法家、兵家、杂家和阴阳家思想之大成，是黑白杂糅之书。此书高妙完美，天人合一，振聋发聩，警世惩恶，是难得的谋略全书。

《长短经》作者打破时空界限，从宏观上鸟瞰了上至尧舜、下至隋唐的历史全貌，围绕权谋政变和知人善任这两个重心，时而引经据典，雄辩滔滔；时而运筹帷幄，驰骋沙场；时而审时度势，策划于密室；时而纵横捭阖，游说于诸侯。既有五侯争霸的刀光剑影、百子争锋，又有三国割据的金戈铁马、斗智斗勇。奇谋叠出，电闪雷鸣。铺述历史，或则白描淡线，或则浓墨重彩。有理论上的探讨，有策略上的权衡，有人物的品评，有得失的反思。书中所引的前代著述经史子集几乎无所不包，所引书目中更有今已散佚的著述，如《玉钤经》、吴人张微的《墨记》等。内容涉及君臣德行、任人用长，度情察势、霸略权变等内容，夹叙夹议，史论结合。对那些胸怀大志，追求卓越的现代人来讲，无论奉上御下、结盟御敌，还是公关游说，为人处世等均有极强的借鉴意义。

《长短经》集政治学、谋略学、人才学、社会学为一体，大到治国用兵、识人用人，小到世故人情、生活智慧，一网打尽，全方位、多角度地阐释了中国古代的谋略思想。

为了传承经典，让更多的人阅读国学经典，领略经典智慧，拥有智慧人生，我们策划编辑了本书。本书是一部创意迭出的、全新的《长短经》，通过原文、注释、译文、评析等对《长短经》作了全方面的解析，从而把《长短经》的谋略精华和盘托出。

拥有如此一本详释谋略真谛的书，相信你的谋略水平会得到质的提高，你的人生事业也会益发精彩！

解译者

2019 年 5 月

目录

1

原序

匠成舆者，忧人不贵；作箭者，恐人不伤。彼岂有爱憎哉？实技业驱之然耳。是知当代之士、驰骛之曹，书读纵横，则思诸侯之变；艺长奇正，则念风尘之会。此亦向时之论，必然之理矣。故先师孔子深探其本、忧其末，遂作《春秋》，大乎王道；制《孝经》，美乎德行。防萌杜渐，预有所抑。斯圣人制作之本意也。

然作法于理，其弊必乱。若至于乱，将焉救之？是以御世理人，罕闻沿袭。三代不同礼，五霸不同法。非其相反，盖以救弊也。是故国容一致，而忠文之道必殊；圣哲同风，而皇王之名或异。岂非随时设教沿乎此，因物成务牵乎彼？沿乎此者，醇薄继于所遭；牵乎彼者，王霸存于所遇。

故古之理者，其政有三：王者之政化之；霸者之政威之；强国之政胁之。各有所施，不可易也。

管子曰："圣人能辅时不能违时。智者善谋，不如当时。"

邹子曰："政教文质，所以匡救也。当时则用之，过则舍之。"

由此观之，当霸者之朝而行王者之化，则悖矣。当强国之世而行霸者之威，则乖矣。若时逢狙诈，正道陵夷，欲宪章先王，广陈德化，是犹待越客以拯溺，白大人以救火。善则善矣，岂所谓通于时变欤？

夫霸者，驳道也，盖白黑杂合，不纯用德焉。期于有成，不问所以；论于大体，不守小节。虽称仁引义，不及三王，扶颠定倾，其归一揆。恐儒者溺于所闻，不知王霸殊略，故叙以长短术，以经论通变者，创立题目总六十有三篇，合为十卷，名曰"长短经"。大旨在乎宁固根蒂，革易时弊，兴亡治乱。具载诸篇，为沿袭之远图，作经济之至道，非欲矫世夸俗，希声慕名。辄露见闻，逗机来哲。凡厥有位，幸望详焉。

樟州鄞县，长平山安昌岩。草莽臣赵蕤撰。

【译文】

制作车子的人，唯恐别人不富贵，没人买他的车；制作弓箭的人，唯恐弓箭不伤人，没人买他的箭。他们这样做，难道是对别人有意心存爱憎吗？不是的，这是技术、职业促使他们必须这样做的。从这些事例可以知道，当今那些积极进取的人们为什么一读了讲纵横谋略之术的书，就盼着天下大乱；通晓了兵法战略，就希望发生战争。这也是一向就有的说法，人情世故的必然。所以先师孔子一方面深刻探究它的根本，另一方面又担忧它的弊端，于是创作《春秋》以光大王道；著述《孝经》以褒奖美德。防微杜渐，首先要有所防范。这就是圣人创作、著述的根本用意。

但是，制定一种方针、政策运用于治理国家，当这种方针、政策出现弊端时必定会出乱子。如果到出了乱子的时候，那又怎么能救得了呢？因此，统治天下，管理人民，很少听说有因循守旧、食古不化的方法。夏、商、周三代有不同的礼教，春秋五霸有不同的法规。这并不是有意要反其道而行之，而是为了用不同的方针政策来补漏救偏。正因如此，所以国家的风貌虽然一样，但治理的方法却一定不同；圣人、先哲虽然都同样圣明，但一代代帝王的名号却往往有

别。这难道不是因时因地确定自己的管理方式，根据以往的经验教训顺应客观规律，以便成就自己的事业吗？在根据此时此地的实际情况制定政策的时候，社会风气的好坏完全由社会条件决定；在依照以往的经验教训治理国家时，成就王道或成就霸道，也都是由社会的发展状况决定。

所以，古人治国主要有三种方式：王道的统治采用教育的方法；霸道的统治采用威摄的手段；强国的统治采取强迫的办法。之所以要这样，各有各的原因，不能随便更换。

春秋时齐国的名相管仲说："圣人只能顺应时势而不能违背时势。聪明的人虽然善于谋划，但总不如顺应时代高明。"

战国时的邹忌说："一切政治文化都是用来匡正时弊、补救失误的。如果适合于当时当地的实际情况就运用它，一旦过时了就舍弃它。"

据此来看，在应当实行霸道的统治时却推行王道的教化，就会适得其反；应当实行强国的统治时却施行霸道的威摄手段则将谬误百出。如果时逢天下大乱，人心诡诈，传统的道德观念受到破坏，而要遵从先王的传统，广泛推行伦理道德教育，这就好像是等待越地识水性的人来救落水的人，请求那些尊贵的人来救火一样。好是好，可难道这符合我们所说的"通于时变"吗？

霸道是一种混杂不清的政治，也就是说，是一种黑白夹杂，不单纯用合乎道德教育的政治。这种治国方法只求成就事业，不问为什么成就；只强调总体效果而不顾细微末节的弊病。但是这种政治尽管在仁义道德上不及夏禹、商汤、周文王的德育政治，但在扶危定倾这一点上，二者却是同一的。我担心一般的儒生被自己的学识局限，不懂得王道和霸道的区别，所以来专门阐述长短术，用以分析通变的道理，确立题目共六十三篇，合在一起为十卷，书名称《长短经》。本书的中心思想是讨论如何巩固统治的根基，改革时弊，拨乱反正，挽救国家之败局。所叙各篇，都是吸取先前经验教训的深远谋略，是经邦济世的真理。我并不想借此来哗众取宠，博取虚名。把我的见解披露出来，为的是抛砖引玉，以待后世明哲的俊杰继往开来。如果有正在其位的帝王，他能好好读读这本书，那我就深感荣幸了。

大体第一

知人者，王道也；知事者，臣道也；无形者，物之君也；无端者，事之本也。

1. 人才得，天下治

【经文】

臣闻老子曰："以正理国，以奇用兵，以无事取天下。"荀卿曰："人主者，以官人为能者也；匹夫者，以自能为能者也。"傅子①曰："士大夫分职而听，诸侯之君分土而守，三公总方而议，则天子拱己而正矣。"何以明其然耶？当尧之时，舜为司徒，契为司马，禹为司空，后稷为田官，夔为乐正，倕为工师，伯夷为秩宗，皋陶为理官，益掌驱禽。尧不能为一焉，奚以为君，而九子者为臣，其故何也？尧知九赋之事，使九子各授其事，皆胜其任以成九功。尧遂乘成功以王天下。

汉高帝②曰："夫运筹策于帷幄之中，决胜于千里之外，吾不如子房；镇国家、抚百姓、给馈饷、不绝粮道，吾不如萧何；连百万之军，战必胜，攻必取，吾不如韩信。三人者，皆人杰也。吾能用之，此吾所以有天下也。"

故曰：知人者，王道也；知事者，臣道也；无形者，物之君也；无端者，事之本也。鼓不预五音，而为五音③主；有道者，不为五官④之事，而为理事之主。君守其道，官知其事，有自来矣。

先王知其如此也，故用非其有如己有之⑤，通乎君道者也。

人主不通主道者则不然。自为之则不能任贤，不能任贤，则贤者恶之，此功名之所以伤，国家之所以危。

【注释】

①傅子：即傅玄，西晋大臣，著有《傅子》一书。

②汉高帝：即刘邦，又称汉高祖。

③五音：古时称宫、商、角、徵、羽。

④五官：古代一般指司徒、司空、司马、司士、司寇。本文中指众官。

⑤故用非其有如己有之：把他人具备的优点当做自己的优点，等于自己同样具备了该优点。

【译文】

我知道老子说过："以正道治国，以奇正用兵，以无为取天下，这是成大事者必须明白的最高法则。"荀子的说法是："做帝王的，善于恰当地授予臣子官职，并管理他们才算是有才能；普通人，凭借自己能干为有才能。"西晋哲学家傅玄说："能让士大夫忠于职守，服从命令；让诸侯国的君主分到土地并守住它；让朝廷三公总揽天下大事并参政、议政，那么天子就可以无忧无虑地坐在那里统治天下了。"这个道理如何证明是正确的呢？在尧统治的时期，舜为司徒，契为司马，禹为司空，后稷管农业，夔管礼乐，倕管工匠，伯夷管祭祀，皋陶判案，益专门负责驯练用于作战的野兽。这些具体的事尧一件也不做，悠然地只做他的帝王，而这九个人怎么会心甘情愿做尧的臣子呢？这是因

为尧懂得这九个人都各自有什么才能，然后量才任用，而且让他们个个都成就了一番事业。尧最终凭借他们成就的功业而统治了天下。

汉高祖说："运筹帷幄之中，决胜千里之外，我不如张良；定国安邦、安抚百姓、供应军需、保证粮道畅通，我不如萧何；统领百万大军，战必胜，攻必克，我不如韩信。这三个人，都是人中精英。但是我了解并会任用他们，这就是我夺取天下的原因。"

所以说，知人，是君道；知事，是臣道。无形的东西，才是有形之万物的主宰；看不见源头的东西，才是世事人情的根本。鼓不干预五音，却能做五音的统帅。掌握了君道真谛的人，不去做文武百官各自负责的具体事情，才可以成为国家的最高统治者。做帝王的应恪守这一准则，官员应知道他们自己应当做的事情，自古以来就是这样的。

正因为做帝王的通晓这一道理，所以他才会把不是他自己的东西当作自己的一样支配使用。善于这样做，才算真正懂得君道的统治者。

而那些不明白这个道理的统治者就不会这样做。他们往往事无巨细，躬身亲行才放心，而不会信任、重用有才德的贤人。不用有才能的人，有才能的人就会讨厌他。其最终结果，只能是功名、事业受损害，国家、社会出现危机。

【评析】

真正有智慧的人从来不认为自己无所不能、无所不知。无论是高高在上的帝王将相，还是平民百姓，想要真正取得一番成就，都得懂得知人、用人，因为个人的能力毕竟有限。虽然本篇讲的是君道，即作为国家最高领导人必须通晓、掌握的根本原则，但是从某种角度上来说，做帝王的一些原则、方法有时同样可以推而广之地运用到现代的生活中。

今天，在竞争激烈的市场经济条件下，谁能赢得最终的胜利？我想肯定是力量最大的人。那么想要拥有不可撼动的力量就得紧紧握住人才，有了人才，其他一切都可轻易获得。因为虽然市场有着一定的规律，但人却能发现市场、改变市场，从而让市场为人所用。

大家肯定都知道"近朱者赤，近墨者黑"的道理，那么在平时的生活和工作中，有意识地结交优秀的人做朋友、有能力的同事共办事和不加选择地结交朋友、不注意向有能力的同志靠拢，这两者的结果肯定也会有天壤之别。

当然，一个人想要成功，也不是说得到人才、接近优秀的人就可以了，关键是要让"千里马"尽情驰骋"战场"，这就需要我们具备其他一些良好的素质，例如识大体、敢放权等。

作为个人，正如上面所说，也不能以为接近优秀的人就可以了，因为想要取得自身的发展和提高，更需要我们不断向优秀的人学习，这样我们才能逐渐成为优秀的人。

2. 君有道，臣归顺

【经文】

汤武①一日而尽有夏商之财，以其地封，而天下莫敢不悦服；以其财赏，而天下皆竞劝，通乎用非其有也。

故称：设官分职，君之体也；委任责成②，君之体也；好谋无倦，君之体也；宽以得众，君之体也；含垢藏疾③，君之体也。君有君人之体，其臣畏而爱之，此帝王所以成业也。

【注释】

①汤武：即商汤王、周武王，文中代指古代英明的君王。

②委任责成：委派任命官员时，明确责任，并监督他们完成任务。

③含垢藏疾：解决各种矛盾，消除各种隐患。

【译文】

从前，商汤、周武消灭了夏桀、纣王，一日之内就拥有了夏、商的全部国有财产，便把土地、财宝封赏给有功的大臣，举国上下没有不欢天喜地、心悦诚服的。用亡国者的财产赏赐功臣，整个国家的臣民都会争相效命。这就是汤武懂得如何使用不属于自己的东西的原因。

所以说设立官位，分配职务；委派任命官员，监督他们完成任务；喜欢谋略而不知倦息；有宽容大度的雅量而又能获得大众的拥戴；解决各种矛盾，消除各种隐患，这些都是国家最高统治者必须掌握的治国大道。能做到这些，文武百官就会对他既畏惧又爱戴，这就是帝王成就一统天下之大业的根本所在。

【评析】

没有人喜欢是非不分、赏罚不明的领导，也没有人喜欢心胸狭隘、不思进取的领导。俗话说，"兼听则明，偏信则暗""赏罚明，人心服""宰相肚里能撑船""泰山不让土壤，故能成其大；江河不择细流，故能就其深"。作为一个领导者或管理者，不论是治理一个国家，还是管理一个部门，不懂得这些，是很难保证国家长治久安或部门业绩蒸蒸日上的。

在日常生活中，我们也一定要懂得共享财富、名誉等，唯有如此，我们才能为自己赢得人生最大的财富——别人的信任和甘愿为你付出的诚心。

任长第二

强脊者使之负土，眇者使之推，伛者使之涂，各有所宜，而人性齐矣。

1. 察才能，治之要

【经文】

臣闻料才核能①，治世之要。自非圣人，谁能兼兹百行，备贯众理乎？故舜合群司②，随才授位；汉述功臣，三杰异称。况非此俦③，而可备责耶？

昔伊尹之兴土工也，强脊者使之负土，眇者④使之推，伛者⑤使之涂，各有所宜，而人性齐矣。管仲⑥曰："升降揖让，进退闲习，臣不如隰（xí）朋，请立以为大行；辟土聚粟，尽地之利，臣不如甯戚⑦，请立以为司田；平原广牧，车不结辙，士不旋踵，鼓之而三军之士视死如归，臣不如王子城父，请立以为大司马⑧；决狱折中，不杀不辜，不诬不罪，臣不如宾胥无⑨，请立以为大理；犯君颜色，进谏必忠，不避死亡，不挠富贵，臣不如东郭牙，请立以为大谏。君若欲治国强兵，则五子者存焉。若欲霸王，则夷吾在此。"

【注释】

①料才核能：考察、衡量人的才能。

②群司：百官。

③俦：同类，辈。

④眇者：眇，原指瞎了一只眼，现在一般指双目失明。此处指看不见东西的人。

⑤伛（yǔ）者：伛，曲、弯。伛者指驼背的人。

⑥管仲：名夷吾，字仲，春秋时期著名政治家。著有《管子》一书。

⑦宁戚：春秋时期卫国人，后被齐桓公拜为上卿。

⑧大司马：古代统治军队的最高将领。

⑨宾胥无：春秋时期齐国人，齐桓公时曾任大夫，是有名的贤臣。

【译文】

我听说，考察、衡量人的才能，这是治理天下的首要任务之一。既然我们不是圣人，谁又能通晓各行各业，懂得天下百科知识呢？所以舜统管各个部门，能根据每个人的才能而委以不同的职位；汉高祖刘邦讲论功臣，对张良、萧何、韩信这三人的才干各有不同的说法。何况一般人不能和这些人相比，怎么可以求全责备呢？

从前伊尹大兴土木的时候，用脊力强健的人来背土，独眼人来推车，驼背的人来铺路，各人做其适宜做的事，从而使每个人的特点都得到了充分发挥。管仲在向齐桓公推荐人才的时候说："对各种进退有序的朝班礼仪，我不如隰朋，请让他来做大行吧；开荒种地，充分发挥地利，发展农业，我不如宁戚，请让他来做司田吧；能使三军将士视死如归，我不如王子城父，请让他来做大司马吧；处理案件，秉公执法，不滥杀无辜，我不如宾胥无，请让他来做大理吧；敢于犯颜直谏，不畏权贵，尽职尽忠，以死抗争，我不如东郭牙，请让他来做大谏吧。您若想富国强兵，那么，有这五个人就够了。若想成就霸业，那就得需要任用我管仲了。"

【评析】

熟读《史记》的肯定都知道陈平这个人，他年轻的时候是个游手好闲的人。当时正逢乱世，他先投奔项羽，项羽很重用他，官到都尉，后来因与刘邦作战失败，陈平怕被项羽杀掉，又转而投奔了刘邦。可见，这也是一个没有"笃行"的无德之人。但刘邦并没有因此而小看陈平，相反却比项羽还重用他。在后来的楚汉战争中，刘邦的许多奇谋妙计都出自陈平，而且，在刘邦死后，陈平协助周勃诛灭诸吕，进一步巩固了汉王朝的基业。可以说，在用人这一点上，人没有好坏，只有短长。如果用得适当，也可能让小人很好地发挥他的作用。

无论何时，用人都不能摆脱道德这一标准。这有它的合理之处，无论怎么说，一个人的品德很重要。但是，这并不意味着品德可以决定一切。如果唯品德论，而看不到人的其它长处，或者是选拔任用了有德而无才的人，对任何一项事业的发展都是无大益的。

2. 择人长，避其短

【经文】

黄石公①曰"使智、使勇、使贪、使愚，智者乐立其功，勇者好行其志，贪者决取其利，愚者不爱其死。因其至情而用之，此军之微权也。"

《淮南子》②曰："天下之物莫凶于奚毒③，然而良医橐而藏之，有所用也。麋之上山也，大獐不能跂，及其下也，牧竖④能追之。才有修短也。胡人便于马，越人便于舟。异形殊类，易事则悖矣。"

魏武诏曰："进取之士，未必能有行。有行之士，未必能进取。陈平岂笃行，苏秦岂守信耶？而陈平定汉业，苏秦济弱燕者，任其长也。"

由此观之，使韩信下帏，仲舒当戎，于公驰说，陆贾听讼，必无曩时之勋，而显今日之名也。故"任长"之道，不可不察。

【注释】

①黄石公：秦朝时的隐士。著有《黄石公三略》三卷。

②《淮南子》：又名"淮南鸿烈"，西汉时期淮南王刘安及其门客所著。

③奚毒：附子。

④牧竖：放牧的孩子。

【译文】

黄石公说："任用有智谋、有勇气、贪财、愚钝不同类型的人，使智者乐于立功，使勇者得遂其志，使贪者得到利益，使愚者不吝惜舍弃生命。根据他们每个人的性情来任用他们，这就是用兵时最精妙的权谋。"

《淮南子》说："天下的东西没有毒过附子这种草药的，但是高明的医生却把它收藏起来，这是因为它有独特的药用价值。麋鹿上山的时候，善于奔驰的大獐都追不上它，等它下山的时候，牧童也能追得上。这就因为在不同的环境中，任何才能都会长短不同。比如胡人骑马方便，越人乘船方便，形式和种类虽然都不同，但彼此都觉得很方便，然而一旦交换一下来使用，双方都会感到不便。"

所以，魏武帝曹操下诏说："有进取心的人，未必一定有德行。有德行的人，不一定有进取心。陈平有什么忠厚的品德？苏秦何曾守过信义？可是，陈平却奠定了汉王朝的基业，苏秦却拯救了弱小的燕国。原因就在于他们都发挥了各自的特长。"

由此看来，让韩信当谋士，让董仲舒去打仗，让于公去游说，让陆贾去办案，谁也不会创立先前那样的功勋，也就不会有今天这样的美名。所以，"任长"的原则，不能不仔细研究。

【评析】

金无足赤，人无完人，我们不必用一种太苛刻的眼光看人，因为"水至清则无鱼，人至察则无徒"。

现在我们讲究德才兼备，然而古往今来，凡有大才之人，未必有大德。这就需要我们善于发现别人的优点、长处，然后让它们为己所用。不仅那些大才之人的光辉能得以充分发挥，我们善于用人的智慧也会得以彰显。

品目第三

天下重器，王者大统，莫不劳聪明于品材，获安逸于任使。

1. 鉴人才，为首要

【经文】

夫天下重器①，王者大统，莫不劳聪明于品材，获安逸于任使。故孔子曰："人有五仪：有庸人，有士人，有君子，有圣，有贤。审此五者，则治道毕矣。"

所谓庸人者，心不存慎终之规，口不吐训格②之言，不择贤以托身，不力行以自定，见小暗大而不知所务，从物如流而不知所执。此则庸人也。

所谓士人者，心有所定，计有所守。虽不能尽道术之本，必有率也；虽不能遍百善之美，必有处也。是故智不务多，务审其所知；言不务多，务审其所谓；行不务多，务审其所由。智既知之，言既得之，行既由之，则若性命形骸之不可易也。富贵不足以益，贫贱不足以损，此则士人也。

所谓君子者，言必忠信而心不忌，仁义在身而色不伐，思虑通明而辞不专，笃行信道，自强不息，油然若将可越而终不可及者。此君子也。

所谓贤者，德不逾闲③，行中规绳，言足法于天下而不伤其身，道足化于百姓而不伤于本，富则天下无菀财④，施则天下不病贫。此则贤者也。

所谓圣者，德合天地，变通无方，究万事之终始，协庶品之自然，敷其大道而遂成情性，明并日月，化行若神，下民不知其德，睹者不识其邻。此圣者也。

【注释】

①重器：象征国家、社稷。

②格：法。

③德不逾闲：闲，道德规范、界限。品德不违背规范。

④菀（yùn）财：菀，积累。积累财富。

【译文】

国家社稷，王者帝位，没有比辨别人才之高下，并量才使用这件事更重大的了。如果能这样做，那做帝王的就能使自己既显得耳聪目明，又显得安闲自在。所以孔子说："人分五个等级：庸人，士人，君子，圣人，贤人。若能清清楚楚地分辨这五类人，那么长治久安的统治之道就真正掌握了。"

那些被称作庸人的，内心深处没有严肃慎重的信念；嘴上不谈论有教导训诫法则的言语；不选择有德的贤人做朋友；不能扎扎实实地安身立命，老老实实地做事做人；见小利，忘大义，自己都不知道自己在干什么；迷恋于声色犬马，随波逐流，总是把持不住自己，这样的人就是庸人。

那些被称作士人的，都是有信念、有原则的。虽不能精通大道和人道的根本，但向来都有自己的观点和主张；虽不能把各种善行做得十全十美，但必定有值得称道之处。因此，他不要求智慧有太多，但只要有一点，就务必要彻底明了；言语理论不求很多，但只要是他所主张的，就务必中肯扼要；他所完成的事不一定很多，但每做一件事都务必要明白为什么要做。他的思想既然非常明确，言语既然扼要得当，做事既然有根有据，犹如人的生命和形体一样和谐统一，那就是一个人格和思想非常完整、独立的人，外在力量是很难改变他的。所以富贵了，也看不出对他有何增益；贫贱了，也不会对他有什么损失。这就是士人。

君子的特征是说话诚实守信，心中对人不存忌恨。秉性仁义但从不向人炫耀，通情达理，明智豁达，但说话从不武断，行为一贯，守道不渝，自强不息。在别人看来，显得平平常常，坦坦然然，并无特别出众之处，然而真要超越他，却很难做到。这就是真正的君子。

贤人的特征是品德不逾越界限，行为合于规范，其言论足以被天下人奉为道德准则而不伤及自身，其道义足以教化百姓而不损伤事物的根本。能使人民富有，然而却看不到天下有积压的财物；好善乐施，普济天下，从而使民众没有什么疾病和贫困。这就是贤人。

所谓圣人，其自身的品德与天地的自然法则融为一体，变幻莫测，通达
无阻。对宇宙万物的起源和终结已经
彻底参透，与一切生灵、世间万象融
洽无间，自然相处。把大道拓展成自
己的性情，光明可比日月，变化运行，
有如神明，芸芸众生永远不能明白他
的品德有多么崇高伟大，即使见到一
点也不能真正了解其德性的边际在哪
里。达到这种境界的才是圣人。

【评析】

作者对孔子的五等人理论进行了
阐述，认为能够鉴别这五种人，才算
真正掌握了识人之要、治人之道。作
者的认识是很正确的，一个处在统治
阶层的领导没有明确的人才观，就很
难得到人才，即使得到也不能使他们
各尽其能，不仅浪费了人才，也终难
成就大业。最终人才也会纷纷离去。

有些领导也极力想挽留人才，可
总是不得要领，他们简单地认为只要
给人才以高回报就能使人才尽心尽力
为己效命了。其实不然，人才虽然也
会看重报酬，但有时决定其去留的反
而是金钱之外的东西，比如是否受到
尊重，是否能一展才华等。而这些正
是有些领导们极易忽略的。

不仅领导，常人也会犯这样的错
误，以为金钱可以维系一切，结果陪
伴自己的只剩下金钱。所以我们无论

求贤，还是交友，都要观察对方是什么样的人，然后真诚地满足对方的需要。唯有此，我们才能人缘源源，生命旺旺。

2. 明标准，论豪杰

【经文】

《钤经》①曰："德足以怀远②，信足以一异③，识足以鉴古，才足以冠世，此则人之英也；法足以成教，行足以修义，仁足以得众，明足以照下，此则人之俊也；身足以为仪表，智足以决嫌疑，操足以厉贪鄙，信足以怀殊俗，此则人之豪也；守节而无挠，处义而不怒，见嫌不苟免，见利不苟得，此则人之杰也。"

《家语》④曰："昔者明王必尽知天下良士之名，既知其名，又知其实，然后用天下之爵以尊之，则天下理也。"此之谓矣。

【注释】

①《钤经》：即《素书》，又名《玉钤篇》，古时兵书名称，相传为黄石公所作。

②怀远：让远方的人慕名而来。

③一异：统一不同类者。

④《家语》：即《孔子家语》。魏人王肃撰，记载的是孔子的相关事迹。

【译文】

《玉钤经》说："如果一个人的品德足以让远方的人慕名而来，如果他的信誉足以把形形色色的人集聚在一起，如果他的见识足以照鉴古人的正误，如果他的才能足以冠绝当代，这样的人就可以称作人中之英；如果一个人的理论足以成为教育世人的体系，如果他的行为足以引为道德规范，如果他的仁爱足以获得众人的拥戴，如果他的英明足以烛照下属，这样的人就是人中之俊；如果一个人的形象足可做别人的仪表，如果他的智慧足以决断疑难，如果他的操行足以警策卑鄙贪婪，如果他的信誉足以团结生活习俗不同的人们，这样的人就是人中之豪；如果一个人能恪守节操而百折不挠，如果他多有义举但受到别人的诽谤而不发怒，见到让人嫌弃的人和事而不苟且避让，见到利益而不随随便便去获取，这样的人就是人中之杰。"

《孔子家语》说："从前贤明的君主一定要对普天之下的名士了如指掌，不但知道他们名声的好坏，而且知道他们的品质优劣，这样才能恰如其分地授予他们相应的头衔，使他们显得尊贵荣耀。这样一来，天下就好统治了。"孔子在这里所说的，意思是对人才的品行之等级要有个基本估量。

【评析】

没有人能够真正成为"英雄豪杰"，也就是说这个世上不可能存在完美的人。

那么，作为领导者知道这一点是很重要的，尤其是当今社会，学科分类越来越细，各种各样的人才也分得越来越具体。这就需要领导者练就一双识人的慧眼，从中选出自己需要的人才，为己所用。

量才第四

人才能参差，大小不同，犹升不可以盛斛，满则弃矣。

1. 才有异，善辨之

【经文】

夫人才能参差，大小不同，犹升不可以盛斛①，满则弃矣。非其人而使之，安得不殆乎？

故伊尹曰："智通于大道，应变而不穷，辨于万物之情，其言足以调阴阳，正四时，节风雨。如是者，举以为三公②。故三公之事常在于道。

不失四时，通于地利，能通不通，能利不利，如是者举以为九卿③。故九卿之事常在于德。通于人事，行犹举绳，通于关梁，实于府库，如是者，举以为大夫。故大夫之事常在于仁。

忠正强谏而无有奸诈，去私立公而言有法度，如是者，举以为列士。故列士之事常在于义也。故道德仁义定而天下正。

太公④曰："多言多语，恶口恶舌，终日言恶，寝卧不绝，为众所憎，为人所疾。此可使要遮闾巷，察奸伺祸。权数好事，夜卧早起，虽剧不悔，此妻子之将也；先语察事，劝而与食，实长希言，财物平均，此十人之将也；忉忉截截⑤，垂意肃肃，不用谏言，数行刑戮，刑必见血，不避亲戚，此百人之将也；讼辩好胜，嫉贼侵凌⑥，斥人以刑，欲整一众，此千人之将也；外貌作作，言语时出，知人饥饱，习人剧易，此万人之将也；战战栗栗，日慎一日，近贤进谋，使人知节，言语不慢，忠心诚毕，此十万人之将也；温良实长，用心无两，见贤进之，行法不枉，此百万人之将也；勋勋纷纷，邻国皆闻，出入豪居，百姓所亲，诚信缓大，明于领世⑦，能效成事，又能救败，上知天文，下知地理，四海之内，皆如妻子，此英雄之率，乃天下之主也。"

【注释】

①斛：古时一种量器名。一斛为十斗，一斗为十升。

②三公：古时中央政府最高的三种官衔的合称。

③九卿：泛指古时政府的高级官员。

④太公：即姜太公，周武王时期的功臣，后被封于齐地，为齐国始祖。

⑤忉忉截截：忧心忡忡的样子。

⑥嫉贼侵凌：见到恶人就想用刑法来惩治。

⑦明于领世：善于统领天下百姓。

【译文】

人的才能大小是不同的，就像用升无法盛下斗中的东西一样，盛不下就会溢出来，溢出来就全浪费了。用了不该用的人，怎么能没有危险呢？

所以成汤的辅相伊尹说："如果心智能与天道相通，能不断地顺应事物的变化，辨析万物发展的情况，言论足以用来调合阴阳，正确地核准四时，掌握风调雨顺的规律。这样的人，要推举他做三公。"所以，三公的职责是不懈地研究社会和自然的发展规律。

不违背一年四季的农作节令，懂得充分利用土地资源，能把堵塞不通的环节疏通，能把废弃不用的东西变成财富。这样的人要推举他做九卿。所以，九卿的职责在于文明道德的建设。通达人情事故，作风正派，了解税收的关卡，充实国家的府库，这样的人要推举他做大夫。所以，大夫的职责是以仁爱之心对待民众。

忠心正直，犯颜直谏，没有奸诈之心，大公无私，讲话符合国家法规，这样的人要推举他做列士。所以，列士的职责是常行仁义。道、德、仁、义确立之后，天下就得到治理了。

姜太公说："平时多言多语，嘴里不吐善语，整天如此，甚至躺下都不停，让众人讨厌。这种人可以让他管理街区，盘察坏人，察看灾祸。爱管杂事，晚睡早起，任劳任怨，这种人只能当妻子儿女的头儿；见面就问长问短，什么事都要指指划划，平时实际上言语很少，有饭大家吃，有钱大家花，这种人只能做十个人的小头目；整天忧心忡忡的，一副严肃认真的样子，不听劝说，好用刑罚和杀戮，刑必见血，六亲不认，这种人可以统率一百人；争辩起来总想压倒别人，遇到恶人就用刑罚来惩治，总想使一群人统一起来，这种人可以统率一千人；外表很谦卑，话偶尔说一句，知道人的饥饱、劳累还是轻松，这种人可以统率一万人；谨小慎微，一天比一天谨慎小心，亲近贤能的人，又能献计献策，能让人懂得何为气节，说话不傲慢，忠心耿耿，这种人是十万人的将领；温柔敦厚有长者之风，用心专一，遇到贤能的人就举荐，依法办事，这种人是百万人的将领；功勋卓著，威名远扬，出入豪门大户，但百姓也愿亲近他，诚信宽厚，善于统领天下百姓，能效法前人的伟大事业，也能补救败亡，上知天文，下知地理，普天之下的老百姓，都好像他的妻子儿女一般，这种人是英雄的首领，天下的主人。"

【评析】

现实中，人的才能的表现方式和

领域千差万别，所以这就需要用人者量才用人。对于量才用人，傅玄曾说："品评人才可分九类：一是有德行的，这类人可用来作为政权的根基；二是治理之才，可以让他们来推究事物变化的规律；三是政务之才，可以让他们从事政治体制的运作；四是学问之才，可以让他们搞学术研究；五是用兵之才，可以用以统帅军队；六是理农之才，可以让他们指导农民耕作；七是工匠之才，用以制作器具；八是经商之才，可以用他们来振兴国家经济；九是辩才，可以发挥他们讽谏和议政的长处。"

量才用人的关键在于品判人才、辨别人才。仅仅知道量才用人还不行，熟练掌握如何识别人才才是更重要的。

2. 用何人，系成败

【经文】

《经》①曰："智如源泉，行可以为表仪者，人师也；智可以砥砺，行可以为辅警者，人友也；据法守职而不敢为非者，人吏也；当前快意，一呼再诺者，人隶②也。故上主以师为佐，中主以友为佐，下主以吏为佐，危亡之主以隶为佐。"欲观其亡，必由其下。

故同明者相见，同听者相闻，同志者相从，非贤者莫能用贤。故辅佐左右所欲任使者，存亡之机，得失之要。

孙武③曰："主孰有道？将孰有能？吾以此知胜之谓矣。"

【注释】

①《经》：此处指《玉钤经》。

②人隶：指人的附属物。

③孙武：字长卿，春秋末期军事家。著有《孙子兵法》。

【译文】

《玉钤经》说："智慧有如泉涌，行为堪为表率，这样的人可做导师；智慧可以与人切磋砥砺，行为可以辅助和警策他人，这样的人可为良友；安分守己，奉公守法，不敢做一点出格的事，这样的人可为官吏；还有一种人，你要是只图眼前的方便快意，只要你叫他一声，他就会连连答应，这种人只能做奴隶。所以最好的君主要用堪为导师的人来辅佐自己，中等的君主要让良友来辅佐自己，下等的君主要用官吏来辅佐自己，亡国的君主却好用奴隶来辅佐自己。"要想知道一个君主是否会亡国，只要看他的手下是些什么人就明白了。

有相同贤明见解的人相互接触着，有相同采纳听从见解的人相互亲近，有共同志向的人互相集聚，不是贤德的人，就不会任用贤能的人。因此，任用什么样的人来辅佐自己，实在是存亡的关键，得失的根本啊！

孙武说："哪一方的君主有道义？哪一方的主将有才能？我凭这一点就知道胜利属于谁了。"

【评析】

量才用人也存在着辩证法，一方面，用什么人关系着事业的成败，赵王用了不该用的书呆子赵括，结果被秦将白起坑卒四十万。诸葛亮用了不该用的马谡而失了街亭，逼得自己不得不唱空城计。

反过来从另一方面讲，用人者是什么样的人，也决定了他会用什么人，于是，也决定了他的成功与失败。这正如孙武所说："主孰有道？将孰有能？吾以此知胜之谓也。"项羽、袁绍之所以失败，刘邦、曹操之所以成功，原因就在于此。

知人第五

远使之而观其忠；近使之而观其敬；烦使之而观其能；卒然问焉而观其智；急与之期而观其信；杂之以处而观其色。

1. 人难知，知人难

【经文】

臣闻主将之法，务览英雄之心。然人未易知，知人未易。汉光武①听聪之主也，谬于庞萌②；曹孟德知人之哲也，弊于张邈。何则？夫物类者，世之所惑乱也。故曰：狙者类智而非智也，愚者类君子而非君子也，戆③者类勇而非勇也。亡国之主似智；亡国之臣似忠；幽莠之幼似禾；骊牛之黄似虎；白骨疑象；碔砆④类玉。此皆似是而非也。

孔子曰："凡人心险于山川，难知于天。天犹有春秋冬夏旦暮之期，人者厚貌深情，故有貌愿而益，有长若不肖，有顺慎而达，有坚而缦，有缓而钎。"太公曰："士有严而不肖者，有温良而为盗者，有外貌恭敬中心欺慢者，有精精而无情者，有威威而无成者，有如敢断而不能断者，有恍恍惚惚而反有忠实者，有倭倭迤迤而有效者，有貌勇很而内怯者，有梦梦⑤而反易人者。无使不至，无使不遂，天下所贱，圣人所贵，凡人莫知，惟有大明，乃见其际。"此士之外貌而不与中情⑥相应者也。

【注释】

①汉光武：即光武帝刘秀，东汉王朝的建立者。

②庞萌：光武帝的宠臣之一，后反叛刘秀。

③戆：鲁莽，冒失。

④碔砆（wǔ fū）：外观和玉很相像的美石。

⑤梦梦：不清醒，迷糊的状态。

⑥中情：指内心。

【译文】

我听说领导将帅的原则是，一定要了解手下英雄的内心世界。然而，人不容易了解，了解人也不容易。汉光武帝刘秀是很善于听其言知其人的皇帝，但却被庞萌迷惑；曹操是明察将士的高手，还是被张邈骗了。这是什么原因呢？事物之表面现象相似但实质不同，是世人被迷惑扰乱的原因。所以说，目空一切的人看样子很聪明其实并不聪明；愚蠢得可爱的人看上去像个正人君子其实不是君子；鲁莽的人好像是很勇敢的人其实不是。历史上的亡国之君大多给人一种颇有智慧的印象；亡国之臣往往表现出忠心耿耿的样子；混杂在禾苗里的莠子在幼苗时期与禾苗几乎没有区别；黑牛长上黄色的花纹很像是老虎；白骨像是象牙；外观像玉的美石很容易与玉石混淆。这都是似是而非的事物以假乱真的情况。

孔子说："人心比山川还要险恶，知人比知天还难。天还有春秋冬夏和早晚规律可循，可人呢，表面看上去都好像很老实，但内心世界却深不可测，谁又能究其底里呢！有的外貌温厚和善，行为却骄横傲慢，非利不干；有的貌似长者，其实是小人；有的外貌圆滑，内心却很刚直；有的看似坚贞，实际上疲沓散漫；有的看上去泰然自若，可他的内心却总是焦躁不安。"姜太公说："人有看似庄重而实际上不正派的；有看似温柔敦厚却做盗贼的；有外表对你恭恭敬敬，可心里却在诅咒你，对你十分蔑视的；有貌似专心致志其实心猿意马的；有表面风风火火，好像是忙得不可开交，实际上一事无成的；有看上去果敢明断而实际上犹豫不决的；有貌似稀里糊涂、懵懵懂懂，反倒忠诚老实的；有看上去拖拖拉拉，但办事却有实效的；有貌似狠辣而内心怯懦的；有自己迷迷糊糊，反而看不起别人的。有的人无所不能，无所不通，天下人却看不起他，只有圣人非常推重他。一般人不能真正了解他，只有非常有见识的人，才会看清其真相。"凡此种种，都是人的外貌和内心不统一的复杂现象。

【评析】

知人才能善任，知人是恰当用人最基本的前提条件。然而，一句广为流传的"知人知面不知心"，说明了知人之难。怎样才能既知其人，又知其心？古人为我们提供了丰富的经验，本章对这些经验又做了系统的归纳，不可不细细揣摩。

三国时的政论家桓范说："如果贤惠和痴愚的不同，像葵花和苋菜那样容易区别，那还有什么不好辨认的呢？可是贤惠和愚劣却像莠与禾苗一样，常常似是而非，那就难办了。"西汉的哲学家扬雄在《法言》中说："有人问到知人之难时说：'人和人的区别如果像泰山与蚂蚁，河海与小水洼一样，那太容易分辨了！可是如果要区别大圣与大奸，就太难了！呜呼，只有把似是而非的现象辨别清楚后，才可以说知人不难的话！'"

2. 亲察人，面面观

【经文】

知此士者而有术焉。微察问之，以观其辞；穷之以辞，以观其变；与之间谋，以观其诚；明白显问，以观其德；远使以财，以观其廉；试之以色，以观其贞；告之以难，以观其勇；醉之以酒，以观其态。

《庄子》曰："远使之而观其忠；近使之而观其敬；烦使之而观其能；卒然问焉而观其智；急与之期而观其信；杂之以处而观其色。"《吕氏春秋》①曰："通则观其所礼；贵则观其所进；富则观其所养；听则观其所行；近则观其所好；习则观其所言；穷则观其所不爱；贱则观其所不为；喜之以验其守；乐之以验其僻；怒之以验其节；哀之以验其仁；苦之以验其志。"《经》曰："任宠之人，观其不骄奢；疏废之人，观其不背越；荣显之人，观其不矜夸；隐约之人，观其不慑惧；少者，观其恭敬好学而能悌；壮者，观其廉洁务行而胜其私；老者，观其思慎，强其所不足而不逾。父子之间，观其慈孝；兄弟之间，观其和友；乡党之间，观其信义；君臣之间，观其忠惠。"此之谓观诚。

《人物志》②曰："骨植而柔者，谓之宏毅。宏毅也者，仁之质也。气清而朗者，谓之文理。文理也者，礼之本也。体端而实者，谓之贞固。贞固也者，信之基也。筋劲而精者，谓之勇敢。勇敢也者，义之决也。色平而畅者，谓之通微。通微也者，智之原也。五质恒性，故谓之五常③。故曰：直而不柔则木，劲而不精则力，固而不端则愚，气而不清则越，畅而不平则荡。然则平陂之质在于神，明暗之实在于精，勇怯之势在于筋，强弱之植在于骨，躁静之决在于气，惨怿④之情在于色，衰正之形在于仪，态度之动在于容，缓急之状在于言。若质素平淡，中睿外朗，筋劲植固，声清色泽，仪崇容直，则纯粹之德也。"

"夫人有气，气也者，谓诚在其中，必见诸外。故心气粗厉者，其声沉散；心气详慎者，其声和节；心气鄙戾⑤者，其声粗犷；心气宽柔者，其声温润。信气中易，义气时舒，和气简略，勇气壮立。此之谓听气。"

【注释】

①《吕氏春秋》：据说是由秦相吕不韦及其门客所编著，内容是由秦代以前各学派学说的论著汇编而成。

②《人物志》：三国时期魏刘劭撰写。

③五常：即仁、义、礼、智、信。

④惨怿：凄惨与喜悦。

⑤鄙戾：鄙陋乖戾。

【译文】

识别一个士人的实际能力是有方法的。如果你想知道一个人语言的表达能力，可以向他隐晦含糊地突然提出某些问题；连连追问，直到对方无言以对，可以观察一个人的应变能力；与人背地里策划某些秘密，可以发现一个人是否诚实；直来直去地提问，往往能看出一个人的品德如何；让人外出办理有关钱财的事，就能考验出是否廉洁；用女色试探他，可以观察一个人的贞操；要想知道一个人有没有勇气，可以把事情的艰难告诉他，看他有何反映；让一个人喝醉了酒，观察他的定力。

《庄子》说："派人到遥远的地方办事能知道一个人是否忠诚；而在跟前办事则能观察出他是否尽职；不间断地让人做繁杂的工作，可以看出他有没有临烦不乱的才能；突然间向一个人提问可以观察其是否机智；可以用很紧急地约见他的办法来观察他是否守信用；使一群人杂然而处，看某个人的神色变化，就能发现其人的种种隐情。"《吕氏春秋》说："仕途顺利时看他所尊敬的人是谁；显达的时候看他所追求的目标是什么；富裕的时候要看他所抚养的对象；听其言，观其行，看其言行是否一致；与他接近时，则观察他的爱好；一个人穷困时要看他不喜欢什么东西；贫贱时要看他不爱做什么事，这样就能看出他有没有骨气；在一个人高兴时能检验出他是否有自制力或者是否轻佻；快乐时能检验出他的嗜好是什么或是否俭朴；让人发怒可以考验一个人的本性优劣；让他人悲伤能知道一个人是否仁爱，因为宅心仁厚的人见别人悲哀也会与之同哀；艰难困苦可以考验一个人的志气。"《经》书说："受重用、宠爱的人，要看他会不会骄奢淫逸；被当权者疏远、闲置的人，要看他会不会背叛或有什么越轨行为；富贵显达的人，要看他是不是见人就夸耀自己；默默无闻的人，看他是不是有所畏惧；青少年要看他能不能恭敬好学又能与兄弟和睦相处；壮年人，要看他是否廉洁实干，勤恳敬业，大公无私；老年人，要看他是否思虑慎重，各方面都衰退了，身体精力都不济了，是否还要努力而不服输。父子之间，看他们是否慈爱、孝顺；兄弟之间，看他们是否和睦友善；邻里之间，看他们是否讲信义；君臣之间，看君主是否仁爱，大臣是否忠诚。"这些用以识别人的方法叫"观诚"。

《人物志》说："骨骼坚硬而柔和，本性就坚强刚毅，坚强刚毅是仁爱的本质表现；气质清朗而高洁，就是有文理，文理是礼的基础；形体端正而坚实，就是坚贞安定，坚贞安定是诚信的根基；筋脉强劲而精纯，就是勇敢，勇敢是义的前提；态度平和而爽快，这是通晓幽微之理的条件，通晓幽微之理是智慧的根本。人的这五种属性是不可变更的，所以称之为五常。因此说，只有劲直但不柔软就是僵直；强劲而不精纯就是徒有死力；光是坚定但不端正就是愚钝；有血性但不精纯就会放纵；性格开朗但心气不平和就是放荡。然而，性情坦荡还是猥琐的本质取决于神；聪明还是愚昧取决于精；勇敢或怯懦取决于筋脉；坚强或懦弱的根源在于骨质；急躁还是宁静取决于气；由面部的气色可以发现一个人的苦乐；衰颓还是严肃会在仪表上反映出来；态度的变化表现在脸上；和缓、急躁的情绪会在言谈中流露出来。如果是心性质朴纯洁，怡淡平和，内心聪慧，外表开朗，精力充沛，声音清雅，颜色和悦，仪表高洁，容颜端方，这乃是具有纯粹之品格的象征啊！"

《人物志》还说："人有精气，精气如果是内在实有，就一定会表现出来。因此，心气粗糙的人，他的声音就会沉重而散漫；心气周详谨慎的人，他的声音就显得平和而有节制；心气鄙陋乖戾的人，他的声音就粗犷；心气宽缓柔顺的人，他的声音就温和圆润。讲信义的人心气柔和平易，讲义气的人心气从容不迫，和气安详的人心气简易随和，有勇气的人心气雄壮奇绝。"用这种方法来观察、识别人，叫做'听气'。"

【评析】

知人的难处，最难的是辨别真伪。在人们都睡着的时候，就无法分辨谁是盲人；当人们都不说话的时候，就无法知道谁是哑吧。醒了之后让他们看东西，提出问题让他们回答，盲人和哑吧就无法隐瞒了。看口齿，观毛色，即使是最优秀的伯乐也看不出哪个是好马，只要让马驾车奔驶，就是不善相马的奴仆臧获也能辨别是好马还是驽马。从一把宝剑表面的颜色和铸锻的纹理去鉴定，就是善观剑的欧冶子也未必知道好坏，只要在地上宰狗杀马，水里斩截蛟龙，即使是蠢人也能分辨剑的优劣。

由此可见，通过实践考查事情、人物的真伪，是最高明的方法。

3.察人时，法三则

【经文】

又有察色。察色谓心气内蓄，皆可以色取之。夫诚智必有难尽之色；诚仁必有可尊之色；诚勇必有难慑之色；诚忠必有可观之色；诚洁必有难污之色；诚贞必有可信之色。质色浩然固以安；伪色曼然乱以烦。此之谓察色。

又有考志。考志者，谓方与之言，以察其志。其气宽以柔，其色俭而不谄，其礼先人，其言后人，每自见其所不足者，是益人也。若好临人以色，高人以气，胜人以言，防其所不足，而废其所不能者，是损人也。其貌直而不侮，其言正而不私，不饰其美，不隐其恶，不防其过者，是质人也。若其貌曲媚，其言谀巧，饰其见物，务其小证，以故自说者，是无质人也。喜怒以物而色不作，烦乱以事而志不惑，深导以利而心不移，临慑以威而气不卑者，是平心固守人也。若喜怒以物而心变易，乱之以事而志不治，示之以利而心迁动，慑之以威而气恇惧者，是鄙心而假气①人也。设之以物而数决，惊之以卒而屡应，不文而慧②者，是有智思之人。若难设以物，难说以言，守一而不知变，固执而不知改，是愚很人也。若屏言③而勿顾，自私而不护，非是而强之，是诬嫉人也。此之谓考志。

又有测隐。测隐者，若小施而好得，小让而大争，言愿以为质，伪爱以为忠，尊其行以收其名。此隐于仁贤。若问而不对，详而不详，貌示有余，假道自从，困之以物，穷则托深。此隐于艺文也。若高言以为廉，矫厉以为勇，内恐外夸，亟而称说，以诈气临人。此隐于廉勇也。若自事君亲而好以告人，饰其物而不诚于内，发名以君亲，因名以私身。此隐于忠孝也。此谓测隐矣。

【注释】

①假气：没有志气。

②不文而慧：不加任何修饰却很聪明。

③屏言：辨巧的言语。

【译文】

要想了解一个人，还可以用"察色"之法。察色所以能知人，是因为人的心气虽然隐藏在内心深处，但可以通过人的脸色去判断、把握它。真正聪慧的人一定会表现出难以言说、无法穷尽的神色；真正仁厚的人一定具有值得尊重的神色；真正勇敢的人一定具有不可威慑的神色；真正忠诚的人一定具有一种耐人寻味的神色；真正高洁的人一定具有难以玷污的神色；真正有节操的人一定具有值得信任的神色。质朴的神色浩气凛然，坚强而稳重；伪饰的神色游移不定，让人烦燥不安。这就叫作"察色"。

除了"察色"，知人之法还有"考志"一说。"考志"的办法是通过与对方谈话来考核他的心志。如果一个人的语气宽缓柔和，神色恭敬而不谄媚，先礼后言，常常自己主动表露自己的不足之处，这样的人是可以给别人带来好处的人。如果说话盛气凌人，话语上总想占上风，想方设法掩盖自己的不足，故意掩饰他的无能，这种人只会损害别人。如果一个人的神情坦率而不轻慢，言谈正直而不偏私，不掩饰自己的美德，不隐藏自己的不足，不隐瞒自己的过失，这是质朴的人。如果一个人的神情总是讨好别人，他的言谈竭尽阿谀奉承，好做表面文章，尽量表现他微不足道的善行，因此而自鸣得意，这种人是虚伪的人。假如一个人感情的喜怒不会因外界环境的变化而表现出来；乱七八糟的琐事虽然使人心情烦乱，但心志不被迷惑；不为厚利的诱惑所动；不向权势的威胁低头，这种人是内心平静、坚守节操的人。如果由外在事物的变化而或喜或怒；因事情繁杂而心生烦乱，不能平静；给点蝇头小利就动心；一受威胁就屈服，这种人是心性鄙陋而没有志气的人。如果把一个人放在不同的环境中都能果断地处理事情，以无穷的应变能力面对猝然的惊扰，不用文彩就能表现出灵秀，这是有智慧、有头脑的人。假如一个人不能适应各种变化的情况，又不听人劝说，固守一种观念而不懂得变通，固执己见而不懂得改正，这是愚钝刚愎的人。如果别人说什么都不听，自私自利，毫不掩饰，强词夺理，颠倒黑白，这种人是好诬陷他人、嫉妒他人的人。以上知人的办法，就叫作"考志"。

还有用探测人的内心世界的办法来认识人的，称之为"测隐"。所谓测隐就是，看一个人，如果发现他吃小亏而占大便宜，让小利而争大得，言语恭顺装作老实，假装慈爱以充忠诚，小心翼翼地做事以博取好名声，这就是用仁爱贤惠来包藏祸心的人。考查一个人时，如果向他提问他不回答，详细追问他又含糊其辞，外表让人感到很有学识，打着道德的幌子放纵自己，为环境所困时，一旦没招就故作深沉，这是借学识理论来藏匿其真面目的人。观察人时，如果他大唱高调以示廉洁，装作雷厉风行给人造成他勇于作为的假象，内心恐惧却在虚张声势，屡屡自我矜夸，狐假虎威，盛气凌人，这是用廉正和英勇来包藏私心的人。若事奉君主或双亲时，喜欢向人炫耀他如何如何忠诚、孝顺，好做表面文章，其实并没有忠孝的诚心，打的旗号是事奉君亲，真实目的却是为博取美名，这就是用忠孝来达到个人目的的人。以上知人的办法，就叫作"测隐"。

【评析】

善于应变的人无论对什么样的诡诈都有办法应付；通达事理的人对任何怪异的事都不会惊慌；善于辨别言辞真义的人，任何花言巧语都不会使他上当；秉性仁义的人不会为利而动摇。所以君子虽然竭力使自己博闻多见，但是他对所闻所见的择取却非常谨慎；学问虽然非常渊博，但其行为却很忠厚质朴；五彩缤纷的颜色不能玷污他的眼睛，甜言蜜语不能扰乱他的听觉；把整个齐、鲁的财富给他也不能动摇他的志向；就是让他活上千年，其高尚的品行也不会改变。他始终如一地坚持自己的道义，保持自己的节操，推进事业的成功，建立不朽的功勋。观察对待道德、事业的不同，就可以发现有智慧的人与愚蠢的人之根本区别了。

《人物志》说：最为高妙的人其内心的清纯精神充沛饱满，形象、仪表毫不修饰，内心和外表的美好一任自然。最为虚伪的人总是大唱高调，刻意塑造形象，心里其实根本不是那么回事。可是人们的普遍心理是追求新奇，不善于用精微的洞察力发现其中的奥妙，或者还会因为形象不够理想而遗憾，或者只看其仪表非凡就把他当作伟大人物，或者把真情流露误以为华而不实，反而把巧妙的伪装当作真实。怎么才能得知一个人的真面目呢？这就需要"测隐"。

4.察德行，明性情

【经文】

夫人言行不类，终始相悖，外内不合，而立假节以感视听者，曰毁志者也。

若饮食以亲①，货赂以交，损利以合，得其权誉而隐于物者，曰贪鄙者也。

若小知而大解，小能而不大成，规小物而不知大伦，曰华诞者也。

又有揆德②。揆德者，其有言忠行夷，秉志无私，施不求反，情忠而察，貌拙而安者，曰仁心者也。有事变而能治效，穷而能达，措身立功而能遂，曰有知者也。有富贵恭俭而能威严，有礼而不骄，曰有德者也。有隐约③而不慑，安乐而不奢，勋劳而不变，喜怒而有度，曰有守者也。有恭敬以事君，恩爱以事亲，情乖而不叛，力竭而无违，曰忠孝者也。此之谓揆德。

夫贤圣之所美，莫美乎聪明。聪明之所贵，莫贵乎知人。知人识智，则众材得其序，而庶绩之业兴矣。是故仲尼训"六蔽④"，以戒偏材之失。思狂狷以通拘抗之材，疾空空而无信，以明为似之难保。察其所安，观其所由，以知居止之行。率此道也，人焉廋哉，人焉廋哉?

【注释】

①饮食以亲：以酒肉为友。

②揆德：检验德行。

③隐约：隐退出世。

④六蔽：即六种弊病：愚、荡、贼、绞、乱、狂。

【译文】

如果一个人言行不一，开始和结束背道而驰，内心和外表不相符合，假立名节以迷惑他人耳目，这叫"毁志"。

如果一个人与别人因吃喝而相亲，因行贿送礼而结交，以损人利己而臭味相投，一旦有了权力和名誉就把感情隐藏起来，这种人就是贪婪而卑鄙的人。

如果有人只有一些小聪明而没有大学问，只有小能耐而不能办大事，只看重小利益而不知大的伦理道德，这便是华而不实的人。

知人还有"揆德"之法。所谓"揆德"，就是用估量一个人品德的办法来判断人。如果一个人言语忠实，行为稳重，意志坚定而大公无私，做好事不求回报，内心忠厚而明察，其貌不扬但性情安静稳健，这是宅心仁厚的人。如果一个人遇有突发性变故而能卓有成效地处理，身处穷困之境而能奋发向上，进身立功能够如愿，这是有智慧的人。如果一个人富贵显赫之后仍然恭敬勤俭而不失威严，对人彬彬有礼而不骄横，这是有福德的人。有的人归隐后处在简陋清贫的状况下而无所畏惧，处在安乐富裕的情况下而不奢侈，功劳卓著而不反叛，高兴或愤怒时都很有节制，这是有操守的人。有的人恭恭敬敬地事奉君王，感恩怜爱地孝敬父母，与人感情不和但决不背叛，竭尽全力也始终不渝，这是忠孝的人。这就叫作"揆德"。

圣贤最赞赏的是聪明，聪明者最注重的是知人。能知人识才，各种人才就会都有合适的位置，小事大事就都能办好。所以孔子在教导弟子们时提出"六蔽"的说法，目的就是为了防止偏才的失误。指出狂傲与耿介的偏失，以疏导有偏执拘谨或高傲刚直之缺陷的人才；痛斥空泛而无信的流弊，向人们提醒那些似是而非的人是无法信赖的；明察一个人安身立命之所在，考究他所作所为的动机，借以了解他的日常行为。依照这样的原则和办法去观察人，无论他是怎样的人，又怎么能伪装、掩饰得住呢？

【评析】

古人知人有理论也有实践。

老子的学生文子在其《文子》一书中说：每个人都有其短处，只要大节不坏，就应该肯定；人有微小的过失，不应因此而背上包袱，但是如果大节不好，就要否定。愚夫愚妇的行为，不值得去赞扬。

桓范说：历代帝王都羡慕成就王图霸业的人能任用贤能，惋惜亡国的人失去了人才。然而他们依然要任用那些凶险愚顽的奸臣，结果国破家亡的事屡屡发生。这到底是什么原因呢？原因就在于择人不看是否合乎道义，只求意气相投。

《人物志》说：高风亮节的人，以正直为标准，所以虽然阅人无数，也能依照其人品、德行是否合乎伦理而用人，对于其法术是否诡诈持怀疑态度；推崇谋略的人以计策是否高明为标准，所以能够鉴别策略的奇特还是平庸，但是往往违背了对正确法度的遵循；玩弄权术的人以是否能立功为标准，所以能够看清进退的效用，但是不明白道德的教化作用；讲究口才的人以能否折服别人为标准，所以能够把握辩论的技巧，但是不明白文彩的内在美质，因此互相争辩但都不服输。凡此种种，都属于人才中的一流。同一个档次的才能看清对方的长处。要想做到诸长皆备，无所不通，就必须广聚众才。

论士第六

有清白之士者，不可以爵禄得；守节之士，不可以威胁；致清白之士，修其礼；致守节之士，修其道。

1. 得才兴，失士亡

【经文】

臣闻黄石公曰："昔太平之时，诸侯二师，方伯三师，天子六师。世乱则叛逆生，王泽竭则盟誓相罚，德同无以相加，乃揽英雄之心。"故曰："得人则兴，失士则崩。"何以明之？昔齐桓公见小臣稷，一日三往而不得见，从者止之。桓公曰："士之傲爵禄者，固轻其主；其主傲霸王者，亦轻其士。纵夫子傲爵禄，吾庸敢傲霸王乎？"五往而后得见。

《书》①曰："能自得师者王。"何以明之？齐宣王见颜触②曰："触前。"触亦曰："王前。"宣王作色③曰："王者贵乎？士者贵乎？"对曰："昔秦攻齐，令曰：'有敢去柳下季④垄五百步而樵采者罪，死不赦。'令曰：'有能得齐王头者，封万户侯，赐金千镒⑤。'由是言之，生王之头，曾不如死士之垄。"宣王竟师之。

【注释】

①《书》：即《尚书》。

②颜触：战国时期齐国人，一生隐居不仕。

③作色：变了脸色。

④柳下季：战国时鲁国的士人。

⑤镒：古时的一种重量单位。

【译文】

我听黄石公说："从前太平的时候，诸侯有两支军队，方伯有三军，天子有六军。世道混乱就会发生叛逆，王恩枯竭就结盟、立誓、相互征伐。当政治力量势均力敌，无法一决高下的时候，争霸的双方才会招揽天下的英雄。"所以说，得到人才，国家就会兴盛，失去人才，国家就会衰亡。怎么证明是这样的呢？从前齐桓公去见一个叫稷的小吏，一天去了三次也没有见到，侍从劝阻他继续去见那个小吏，桓公说："有才能的人轻视爵位、俸禄，自然也轻视他们的君王；君王如果轻视霸业，自然也会轻视有才能的人。即使稷敢轻视爵位和俸禄，我难道敢轻视霸业吗？"就这样，齐桓公去了五次才见到稷。

《尚书》说："能得到贤人并拜他为师的可以称王天下。"为什么这样说呢？齐宣王召见颜触时说："颜触你到前面来。"颜触也说："大王你到前面来。"宣王一听就变了脸，说："是君王尊贵，还是士人尊贵？"颜触说："从前秦国攻打齐国的时候，曾经下过一道命令：'有敢在柳下季的坟墓五百步之内打柴、采摘的，一律处死，不予赦免。'还下过一道命令：'有能得到齐王人头的，封他为万户侯，赏赐黄金二万两。'由此看来，活着的大王的人头，还不如一个死士的坟墓。"宣王于是被说服，拜颜触为师。

【评析】

尧有九个帮手，舜有七个诤友，禹有五个丞相，汤有三个辅佐。自古至今，得不到贤德之士的辅佐而能建功立业的人从未有过。

因此任何人都不应以经常向人求教为耻，不应以向别人学习感到惭愧，这样才可以实现自己的理想。

2. 举贤才，据实情

【经文】

谚曰："浴不必江海，要之去垢；马不必骐骥①，要之善走；士不必贤也，要之知道；女不必贵种，要之贞好。"何以明之？淳于髡②谓齐宣王曰："古者好马，王亦好马；古者好味，王亦好味；古者好色，王亦好色；古者好士，王独不好。"王曰："国无士耳。有则寡人亦悦之。"髡曰："古有骅骝③，今之无有，王选于众，王好马矣；古有豹象之胎④，今之无有，王选于众，王好味矣；古有毛嫱、西施，今之无有，王选于众，王好色矣；王必待尧舜禹汤之士，而后好之，则尧舜禹汤之士，亦不好王矣。"

《语》云："琼枋瑶楫，无涉川之用；金弧玉弦，无激矢之能。是以介洁而无政事者，非拨乱之器；儒雅而乏治理者，非翼亮之士。"何以明之？魏无知见陈平于汉王，汉王用之。绛、灌⑤等谗平曰："平盗嫂受金。"汉王让魏无知。无知曰："臣之所言者，能也；陛下所闻者，行也。今有尾生、孝己之行⑥，而无益于胜负之数，陛下假用之乎？今楚汉相距，臣进奇谋之士，顾其计诚足以利国家耳。盗嫂受金，又安足疑哉？"汉王曰："善。"

黄石公曰："有清白之士者，不可以爵禄得；守节之士，不可以威胁。致清白之士，修其礼；致守节之士，修其道。"何以明之？郭隗⑦说燕昭王⑧曰："帝者与师处，王者与友处，霸者与臣处，亡国者与厮役处。诎指而事之，北面受学，则百己者至；先趋而后息，先问而后默，则什己者至；人趋己趋，则若己者至；凭几据杖，眄视指使，则厮役之人至；恣睢奋击，呴藉⑨叱咄，则徒隶之人至矣。"此乃古之服道致士者也。

【注释】

①骐骥：传说中的千里马。

②淳于髡（kūn）：战国时齐国人，以博学、滑稽、善辩著称，齐宣王时曾任大夫。

③骅骝（huá liú）：指骏马。

④豹象之胎：豹胎和象胎，均被当做美味。

⑤绛、灌：分别指周勃、灌婴，二者均为西汉初大臣。

⑥尾生：传说中战国时鲁国一个坚守信约的人。孝己：殷高宗武丁之子，以孝著称。

⑦郭隗：战国时燕国人，以善辩著称。

⑧燕昭王：战国时燕国国君。

⑨呴藉：脚踏地跳跃的样子。

【译文】

俗语说："沐浴不一定要去江海中，只要能去污就行；马不一定非要骅骝，只要它善跑就行；用人无须他多么贤德，只要他懂得道就行；娶妻不必出身高贵，只要她贞节就行。"为什么这么说呢？淳于髡对齐宣王说："从前的人喜欢马，大王也喜欢马；从前的人喜欢美味，大王也喜欢美味；从前的人喜欢美女，大王也喜欢美女；从前的人喜欢士人，大王却偏不喜欢。"齐宣王说："国家没有士人啊，如果有，我就会喜欢他们。"淳于髡说："从前有骅骝、骐骥，现在没有，大王从众多的马中挑选好马，这说明大王是喜欢马的；从前的人好吃豹子、大象的胎盘，现在没有，大王从众多美味中挑选佳肴，这说明大王是喜欢美味的；从前有毛嫱、西施，现在没有，大王就从众多美女中挑选丽人，这说明大王是喜欢美女的；大王一定要等尧舜禹汤时的贤士出现，才去爱惜，那么尧舜禹汤时那样的贤士，也就不会喜欢大王了。"

俗语说："美玉做的船和桨，没有渡江的功用；金玉做成的弓弦，没有发射箭矢的功能。因此那些清高而无才能的人，不是拨乱匡时的人才；温文尔雅而无治理才能的人，不是能辅佐帝业的贤士。"何以见得？魏无知把陈平推荐给汉王，汉王任用了陈平。周勃和灌婴说："陈平和他嫂子私通，还接受过贿赂。"汉王责备魏无知，魏无知说："我所说的是才能，陛下你听说的是品行。现在即使有尾生、孝己一样坚守信约的好人，却对胜负的命运一无所益，陛下能靠这样的人打江山吗？现在楚汉相争，我举荐人，只考虑到他的计谋是否确实对国家有好处而已。陈平与嫂子私通，接受贿赂，又何必因此而怀疑他的才能呢？"汉王说："说得好。"

黄石公说："品行高洁的人，不能用爵位、俸禄打动；坚守节操的人，不能用刑罚逼迫。招引品行高洁的人，要以礼相待；招引坚守节操的人，要能有助于实现他的理想。"为什么呢？郭隗劝燕昭王纳贤的例子就是明证。郭隗说："帝王者与老师相处，君主者与朋友相处，称霸者与臣子相处，亡国者与仆役相处。曲意顺从，虚心求教，百倍于自己的人才都会前来；求贤不持久，求教没恒心，就会得到十倍于自己的人才；人家主动前来，自己才去迎接，那只能得到才能与自己相仿的人；凭借自己的权力，颐指气使，只能得到奴仆；放纵暴戾，怒吼喝叫，那就只能得到奴才了。"这就是古人用道来招纳贤士的道理。

【评析】

世间的善恶，是不容易了解的。如果不是聪慧之人，是分辨不出善与恶的界限的。为什么呢？文章被军人嗤笑，不一定就不好；被扬雄、司马迁所嗤笑，那才是真的不好呢！大臣被桀、纣否定，不一定真的愚蠢，必须被尧、舜否定，才是真的愚蠢。

可见世俗的毁谤与赞誉不值得相信。而想要正确认识一个人，除了通过别人的评论来了解外，还要亲自看他的言行，也不要只看到他对自己的所作所为，还要看他对别人怎样，这样才不会有偏颇。

3. 仁义明，士必归

【经文】

黄石公曰："礼者，士之所归；赏者，士之所死。招其所归，示其所死，则所求者至矣。"何以明之？魏文侯①太子击礼田子方②，而子方不为礼，太子不悦，谓子方曰："不识贫贱者骄人乎？富贵者骄人乎？"子方曰："贫贱者骄人耳。富贵者安敢骄人？人主骄人而亡其国，大夫骄人而亡其家。贫贱者若不得意，纳履而去，安往而不得贫贱乎？"

宋燕相齐，见逐罢归，谓诸大夫曰："有能与吾赴诸侯乎？"皆执杖排班，默而不对。燕曰："悲乎，何士大夫易得而难用也？"陈饶曰："非士大夫易得而难用，君不能用也。君不能用，则有不平之心，是失之于己而责诸人也。"燕曰："其说云何？"对曰："三升之稷，不足于士，而君雁鹜有余粟，是君之过一也。果园梨栗，后宫妇女，以相提挃③，而士曾不得一尝，是君之过二也。绫纨绮縠，美丽于堂，从风而弊，士曾不得以为缘，是君之过三也。夫财者，君之所轻；死者，士之所重。君不能行君之所轻，而欲使士致其所重，譬犹铅刀畜之，干将用之，不亦难乎？"宋燕曰："是燕之过也。"

《语》曰："夫人同明者相见，同听者相闻。德合则未见而相亲，声同则处异而相应。"韩子④曰："趣舍同则相是，趣舍异则相非。"何以明之？楚襄王⑤问宋玉曰："先生其有遗行欤？何士人众庶不誉之甚？"宋玉⑥曰："夫鸟有凤而鱼有鲲，凤皇上去九万里，翱翔乎窈冥⑦之上，夫蕃篱之鹦，岂能与料天地之高哉？鲲鱼朝发于昆仑之墟，暮宿于孟津，夫尺泽之鲵，岂能与量江海之大哉？故非独鸟有凤而鱼有鲲，士亦有之。夫圣人瑰琦意行⑧，超然独处。夫世俗之民，又安知臣之所为哉？"

【注释】

①魏文侯：名斯，战国初期魏国的建立者。

②田子方：战国时期魏国的贤士。

③提挃（zhì）：投掷。

④韩子：即韩非子，战国末期思想家及法家学说的集大成者。著有《韩非子》。

⑤楚襄王：战国时期楚国国君。

⑥宋玉：屈原的学生，楚国人。

⑦窈冥：指辽阔的青天。

⑧瑰琦意行：指非凡且光辉的思想和行为。

【译文】

黄石公说："士人所依附的是礼义，为之而死的是赏赐。把礼义和赏赐明明白白地摆在那里，你所需要的人才就会到来。"为什么这样说呢？魏文侯的太子向田子方行礼，田子方不还礼，太子很不高兴，对田子方说："不知道是贫贱的人傲慢呢，还是高贵的人傲慢？"田子方说："当然是贫贱的人傲慢啦！高贵的人怎敢傲慢？在高位者傲慢就会失去国家，大夫傲慢就会葬送封地。贫贱的人若不顺心了，穿上鞋就走，没什么可留恋的，到哪儿还不是一样的贫贱？"

宋燕做齐国的宰相，遭到罢免后，对手下的官员们说："有谁愿意跟我去投奔其它诸侯？"大家都整齐地站在那里，谁也不回答。宋燕说："可悲啊！为什么士大夫易得而难用呢？"陈饶答道："并不是士大夫易得难用，是做人主的不用啊！人主不用，士大夫就会怨愤。你不会任用人才，反而要责备我们，这就是你的不对了。"宋燕说："你这话是什么意思？"陈饶回答说："士人连三升粮食都领不到，而人主的仓库却满满的，这是你的第一个过错；园子里的果子多得很，以至于后宫的妇女们用果子互相投掷来嬉闹，而士人却连一个都尝不到，这是你的第二个过错；后宫里漂亮的绸缎堆得都腐烂了，见风就散，士人却无法得到一件，这是你的第三个过错。财物是人主轻视的，而对于怎样死，为谁死，士是很慎重的。人主不能赏给他们自己轻视的东西，却希望他们为自己效命，这就好比把这些士人像铅做的刀子一样存放着，却幻想有朝一日有一个干将那样的会使剑的人出来，让他们发挥利剑的作用，这不是太难了吗？"宋燕说："是我错了！"

《论语》中说："眼力一样的人才能看见同样的东西，听力一样的人才能听见同样的声音。同心同德的人，即使未曾见过也会互相亲近。声音的

频率相同，即使在不同的地方也会互相呼应。"韩非子说："志趣相同才会彼此欣赏，志趣不同就会互相排斥。"怎么才能证明这一点呢？楚襄王问宋玉说："先生你莫非哪些地方做得不够好吗？为什么大家都不钦佩你呢？"宋玉回答说："鸟中有凤凰，鱼中有巨鲸。凤凰一飞，冲上九万里云霄，翱翔于清空之中。那笼中的鹌鹑怎能知道天有多高？鲸鱼早发昆仑，晚宿孟津，水沟里的小鱼，怎能知道海有多大？所以不单是鸟中有凤，鱼中有鲸，士人中也有与凤和鲸一样的人啊。圣人思想品行瑰伟，超然独处。世俗之人，又怎会了解我的所作所为呢？"

【评析】

一个有志向、有抱负的人肯定需要一个施展其抱负的广阔舞台。但是这个舞台上并不是空空如也的，换句话说就是人内心都是渴望得到肯定的。

所以，有智慧的人除了会给那些为自己效命的人提供良好的平台外，还会满足他们很多需求，让他们无任何忧虑，全心全意为自己效命。

4. 会用才，善养才

【经文】

《语》曰："知人未易，人未易知。"何以明之？汪明说春申君①，春申君悦之。汪明欲谈，春申君曰："仆已知先生意矣。"汪明曰："未审君之圣孰与尧？"春申君曰："臣何足以当尧？"汪明曰："然则君料臣孰与舜？"春申君曰："先生即舜也。"汪明曰："不然，臣请为君审言之。君之贤不如尧，臣之能不及舜。夫以贤舜事圣尧，三年而后乃相知也。今君一时而知臣，是君圣于尧而臣贤于舜也。"

《记》②曰："夫骥唯伯乐独知之，若时无伯乐③之知，即不容其为良马也。士亦然矣。"何以明之？孔子厄于陈、蔡，颜回④曰："夫子之德至大，天下莫能容。然夫子推而行之，世不我用，有国者之丑也。夫子何病焉？"《谷梁传》⑤曰："子既生，不免乎水火，母之罪也；羁贯⑥成童，不就师傅，父之罪也；就师学问无方，心志不通，身之罪也；心志既通，而名誉不闻，友之罪也；名誉既闻，有司不举，有司之罪也；有司举之，王者不用，王者之过也。"

【注释】

①春申君：名黄歇，战国时期楚国人，为楚国相国。

②《记》：即《礼记》。

③伯乐：春秋时期相马名士。

④颜回：孔子的学生。

⑤《谷梁传》：《春秋》三传之一，由谷梁赤所撰。

⑥羁贯：古时称儿童八岁所剪的发式为"羁贯"。

【译文】

《论语》中说："知人不易，人不易知。"为什么这样说呢？汗明游说春申君，说得春申君很高兴。汗明想谈自己的观点，春申君说："我已经知道先生的意思了。"汗明说："不知道您和尧相比，谁更圣明？"春申君说："我怎么比得上尧？"汗明说："那么你看我和舜相比怎么样呢？"春申君说："先生你就是舜。"汗明说："不是这样的。请让我为你细说。你的贤明不如尧，我的才能比不上舜。像舜这样贤能的人服事圣明的尧，三年以后才能互相了解。现在你顷刻之间就了解了我，这就等于你比尧圣明，而我比舜贤能。"

《礼记》说："良马只有伯乐才能识别，如果当时没有伯乐，它就不会被世人当作良马。认识一个有才能的人也一样。"怎么见得呢？孔子在陈、蔡受困，颜回说："先生的德行太伟大了，天下再广阔也容不下。但是先生推广它，实践它，却不被世人采纳，这是当权者的耻辱。先生有什么过错呢？"《谷梁传》说："孩子出世后，不能避免水火之害，是母亲的过错；到了八岁还不拜师学习，是父亲的过错；拜师学习，求教不得法，心志不通，知识不长，是自己的过错；志向和学识都有了，名声还不大，是朋友的过错；名声大了，上司不举荐，是上司的过错；上司向君王举荐了，君王却不任用，是君王的过错。"

【评析】

识才不是一朝一夕的事，识才需要具备一双伯乐的慧眼。

识才的前提是确定衡量人才的标准。传统的说法认为"有一定的学历，一定的技术或在某一领域有所特长"的人算作是人才，但随着社会分工越来越细，人才的定义也随之发生变化。现在很多企业把衡量人才的标准定为务实、需求、实用、有团队精神和能为企业做出贡献，也就是说只要能形成合力且对企业的发展有益的人都是人才。这在部分企业一味盲目追求高新尖的现象中是一个实质性的转变，不能不说这是对人才认识过程中的一个升华。

我们要识才，心中一定要有一个标准，不能人云亦云，关键是要找到适合自己用的人才。

5. 善借力，易功业

【经文】

《论》曰："行远道者，假于车马；济江海者，因于舟楫。故贤士之立功成名，因于资而假物者。"何以明之？公输子①能固人主之材木以构宫室台榭，而不能自为专屋狭庐，材不足也。欧冶②能因国君之铜铁以为金炉大钟，而不能自为壶鼎盘盂，无其用也。君子能因人主之政朝以和百姓、润众庶，而不能自饶其家，势不便也。故舜耕于历山，恩不及州里；太公屠牛于朝歌，利不及于妻子。及其用也，恩流八荒，德溢四海。故舜假之尧，太公因之周文，君子能修身以假道，不能枉道而假财。

《语》曰："夫有国之主，不可谓举国无深谋之臣，合朝无智策之士，在听察所考精与不精，审与不审耳。"何以明之？在昔汉祖③，听聪之主也，纳陈恢④之谋，则下南阳。不用娄敬之计，则困平城。广武君者，策谋之士也。韩信纳其计，则燕、齐举。陈余不用其谋，则泜水败。由此观之，不可谓事济者有计策之士，覆败者无深谋之臣。虞公不用宫之奇⑤之谋，灭于晋；仇由⑥不听赤章⑦之言，亡于智氏⑧；蹇叔⑨之哭，不能济崤渑之覆；赵括⑩之母，不能救长平之败。此皆人主之听不精不审耳。天下之国，莫不皆有忠臣谋士也。

黄石公曰："罗其英雄，则敌国穷。夫英雄者，国家之干；士民者，国家之半。得其干，收其半，则政行而无怨。"知人则哲，唯帝难之。慎哉！

【注释】

①公输子：名般，春秋时期鲁国巧匠，也称鲁班。

②欧冶：古代擅长铸造器物的人。

③汉祖：即汉高祖刘邦。

④陈恢：汉高祖时期的宛人。

⑤宫之奇：虞国大夫。

⑥仇由：春秋时期的一个小国家。

⑦赤章：仇由国大臣。

⑧智氏：指智伯，晋国的大臣。

⑨蹇（jiǎn）叔：秦国的元老。

⑩赵括：战国时期赵国将领。成语"纸上谈兵"讲的就是他。

【译文】

《论语》说："走远路的人，要借助于车马；渡江海的人，要凭借船只。贤能的士人要立功成名，就需有资产、财物的援助。"何以见得？古代最好的木匠公输子能用国王的木材建成宫室、台榭，却不能为自己建一间小屋，这是因为木料不足；善铸剑的欧冶能用国王的铜铁铸成金炉大钟，却不能给自己做一些日常用具，这是因为没有用料的缘故。君子能够通过君主的朝政使百姓和睦，对百姓施恩，却不能使自己的家庭富有，是情况不允许的缘故。所以舜在历山耕种，却不能给州里的人带来任何恩惠；姜太公在商朝的国都朝歌宰牛，却不能使自己的妻子儿女得到什么利益。等到他们有了实权后，他们造福于民众的恩泽遍布四面八方。所以舜只有通过尧，太公通过文王，才能恩流八荒，德溢四海，造福于民。有道德的人应借助大道来修炼自己，而不应当打着行道的旗号来为自己谋取私利。

《论语》中还说："拥有国家的君王，不能说全国没有深谋远虑的臣子，整个朝廷没有计策高明的士人，而完全在于君王能不能精明、审慎地发现人才。"为什么这样说呢？从前的汉高祖是英明的君主，他采纳陈恢的计谋，就攻下了南阳；不采用娄敬的计策，就被困于平城。广武君，是足智多谋的人，韩信采纳他的计策，就把燕、齐攻下了；陈余不用他的计策，泜水之战就失败了。由此看来，不能说事情成功的就有出谋划策之士，失败的就没有深谋远虑之臣。虞公不采用宫之奇的意见，被晋所灭；仇由不听赤章的话，被智氏所灭；秦国元老蹇叔的哭泣，不能挽救崤、函之战秦国的失败；赵括的母亲，也不能挽救长平之战赵国的失败。这都是由于当权者听取意见时不审慎造成的。因此说，只要在高位者善听善察，天下的忠臣谋士遍地皆是。

黄石公说："网罗英雄豪杰，敌国就会势穷力竭。英雄豪杰是国家的栋梁；有教养的国民是国家的基石。只有得到栋梁之材和民众的拥戴，国家的政策才会得以贯彻执行，人民群众也不会有怨言。"由此可知，知人然后才会明理。对于帝王来说，这是最困难的事情。千万谨慎啊！

【评析】

汉高祖刘邦，带兵打仗，不如韩信；运筹帷幄，决胜千里，不如张良；治国安邦，不如萧何。真本事没有一项胜过别人，但他照样获得了成功，正如韩信所说："我会带兵，但高祖会领将。"

你聪明，我会用你的聪明，那我比你更聪明。最聪明的人善于将别人的力量凝聚起来，变为己用。而人生成功的捷径，就是将别人的长处最大限度地变为己用。这就是借力发力的精髓。

政体第七

古之立帝王者，非以奉养其欲也。为天下之人，强掩弱，诈欺愚，故立天子以齐一之。

政体明，国家安

【经文】

古之立帝王者，非以奉养其欲也。为天下之人，强掩弱①，诈欺愚，故立天子以齐一之。谓一人之明，不能遍照海内，故立三公九卿以辅翼之。为绝国殊俗，不得被泽，故立诸侯以教诲之。夫教诲之政，有自来矣。何以言之？管子曰："措国于不倾之地，有德也。"

积于不涸之仓，务五谷也。

藏于不竭之府，养桑麻，育六畜也。

下令于流水之原，以顺人心也。

使士于不诤之官，使人各为其所长也。

明必死之路，严刑罚也。

开必得之门，信庆赏也。

不为不可成，量人力也。

不求不可得，不强人以其所恶也。

不处不可久，不偷取一世宜也。

知时者，可立以为长②。

审于时，察于用，而能备官者，可奉以为君。

故曰：明版籍③、审什伍④、限夫田、定刑名、立君长、急农桑、去末作⑤、敦学敩、核才艺、简精悍、修武备、严禁令、信赏罚、纠游戏、察苛克，此十五者，虽圣人复起，必此言也。夫欲论长短之变，故立政道以为经焉。

【注释】

①强掩弱：以强凌弱。

②长：行政长官。

③明版籍：查明土地的版图。

④审什伍：核实户籍人口。

⑤去末作：抑制工商业。

【译文】

古代设立帝王的原因，不是为了满足他们的贪欲，而是为了天下的百姓。因为社会上的人总是强大的欺压弱小的，狡诈的欺侮老实的，因此才设立天子来管理他们，好让天下公平合理，万众一心。然而由于天子一人无论多么英明，也不能管到天下所有的地方，所以设立三公九卿和各级官吏来辅佐他。因为风俗不同的偏远之地感受不到天子的恩泽，所以设立诸侯来治理、教化他们。所以这种用教化来统治的方法是由来已久的。为什么这样说呢？管仲说："使国家处于不被倾覆的稳固状态，是因为有了道德。"

要想使粮仓内的粮食储蓄取之不尽，就必须重视发展农业生产。

要想使府库财富储蓄永不枯竭，就必须大力种植桑麻，饲养六畜。

必须针对混乱的根源制定方针政策，以顺应民心。

任用那些不争权夺利的人为官吏，并能任其所长。

让百姓知道死路是什么，是为了刑罚严明。

要想向人民敞开有功必赏的大门，就必须赏罚有信。

不做不可能成功的事，因为凡事都要量力而行。

不追求得不到的东西，不勉强人做他们所厌恶的事。

不要固守在不能久留的地方，不为一时方便而苟且敷衍。

懂得把握时机的人，可以任命他为行政长官。

能审时度势，对人才、资源的使用了然于胸，并能恰当地选用官吏的人，就可以推拥他为君王。

综上所述，查明土地的版图，户籍核实清楚，限定每人占有的田亩要明确，惩罚与罪行相符，设立行政长官，加紧农桑的种植，抑制工商业，注重教育事业，考核士人的才艺，精简政府机构，做好兵器的制作，严明法制，核实赏罚的信誉，禁止无益的游戏，检举苛刻的官吏，这十五条，即使是圣人再世，也一定要这么说。要想探讨一个国家的统治时间为什么有长有短，就应当把以上所阐述的为政之道作为基本的准则。

【评析】

德，是天地万物生生不息的象征；义，是天地万物和谐融洽的象征；礼，是天地万物井然有序的象征。使天地万物各得其所，使形式和本质相统一，就是最大的仁。

人无廉耻就无法管理，不懂礼义就不能实行法治。法律能杀人，但不能使人孝顺父母，和睦兄弟；可以惩罚盗贼，但不能使人知廉耻。所以精明的统治者，应将善恶美丑明明白白地显示给大家，主动接近那些优秀的人并提拔重用他们，尽量不要频繁使用惩罚手段。

　　仁义并不能使普天下的人都得到好处，但只要使某一个人得到好处，大家就会追随跟从；残暴也不可能危害所有的人，可是只要危害到某一个人，大家就会有反心。所以我们在生活中不能不慎重。

卷二

君德第九

任德多，用刑少者，五帝也；刑德相半者，三王也；仗刑多，任德少者，五霸也；纯用刑，强而亡者，秦也。

1.君德仁，国得治

【经文】

夫三皇①无言，化流四海，故天下无所归功。帝者体天则地，有言有令，而天下太平。君臣让功，四海化行，百姓不知其所以然。故使臣不用礼赏功，美而无害。

王者制人以道，降心服志。

设矩备衰，有察察之政，兵甲之备，而无争战血刃之用，天下太平，君无疑于臣，臣无疑于主，国定主安，臣以义退，亦能美而无害。

霸主制士以权，结士以信，使士以赏。信衰士疏，赏毁士不为用。

故曰：理国之本，刑与德也。二者相须而行，相待而成也。天以阴阳成岁，人以刑德成治，故虽圣人为政，不能偏用也。故任德多，用刑少者，五帝②也；刑德相半者，三王③也；仗刑多，任德少者，五霸④也；纯用刑，强而亡者，秦也。

【注释】

①三皇：即伏羲、女娲、神农。

②五帝：即黄帝、颛顼、帝喾、尧、舜，均为古代帝王。

③三王：即大禹、商汤王、周文王。

④五霸：春秋时期，齐桓公、晋文公、宋襄公、秦穆公、楚庄王先后夺

得霸主的地位，史称五霸。

【译文】

三皇虽然没有传下修身治国的言论，但是他们潜移默化的仁德遍布四海，所以天下老百姓不知把功劳记在谁的名下。"帝王"一词的内涵，就是依照自然的法则，有理论，有法规，因此天下太平。有了功劳，君臣谦让，他们的美德，无形中变成了老百姓效仿的品行，百姓不明白其中的奥妙。所以古代的帝王任用群臣时，不必有那么多的礼仪法规、赏罚奖励，就能使天下和美而不互相损害。

如果说五帝是以德治国，那么三王的治国之道就是征服人心了。

制定方针策略以防衰败，为政清明，国防巩固，然而并不发生战乱，天下太平，君不疑臣，臣不疑君，国家稳定，人主安祥，群臣遵循仁义的规范进退有序，也可以达到美好而无患的大治景象。

霸主的治国之术是以权势来驾驭、以信誉来团结、以赏罚来使用人才。不讲信用，人才就会疏远；赏罚制度衰毁，人才就会离去。

所以说，治国的根本问题是怎样用刑法与仁德，两者之间应做到相辅相成。天以阴阳二气构成一年四季，人以刑德二法构成治国之道。所以即使是圣人执政，也不可偏用其一。以这样的观点来看，运用仁德较多，刑法较少的是五帝；刑德并重的是三王；刑法较多、仁德较少的是五霸；只用刑法暴力而最终亡国的就是秦了。

【评析】

古代治理国家，其政制可分为三类：一是王者之政，靠的是人文教育；一是霸者之政，靠的是刑法的威力；一是强权政治，靠的是暴力酷刑。其规律是教育不起作用就用刑法强迫，刑法不起作用就用暴力镇压，暴力也不起作用就屠杀。到这一步就不为王者所赞同了。所以唐太宗的名臣虞世南说："从前秦始皇弃仁义而用暴力，以此虽然可以吞并六国，统一天下，然而坐天下就不行了。这就是运用刑法治国的弊端。"

在今天，暴力依旧解决不了任何问题，只有通过人文、仁义的政策才能让人心归附。

2.坚守德，成霸业

【经文】

或曰："王霸之道，既闻命矣。敢问高、光二帝，皆拔起垄亩①，芟夷祸难，遂开王业。高祖豁达以大度，光武谨细于条目，各擅其美，龙飞凤翔，故能拨乱庇人，拯斯涂炭。然比大德，方天威，孰为优劣乎？"

曹植曰："昔汉之初兴，高祖因暴秦而起，遂诛强楚，光有天下，功齐汤武，业流后嗣，帝王之元勋，人君之盛事也。然而名不纯德，行不纯道，身没之后，崩亡之际，果令凶妇肆酷虐之心，嬖妾被人彘之刑。赵王幽囚，祸殃骨肉，诸吕专权，社稷几移，凡此诸事，岂非高祖寡计浅虑以致斯哉？然其枭将画臣，皆古今之所鲜有，历代之希觏，彼能任其才而用之，听其言而察之，故兼天下而有帝位也。世祖体乾灵之休德，禀贞和之纯精②，蹈黄中之妙理，韬亚圣之懿才，其为德也，聪达而多识，仁智而明恕，重慎而周密，乐施而爱人。值阳九无妄之世，遭炎精厄会之运，殷尔雷发，赫然神举，奋武略以攘暴，兴义兵以扫残，军未出于南京，莽已毙于西都。尔乃庙胜而后动众，计定而后行师，故攻无不陷之垒，战无奔北之卒。宣仁以和众，迈德以来远，故窦融闻声而影附，马援③一见而叹息。敦睦九族，有唐虞之称；高尚纯朴，有羲皇之素；谦虚纳下，有吐握④之劳；留心庶事，有日昃之勤⑤。是以计功则业殊，比隆则事异，旌德则靡愆，言行则无秽，量事则势微，论辅则臣弱，卒能握乾图之休征，立不刊之遐迹，金石铭其休烈，诗书载其懿勋。"故曰：光武其优也。

或曰："班固⑥称'周云成康，汉言文景'，斯言当乎？"

虞南⑦曰："成康承文武遗迹，以周、召⑧为相，化笃厚之氓，因积仁之德，疾风偃草，未足为喻。至如汉祖开基，日不暇给，亡赢之弊，犹有存者。太宗体兹仁恕，式遵玄默，涤秦、项之酷烈，反轩、昊之淳风，几致刑厝⑨。斯为难矣！若使不溺新垣之说，无取邓通之梦，懔懔乎庶几近于王道。景帝之拟周康，则尚有惭德。"

或曰："汉武帝雄才大略，可方前代何主？"

虞南曰："汉武承六世之业，海内殷富。又有高人之资，故能总揽英雄，驾御豪杰，内兴礼乐，外开边境，制度宪章，焕然可述。方于始皇，则为优矣。至于骄奢暴虐，可以相亚，并功有余而德不足。"

昔周成以孺子继统，而有管、蔡四国之变；汉昭幼年即位，亦有燕、盖、上官逆乱之谋。成王不疑周公，汉昭委任霍光，二主孰为先后？

魏文帝曰："周成王体圣考之休气，禀贤姒之胎诲，周、召为保傅，吕望为太师。口能言则行人称辞，足能履则相者导仪。目厌威容之美，耳饱德义之声，所谓沉渍玄流而沐浴清风矣。犹有咎悔，聆二叔之谤，使周公东迁，皇天赫怒，显明厥咎，然后乃寤。不亮周公之圣德，而信金縢之教言，岂不暗哉？夫汉昭父非武王，母非邑姜，养惟盖主，相则桀、光。保无仁孝之质，佐无隆平之治，所谓生于深宫之中，长于妇人之手。然而德与性成，行与体并，在年二七，早知凤达，发燕书之诈，亮霍光之诚。岂将启金縢，信国史，而后乃寤哉？使成、昭钧年而立，易世而化，贸臣而治，换乐而歌，则汉不独少，周不独多也。"

或曰："汉宣帝政事明察，其光武之俦欤？"

虞南曰："汉宣帝起自闾阎⑩，知人疾苦，是以留心听政，擢用贤良，原其循名责实，峻法严令，盖流出于申、韩也。古语云：'图王不成，弊犹足霸；图霸不成，弊将如何？'光武仁义，图王之君也。宣帝刑名，图霸之主也。今以相辈，恐非其俦。"

【注释】

①拔起垄亩：从民间崛起。

②贞和之纯精：正直谦和的秉性。

③马援：汉时一方豪杰，后来带兵归汉。

④吐握：传说周公一餐三吐哺、一浴三握发，非常礼贤下士。

⑤日昃（zè）之勤：传说刘秀凌晨理朝，日落而归。

⑥班固：东汉史学家，著有《汉书》一书。

⑦虞南：虞世南，唐初大臣。

⑧周、召：即周公、召公，分别为周文王之子，武王之弟。

⑨厝（cuò）：停。

⑩间阎：指民间。

【译文】

有人问："你所说的五霸之道我已听明白了，敢问汉高祖刘邦和光武帝刘秀都是崛起于乡间，平定了天下战乱，开创了帝王大业。刘邦豁达大度，刘秀谨慎细心，各擅其美，龙飞凤翔，所以能收拾残局，保护人才，拯救人民于水深火热之中。然而就其济世之大德，帝王之天威而比较，谁优谁劣呢？"

曹植说："昔日汉室初兴，刘邦因残暴的秦王朝而起事，然后诛灭项羽，一统天下，光宗耀祖，功勋可比汤武，伟业流传给子孙。他是帝王中的英杰，功业堪称人君中的盛举。然而他的名声、品行毕竟不那么真正合乎道德，所以死了以后，凶恶的吕后肆无忌惮地干尽残酷暴虐的坏事。爱妃戚夫人被砍去四肢，挖目薰耳，喂上哑药，扔在厕所中；爱子赵王被幽囚，最后被毒杀，祸害殊及自己的亲身骨肉，吕氏家族独揽朝纲，国家政权几乎被吕氏篡夺。上述种种，难道不是刘邦缺乏深谋远虑的结果吗！然而刘邦手下的猛将谋臣都是古今少有的奇才，只因为他能选任、重用他们，听其言观其行，所以才会统一天下，登上帝王的宝座。汉世祖光武帝刘秀（高祖九世孙）继承了皇室家族的仁善德性，禀承了忠贞温和的纯正精华，遵循外修风度内修精神的要则，兼有儒家的美德和才华。聪睿豁达、博学多识、仁义智慧、开明宽容、慎重周密、乐施爱人，构成了他的品道修养。他所处的时代，多灾多难，无法无天，正值皇家的气数已尽，世道艰难之际。在这样的时局下，他有如一声春雷，声势雄壮地举兵起事，组织武装力量来抗击强暴势力，发动起义部队扫荡残军败将。他的大军还没有从南京出发，王莽已经被洛阳的乱兵杀死。像刘秀这样的人，安邦定国的大计胜券稳操以后才发动群众，计划谋略确定以后才采取军事行动，所以每次进军没有攻克不了的堡垒，每次战争都没有临阵脱逃的士兵。他用宽厚仁慈之心来团结群众，以超常的德行使远方的人才慕名而来。因此，窦融闻听他的名声就如影随形般地追随他，马援第一次见面就赞叹他的英明。像虞舜一样，有使九代人亲密和睦的声誉；像羲皇一样，有高尚纯朴的品质。他谦虚地听取下属的意见有如周公一样不辞劳苦，留心事务像计时的仪表一样勤快。所以论功劳，他的业绩非同寻常；论尊高，他的事迹不同凡响；论道德，找不出可挑剔的瑕疵；论品行，没有不光彩的地方。刘秀所拥有的势力并不大，文武辅臣也并不强，但是他最终做到了一统天下，创建了不可磨灭的功勋，让金石碑铭刻记他的光辉业绩，诗书文献记载他的伟大。"所以说，汉光武帝比汉高祖更伟大。

有人问："班固赞颂周朝，推崇周成王、周康王；赞美汉朝，推崇汉文帝、汉景帝。班固的看法正确吗？"

虞世南说："周成王、周康文继承周文王、周武王的传统，以周公、召公为相，教化愚昧憨厚的民众，因为仁德的风气日积月累，能像疾风吹荡草丛一样，自然会国泰民安，这并不值得炫耀。至于汉高祖，登基之后，日理万机，已亡的秦国遗留下来的不利因素仍然存在。汉文帝以仁慈宽恕为本，以清静怡淡为法，扫除了秦始皇、项羽残酷暴烈的做法，恢复了黄帝、尧舜温和淳厚的风气，很少使用刑法，这样治理国家，是非常不容易的。假如他不被新垣平的妖言所惑，大搞迷信活动；不因梦见有人助他登天而宠幸邓通的话，汉文帝就非常接近王道了。至于用汉景帝来比拟周康王，在德行上还有所欠缺。"

有人问："汉武帝雄才大略，可以与前代的哪个皇帝相比？"

虞世南说："汉武帝继承六代的帝业，海内殷富，又有高人相助，总揽英雄，驾驭豪杰。内政方面，提倡礼教，外交方面，开拓疆域。制度宪章，焕然可述。比起秦始皇来更其伟大。至于骄奢淫佚，残暴肆虐，也仅次于秦始皇。功劳有余，德行不足。"

从前周成王年少登基，又有管、蔡等四国叛乱；汉昭帝八岁即位，也有燕王旦、益长公主和上官桀的谋反。成王不怀疑周公的忠诚，昭帝委任大将军霍光摄政。二人谁做得更好呢？

魏文帝曹丕认为："周成王继承了武王美善的气质，体现了贤母的胎教，周公、召公为保傅，吕望为太师。会说话的时候，负责朝见的官员就教他辞令；能走路的时候，负责宫庭礼仪的官员就引导他学习礼节。所以他从小就养成了满足于仪容要威严壮美、言谈要合乎德义的习性。就是说成王是在沐浴德行的清风中长大，骨肉里积淀着高贵的血液。即使如此，他还误听管、蔡对周公的诽谤，迫使周公率兵东征，去平定叛乱，致使上天震怒，显出凶兆来，然后他才幡然悔悟。他一直不相信周公的高尚品德，却相信秘藏在金柜里周公的政教言论，这不是很糊涂吗！而汉昭帝的情况就不一样了。父亲汉武帝不像武王一样仁德，母亲钩弋不像邑姜一样贤惠，伺候他幼年生活的是大姐盖长公主，辅相是上官桀和霍光。当老师的没有仁孝的品质，做辅臣的没有治国安邦的才能，完全可以说是出生在深宫之中，成长于妇人之手。然而他的美德天性生成，他的品行与生俱来，在十四岁的时候，就表现出早熟和素有的明达，发现燕王刘旦诬陷霍光的书信有诈，不但不怀疑霍光，而且表扬了他的忠诚。昭帝不是等到开启了类似金柜的秘密，看了史官的记录才醒悟的啊。假如让成王和昭帝壮年时执政，换个时代，换了辅臣，改变原来的文化氛围治理国家，那么汉昭帝可称赞的地方不见得比周成王少。"

有人说："汉宣帝明察政事，难道不是汉光武一类的国君吗？"

虞世南说："汉宣帝在民间长大，知道民间的疾苦，所以对政务非常留心，提拔重用有才能有学识的人。他之所以采取严刑峻法的政策，其根源在于法家申不害、韩非子那里。古人说过：'图王不成，用其有弊病的权谋足以称霸；图霸不成，霸术中有弊病的权谋将会是什么后果呢？只有身败名裂。'汉光武大仁大义，是位成就王道的皇帝。汉宣帝以法治国，是位成就霸业的皇帝。将此二人相较，恐怕不能类比。"

【评析】

是否以仁德治国，是一个国家兴亡的关键。其实，不只是一国之君需要具备仁义的德行，我们大家都需要以仁德为先。因为凡事以德为先，便会享有盛誉。反之，只会如昙花一现，不会留下万古芳名。

历史就像一面镜子，我们可以让它覆满尘埃，也可以使它一尘不染，从中看到自己，来不断完善自己，争取映出一个满脸欢笑的自己。

臣行第十

国家昏乱，所为不谀，敢犯主之严颜，面言主之过失，如此者，直臣也。

1.明正臣，辨邪官

【经文】

夫人臣荫芽未动，形兆未见，昭然独见存亡之机，得失之要，豫禁乎未然之前，使主超然立乎显荣之处，如此者，圣臣也。

虚心尽意，日进善道，勉主以礼义，谕主以长策，将顺其美，匡救其恶，如此者，大臣也。

夙兴夜寐，进贤不懈，数称往古之行事，以厉主意①，如此者，忠臣也。

明察成败，早防而救之，塞其间，绝其源，转祸以为福，君终已无忧，如此者，智臣也。

依文奉法，任官职事②，不受赠遗，食饮节俭，如此者，贞臣也。

国家昏乱，所为不谀，敢犯主之严颜，面言主之过失，如此者，直臣也。

是谓六正。

安官贪禄，不务公事，与世沉浮，左右观望，如此者，具臣③也。

主所言皆曰"善"，主所为皆曰"可"，隐而求主之所好而进之，以快主之耳目。偷合苟容，与主为乐，不顾后害，如此者，谀臣也。

中实险诐④，外貌小谨，巧言令色，又心疾贤。所欲进则明其美，隐其恶；所欲退则彰其过，匿其美，使主赏罚不当，号令不行，如此者，奸臣也。

智足以饰非，辩足以行说，内离骨肉之亲，外妒乱于朝廷，如此者，谗臣也。

专权擅势，以轻为重；私门成党，以富其家；擅矫主命，以自显贵，如此者，贼臣也。

谄主以佞邪，坠主于不义，朋党比周，以蔽主明，使白黑无别，是非无闻；使主恶布于境内，闻于四邻，如此者，亡国之臣也。

是谓六邪。

【注释】

①以厉主意：使人君想法得到激励。

②任官职事：当官谨守职责。

③具臣：充数之臣。

④中实险诐（bì）：内心狡诈，阴险。

【译文】

作为人臣，如果能在天下大事还处在萌芽阶段，没有形成规模的时候，局势的兆头还没有显现的时候，就已经洞烛机先，知道哪些事可做，哪些事不可做，存亡、得失的关键都事先看得到，把握得住。在不利的事情没有发生之前就能预先防止，使他的主子超然独立，永远站在光荣伟大的一面。能做到如此的大臣便是圣臣。

谦虚谨慎、尽心竭力为人主办事，经常思索好的治国之道向人主建议，勉励君王恪守礼仪、勤政爱民；劝说君王眼光远大，胸怀大志，使其英明正确的地方更英明、更正确；对其不良的作风，有害的习惯千方百计加以纠正、挽救，能做到这些的，就是伟臣。

为国家办事早起晚睡，废寝忘食，同时终生不懈地举贤荐能，为国家推荐、选拔人才，还能博学多识，精通历史，经常引证历史经验启发激励人主。能做到这些的是忠臣。

深谋远虑，明察秋毫，清楚成功、失败的机枢在哪里，并能事先预防，采取补救的办法，堵塞某一国策实施的漏洞，把可能导致失败、动乱的因素提前消灭，转祸为福，转危为安，使人主自始至终不必忧虑。能做到这样的是智臣。

奉公守法，以身作则，忠于职守，勇于负责，为民众出了力、办了事不接受贺礼，清正廉洁，勤俭朴素。能这样做的是贞臣。

当皇帝昏庸、国家离乱的时候，对上不拍马屁，不阿谀奉承，而且敢冒犯昏君的龙颜，在群臣唯唯诺诺的时候，敢当面指出昏君的过错。能这样做的，叫作直臣。

这是六种类型的正面官员——"正臣"。

有的人当官只是为了拿薪水，却不为公务操心，遇事随波逐流，左右观望，没有主见，这种当官的，可名之曰"具臣"，即充数之臣。

只要是人主讲的，就说"讲得好，非常正确，非常重要"；只要是人主做的，就说"做得对，带了个好头"。嘴上这么说，肚子里却在暗暗揣摸主子的爱好，凡有所爱就投其所好，及时上贡，来满足主子的声色之乐。渐渐地，当人主的不把这类专事拍马屁的官员当外人了，互相包庇纵容，一起吃喝玩乐，不计后果，不考虑影响。这种官员就叫作"谀臣"。

内心阴险奸诈，外貌谦恭谨慎，能说会道，讨人喜欢，实际上嫉贤妒能，想提拔谁，就在人主面前尽说他的好话，隐瞒他的缺点；想打击谁，就在人主面前夸大、突出他的过失，隐瞒他的优点，结果使人主赏罚不当，号令不行，政策、法规不能贯彻，这类官吏就是"奸臣"。

有才智，有学识，干起坏事来更有能耐。掩饰他的过错，道理讲得振振有词，叫人们听了不由得不信服；辩论起来足以形成一家学说，小则可以挑拨离间父子兄弟反目成仇，大则可以在朝庭煽风点火，制造混乱。这种官员就是"谗臣"。

篡夺权力，造成自己的势力，颠倒黑白，无限上纲，整倒别人，排斥异己，培植私人势力结成死党，形成自己的势力；假传圣旨，到处以全权代表的身份出现，使自己显得无比尊贵。这类官吏就是"贼臣"。

在人主面前阿谀奉承，鼓动、促使人主往邪路上走，背后又把错误都推到人主一个人身上；结党营私，互相包庇，欺上瞒下，不让人主了解真实情况，使上上下下黑白不分，是非不辨；暗地里宣扬人主的过失，使全国老百姓都骂人主，致使别的国家都知道。这种官吏就是"亡国之臣"。

这是六种类型的反面官员——"邪臣"。

【评析】

古时臣有"六正"，官有"六邪"，君主得正便成霸业，国兴旺，反之则会招来祸害。

今天，我们身边也不乏直善之人和奸邪之辈，如果我们不加辨别地全部接近信任，就会让自己陷入危险的境地。所以一定要择贤交之，让自己更加优秀。

2.才择主，贤取义

【经文】

子贡曰："陈灵公①君臣宣淫于朝，泄冶谏而杀之，是与比干同也，可谓仁乎？"

子曰："比干②于纣，亲则叔父，官则少师，忠款之心，在于存宗庙而已，故以必死争之，冀身死之后而纣悔悟。其本情在乎仁也。泄冶位为下大夫，无骨肉之亲，怀宠不去，以区区之一身，欲正一国之淫昏，死而无益，可谓怀矣！《诗》云：'民之多僻，无自立辟。'其泄冶之谓乎？"

或曰："叔孙通③阿二世意，可乎？"

司马迁曰："夫量主而进，前哲所韪。叔孙生希世度务制礼，进退与时变化，卒为汉家儒宗。古之君子，直而不挺，曲而不挠，大直若诎，道同委蛇，盖谓是也。"

或曰："然则窦武、陈蕃，与宦者同朝廷争衡，终为所诛，为非乎？"

范晔④曰："桓灵之世，若陈蕃之徒，咸能树立风声，抗论昏俗，驱驰岨峿⑤之中，而与腐夫争衡，终取灭亡者，彼非不能洁情志，违埃雾也。悯夫世士，以离俗为高，而人伦莫相恤也。以遁世为非义，故屡退而不去。以仁心为己任，虽道远而弥厉，及遭值际会，协策窦武，可谓万代一时也。功虽不终，然其信义足以携持世心也。"

或曰："臧洪死张超⑥之难，可谓义乎？"

范晔曰："雍丘之围，臧洪之感愤，壮矣！相其徒跣⑦且号，束甲请举，诚足怜也。夫豪雄之所趣舍，其与守义之心异乎？若乃缔谋连衡，怀诈算以相尚者，盖惟势利所在而已。况偏城既危，曹、袁方睦，洪徒指外敌之衡，以纾倒悬之会，忿恨之师，兵家所忌，可谓怀哭秦之节，存荆则未闻。"

或曰："季布⑧壮士，而反摧刚为柔，髡钳逃匿，为是乎？"

司马迁曰："以项羽之气，而季布以勇显于楚，身屡典军，搴旗者数矣，可谓壮士。然至被刑戮，为人奴而不死，何其下也！彼必自负其材，故受辱而不羞，欲有所用其未足也，故终为汉名将。贤者诚重其死。夫婢妾贱人，感慨而自杀者，非勇也，其计尽，无复之耳。"

【注释】

①陈灵公：春秋时期陈国君主。

②比干：殷纣王的叔父，是一正臣，因直言进谏而被剖心而死。

③叔孙通：曾对秦王有过阿谀的行为，刘邦称帝后，拜其为奉常，后为太子太傅。

④范晔：南朝史学家，著有《后汉书》。

⑤岨峗（jū wéi）：本指地形险要。此处意为环境艰险。

⑥臧洪、张超：皆为东汉官吏。

⑦徒跣（xiǎn）：徒步而赤脚。

⑧季布：楚国人，西汉初的

游侠。

【译文】

子贡问孔子："陈灵公君臣与夏姬淫乱朝纲，泄冶规劝，招来杀身之祸。泄冶的行为与纣王时代的比干相同，能不能说泄冶的做法合乎仁道呢？"

孔子说："不能这样说，因为比干之于纣王，从私人关系方面讲，比干是纣王的叔父；从公的方面讲，比干是皇帝的老师。比干是为保住殷商的宗庙社稷，所以他下决心牺牲自己，希望用自己的一死使纣王悔悟。比干当时的内心情感，是真正的仁爱之情。泄冶只是陈灵公的部属，地位不过是个下大夫，并没有血缘之亲，在陈国这样一个政乱君昏的国家，正人君子本应挂冠而去，可是泄冶没有这样做。他以如此低微的地位，抱着不切实际的幻想，想用区区一身，纠正人主的淫乱昏庸，死了也对国家无益的。像他这种做法，爱国之心还是有的，至于说到忠、仁，却毫不相干。《诗经》中有两句话：'民之多僻，无自立辟。'意思是说，寻常百姓一旦走到偏激的路上时，是没有办法把他们拉回来的。难道不是说泄冶这种人吗？"

有人问："叔孙通顺着秦二世的心事拍马屁，这是应该的吗？"

司马迁回答道："根据做君王的是不是英明，以便决定自己的进退，这个原则是前代哲人所认可的。叔孙通为了继承文化道统，期待着太平盛世，希望理想的时代一来，制定富有文化精神的体制。进退韬讳，他看得很清楚。在秦始皇那个时代，他没有办法，只好迁就当时的时代环境。他非常懂得适应时代的变化，以最强的应变能力达到最终目的，最后终于成了汉王朝的儒学宗师，开创了几千年的儒家礼仪制度。古代的君子，挺拔有如大树，虽然直立，却很柔韧。所以在乱世中行直道的人，就有种'大直若诎'的样子，看上去好像不会说话，畏畏缩缩的，曲里拐弯的，但最终的目的是要实现自己的理想。这就是叔孙通的处世哲学。"

如果有人问："如此说来，后汉的窦武、陈蕃，与把持朝政的窦后及其亲信宦官曹节、王甫抗衡斗争，最终死在这班外戚、宦官手里，难道他们做错了吗？"

《后汉书》的作者范晔说："汉桓帝、汉灵帝两朝，像陈蕃这样的人，都是能够建树时代风尚，对当时浑浑噩噩混日子的世俗风气发出抗议的人。以他的人品学问，道德情操，在最腐败的社会风气中，犹如骏马驰骋在坎坷崎岖的险途中一样，敢和那些权势薰天的宦官抗争，乃至不惜把生命搭上。以他的聪明才智，并不是做不到洁身自好，明哲保身，而是不屑于这样做罢了。因为他坚持自己的人格、道德标准，悲悯当时世俗庸人，像一些知识分子那样，看到世风日下，尽管反感极了，也只求远离五浊恶世，自以为清高，然而这样一来，人世间就连一些互相同情、怜惜的人情味都没有了。所以他反对那些退隐避世的人，认为退隐不合人生的真义，而他自己好几次有机会退隐避祸，可就是不走。以仁义之心为己任，明知任重道远，意志更加坚定、激昂。等到政治形势一好转，就协同窦武扫除宦官势力，甚至不惜以生命相助。这样的死，以历史的眼光看，把时间拉长、空间放大了，是把千秋万代的事业放在一个暂短的时空内做了。他这生命的价值，在于精神的不死，千秋万代都要受人景仰。虽然他失败了，然而他的精神、正义却世世代代作为信念的支柱在引导、支持着世道人心。"

也许有人会问："臧洪虽然不明智，但他为救朋友张超而死，总还够得上讲义气吧？"

范晔说："曹操兵围雍丘，张超处境危急，臧洪为救朋友到处求救，当时就臧洪个人感情之悲愤、慷慨来说，是一种壮烈的情操。看他赤脚奔走呼号、带兵赴难的样子，确实值得同情。可是话说回来，英雄豪杰在某种特定的情势下，对于是非善恶的取舍，与普通人的信守节义，在心态上是否不一样呢？'大行不辞小让'，成大功，立大业，办大事的人，是顾不到那么多枝节琐事的，甚至挨骂都在所不惜。至于像三国时期，袁绍、曹操、张超这一类人，和一切乱世中拥兵割据的草头王一样，有时候结盟订约，联合起来对付共同的敌人，实际上都在打自己的算盘，联合有利就联合，开战有利就开战，根本没有什么信义可讲；唯一的出发点是形势的需要，利害的衡量。在这种局势下，看不透这一点，而去和他们讲道义，只有送命了。更何况三国时，在军阀割据的战乱局面下，雍丘是个非常危险的偏城，臧洪出于一时愤慨，只知道自己的朋友被曹操包围了，心想袁绍也是朋友，就去请袁出兵，却不知曹、袁当时出于利害关系的考虑，刚刚讲和，正是友好相处的时候。臧洪昏昏然想借袁绍的兵打败曹操，来解救朋友的危难，即使成功了也是前门驱狼后门进虎的做法，是很危险的。再说，按兵法来讲，逞一时义愤，率忿恨之师，是兵家之大忌。臧洪'徒跣且号，束甲请兵'，和楚国的中包胥因楚国被吴国打败，到秦国请兵，在秦庭哭了七天七夜一样，在个人的情感上无可指责，但是对解决问题而言，一点用也没有。借助外力解决本国的危难，只会落个把国家拱手让给他人的下场，从来没有听说这样能复国图存的。"

有人问："季布称得上是一位壮士，却化刚为柔，一反昔日刚勇豪迈的气概，去做窝囊的亡命徒。这样对吗？"

司马迁说："在刘、项争雄的时候，以西楚霸王项羽那样'力拔山兮'的气概，季布仍然能在楚军中以勇武扬名楚国，每次战役都身先士卒，率领部队冲锋陷阵，多少次冲入敌阵夺旗斩将，称得上是真正的壮士。可是等到项羽失败，刘邦下令通缉他，要抓他杀他的时候，他又甘心为奴而不自杀，又显得多么下贱，一点志气都没有。季布为什么要这么做呢？他肯定是坚信自己是个了不起的人才，只是投错了胎，走错了路，所以受尽了屈辱但不以为耻，盼望有机会能施展自己还没有充分发挥的潜能，所以最终还是成了汉代的名将。由他的所作所为，可以窥测出他的志气、抱负，他觉得为项羽而死太不值得，因此才那样忍辱负重，委曲求全。由此看来，一个有见识、有气魄的贤者，固然把死看得很重，可并不像愚夫愚妇一样，心胸狭隘，为了一点儿小事，就气得寻死上吊，这并不是有勇气的表现，而是计穷力竭，无路可走的表现。"

【评析】

齐桓公的名相管仲说："人们认

为我被齐桓公俘虏后，关在牢里委曲求全是可耻的，可我认为有志之士可耻的不是一时身陷囹圄，而是不能对国家、社会做贡献；人们认为我所追随、拥戴的公子纠死了，我也应该跟着死，不死就是可耻，可我认为可耻的是有大才而不能让一个国家称雄天下。"

管仲的这番话表明，有经世治国之才的人由于对自己的才能充满信心，以改天换地作为人生目标，所以决不会把生死看得太重。季布也罢，管仲也罢，这些有才有识之士，对自己一生的行为，乃至死与不死，都有很明确的价值观念和衡量标准。

德表十一

心正而后身正，身正而后左右正，左右正而后朝廷正，朝廷正而后国家正，国家正而后天下正。

察好恶，冶性情

【经文】

孔子曰："性相近也，习相远也。"言嗜欲之本同，而迁染之途异也。夫刻意则行不肆，牵物则其志流。是以圣人导人理性，裁抑流宕，慎其所与，节其所偏。故《传》①曰："审好恶，理情性，而王道毕矣。"治性之道，必审己之所有余，而强其所不足。盖聪明疏通者，戒于太察；寡闻少见者，戒于壅蔽；勇猛刚强者，戒于太暴；仁爱温良者，戒于无断；湛静安舒者，戒于后时；广心浩大者，戒于遗忘。

《人物志》曰："厉直刚毅，材在矫正，失在激讦；柔顺安恕，美在宽容，失在少决；雄悍桀健，任在胆烈，失在少忌；精良畏慎，善在恭谨，失在多疑；强楷坚劲，用在桢干，失在专固；论辨理绎，能在释结，失在流宕；普博周洽②，崇在覆裕③，失在溷浊；清介廉洁，节在俭固，失在拘局；休动磊砢，业在攀跻，失在疏越；沉静机密，精在玄微，失在迟懦；朴露径尽，质在中诚，失在不微；多智韬情，权在谲略，失在依违。"

此拘亢之材，非中庸之德也。

文子曰："凡人之道，心欲小，志欲大，智欲圆，行欲方，能欲多，事欲少。"所谓"心小"者，虑患未生，戒祸慎微，不敢纵其欲也；"志大"者，兼包万国，一齐殊俗④，是非辐辏，中之为毂也；"智圆"者，终始无端，方流四远，深泉而不竭也；"行方"者，直立而不挠，素白而不污，穷不易操，达不肆志也；"能多"者，文武备具，动静中仪⑤也；"事少"者，执约以治广，处静以待躁也。

夫天道极即反，盈则损。故聪明广智，守以愚；多闻博辩，守以俭；武力毅勇，守以畏；富贵广大，守以狭；德施天下，守以让。此五者，先王所以守天下也。

【注释】

①《传》：即《左传》。

②普博周洽：指交往广泛。

③覆裕：与多数人应酬。指与形形色色的人交往。

④一齐殊俗：统一各种风俗。

⑤中仪：合乎法度规定。

【译文】

孔子说："性相近也，习相远也。"意思是说，人的嗜好、欲望从本性上来讲，是相同的，只因为环境经历、教育习染各各不同，所以每个人的个性、志趣才显得千差万别。总的来说，刻苦修炼、锐意进取的人，就志向远大，奋发有为；追求物质享受、容易被周围的环境影响的人，就意志软弱，性情浮躁。所以圣人在教导人、改造人的性情的时候，非常注意克服、抑制人的放浪任性的行为，对给予他些什么东西要慎重，对他的偏激嗜好努力加以节制。所以《左传》中有句话说："审察人的好恶，陶冶人的性情，王者之道全在于此了。"改造人性的办法，关键是一定要看清自己的长处，克服自己的不足。总的原则是性格聪明爽朗的，要警惕把什么事情都看得太清楚了；孤陋寡闻的，要警惕把无知当高明；勇猛刚强的，要警惕遇事急躁粗暴；善良温和的，要警惕对人对事优柔寡断；恬静从容的，要警惕错过时机；心胸广阔的，要警惕对任何事情都不留心观察，马虎健忘。

《人物志》说："严厉正直、刚正不阿的人，他的才能适合于做纠正失误、整顿治理的工作，可是又很容易犯偏激过火、攻击别人的短处、揭发别人的阴私之类的错误；性情温柔随和、安静宽恕的人，优点是宽容大度，缺点是对人对事下不了决心；英雄骁悍、精力健旺的人，优点在于肝胆照人，性情刚烈，缺点在于不太顾忌别人的情面或事情的后果；精明能干、慎密畏怯的人，很善于恭恭敬敬、兢兢业业地完成所负的使命，但缺点是疑虑重重，患得患失；坚强猷劲、干劲冲天的人，他的长处在于能起骨干作用，缺点是顽固自信，刚愎自用；善于论证辩驳、推理分析的人，他的才能是在解惑说理、化解矛盾方面，不足之处是容易流于夸夸其谈，不着边际；好善乐施、普济博爱的人，推崇造福百姓，救苦救难，缺点是容易良莠不分；清高耿介、廉洁奉公的人，具有艰苦节约、不为贫贱所移的优点，但是也有过分拘泥于小节、死板教条的缺点；注重行动、才能卓越的人，志在攀登高峰，超越同行，不足之处是好高骛远，根基不稳；冷静老练、机敏周密的人，对于细微奥秘的事情很精通，缺点在于遇事迟缓怯懦；质朴坦率、一览无余的人，具有忠诚老实的品质，缺点是没有城府，容易泄密；足智多谋、胸怀韬略的人，做事老谋深算，诡计多端，缺点是老奸巨滑，模棱两可。"

上面列举的这十二种人，都是性情偏颇极端，而不具中庸之德的人才。

文子说："总括人才的美德，应该具备'心欲小，志欲大，智欲圆，行欲方，能欲多，事欲少'六个特征。"所谓"心小"，意思是说性格要谨慎周密，在祸患还没有发生的时候，就能考虑到预防的措施，灾祸刚刚显露出征兆的时候，就能提高警惕，有所戒备，最根本的对策是不放纵内心的欲望；所谓"志大"，是说立志要宏大，以实现天下大同、全人类共同富裕为己任，在错综复杂的是非风云面前，坚持不偏不倚、公正无私的总则；所谓"智圆"，意思是说智慧要圆融无隙，像圆形球体一样，处处融合，找不到起点和终点，但是能够包容四方，没有达不到的地方，又像地底深处的泉水，永远不会枯竭；所谓"行方"，意思是说行为要正直端方，不屈不挠，纯洁清白，有如莲花，出污泥而不染，在贫穷的煎熬下，决不改变情操，飞黄腾达了，又不被冲昏头脑；所谓"能多"，意思是说才能要达到文武兼备，不论是在有所作为还是静默孤独的时候，都能使自己的言行合乎道德规范；所谓

"事少"，是说善于把握事物的要领和关键，做到举一发动全身，以一机治全局，以静制动，以静待躁。

天道运行的规则永远是物极必反，盈满则亏。所以做人要想保持大聪明、大智慧的优势，就必须使自己永远处于虚灵愚蒙的心理状态；要想保持多闻广见、博学明辩的优势，就必须让自己觉得永远孤陋寡闻，才疏学浅；要想保持武勇刚毅的优势，就必须使自己明白天外有天的道理，永远处在有所敬畏的状态；要想保持富贵显赫，广有天下的优势，就必须让自己享有的物质永远有所节制，局限在最小限度内；要想兼济天下，恩泽苍生，就必须保持谦让恭顺的美德。这五条原则，就是从前贤明的君王所以能守卫天下的秘诀。

【评析】

人的性格有好亦有坏，对于不好的一面，就需要我们注重后天的修养。儒家认为，一个人要立于世，要齐家—治国—平天下，均要从修身开始，以修身为基础。作为儒家经典之一的《礼记·大学》篇有一段论述集中反映了这一思想："古之欲明明德于天下者，先治其国。欲治其国者，先齐其家。欲齐其家者，先修其身。欲修其身者，先正其心。欲正其心者，先诚其意。欲诚其意者，先致其知。……自天子以至于庶人，壹是皆以修身为本。"

所以，先天性格的缺陷并不可怕，只要后天注重学习，在生活中注意反思，注意总结经验教训，"见贤思齐焉，见不贤而内自省焉"。性格的缺陷是能够弥补的。懂得了这个道理，我们就要在日常生活中注意个人的修身，因为，这是我们齐家、治国、平天下的根本。

理乱十二

夫明察"六主"，以观君德。审惟"九风"，以定国常。探其"四乱"，核其"四危"，则理乱可知矣。

察君王，知兴衰

【经文】

夫明察"六主"，以观君德。审惟"九风"，以定国常①。探其"四乱"，核其"四危"，则理乱可知矣。

何谓"六主"？

荀悦②曰："体正性仁，心明志同，动以为人，不以为己，是谓'王主'；克己恕躬，好问力行，动以从义，不以从情，是谓'治主'；勤事守业，不敢怠荒，动以先公，不以先私，是谓'存主'；悖逆交争，公私并行，一得一失，不纯道度③，是谓'衰主'；情过于义，私多于公，制度逾限，政教失常，是谓'危主'；亲用谗邪，放逐忠贤，纵情逞欲，不顾礼度，出入游放，不拘仪禁，赏赐行私，以越公用，忿怒施罚，以逾法理，遂非文过，而不知改，忠言壅塞，直谏诛戮，是谓'亡主'。"

【注释】

①国常：国家的规章制度。

②荀悦：字仲豫，东汉末政论家、史学家。著有《汉纪》《申鉴》。

③不纯道度：不能严格按照道义法度行事。

【译文】

分辨清楚六种类型的君主，就可以用来考核每一位皇帝的功德过失；总结出九种类型的国家风气，就能鉴定一个国家规章制度的合理性；探讨四种乱国的表现，核定四种危国的征兆，那么治国安邦、拨乱反正的方针也就清楚了。

什么是六主呢？

东汉末史学家荀悦说："天性仁慈，头脑清醒，志在天下大同，所有的举措都是为了人民，而不是为满足自己的私欲，这是'王主'——可作帝王的君主；能克制自己的私欲，性格宽厚，能身体力行，勤学好问，办事遵循仁义的原则，不感情用事，这是'治主'——能带来一个清明盛世的君主；勤政爱民，兢兢业业地保护先辈开创的基业，丝毫不敢荒淫懈怠，处理国家大事能做到先公后私，这是'存主'——能坐江山的君主；性情狂悖，叛逆伦常，朝廷里的奸邪争权夺利，公私并行，政策的得失没有什么真正的理论标准做依据，这是'衰主'——走上穷途末路的君主；情欲压倒了礼义，私利重于公利，国家制度超过了界限，政治文化失去了常规，这是'危主'——危在旦夕的君主；亲信、重用诬陷忠良的邪恶小人，排挤、打击德才兼备的忠臣，放纵情欲，贪得无厌，不顾忌礼教法规，出入游幸放荡，不受规章制度的约束，拿着国家的财物赏赐亲信，超过了用在公共事业上的开支，一不高兴就乱加刑罚，从不依据法律，文过饰非，有错不改，忠诚的意见听不到，敢于冒死直谏的大臣都要被杀掉，这是'亡主'——亡国的君主。"

【评析】

大到一个国家，小到一个团队，领导人占据着举足轻重的地位。通过观察领导人，我们可以预测到这个团队的命运。

大家都知道，狼最有效的攻击力是团队的力量，但千万别忘了，狼群是有首领的。每攻击一个目标的得与失，领头狼是起决定性作用的。

是的，想要成就一番事业，团队固然重要，但没有团队核心领导人，此团队将一盘散沙，很难成事。所以说，建立团队很重要，一个好的核心领导人更是重中之重。

卷三

反经十三

仁、义、礼、乐、名、法、刑、赏，此八者，五帝三王治世之术。

1.审时势，不落后

【经文】

臣闻三代①之亡，非法亡也，御法者非其人矣。故知法也者，先王之陈迹，苟非其人，道不虚行。故《尹文子》②曰："仁、义、礼、乐、名、法、刑、赏，此八者，五帝三王治世之术。"

故仁者，所以博施于物，亦所以生偏私。

义者，所以立节行，亦所以成华伪。

礼者，所以行谨敬，亦所以生惰慢。

乐者，所以和情志，亦所以生淫放。

名者，所以正尊卑，亦所以生矜篡。

法者，所以齐众异，亦所以乖名分。

刑者，所以威不服，亦所以生凌暴。

赏者，所以劝忠能，亦所以生鄙争。

《文子》曰："圣人其作书也，以领理百事，愚者以不忘，智者以记事。及其衰也，为奸伪，以解有罪而杀不辜。"

其作囿③也，以奉宗庙之具，简士卒，戒不虞。及其衰也，驰骋弋猎，以夺人时。

其上贤也，以平教化，正狱讼，贤者在位，能者在职，泽施于下，万人怀德。至其衰也，朋党比周，各推其与，废公趋私，外内相举，奸人在位，贤者隐处。

《韩诗外传》④曰："夫士有五反，有势尊贵不以爱人行义理，而反以暴傲。"

家富厚不以振穷救不足，而反以侈靡无度。

资勇悍不以卫上攻战，而反以侵凌私斗。

心智慧不以端计教，而反以事奸饰非。

貌美好不以统朝莅人，而反以蛊女从欲。

太公曰："明罚则人畏慑，人畏慑则变故出。明察则人扰，人扰则人徙，人徙则不安其处，易以成变。"

晏子曰："臣专其君，谓之不忠，子专其父，谓之不孝；妻专其夫，谓之嫉妒。"

韩子曰："儒者以文乱法，侠者以武犯禁。"

子路拯溺而受牛，谢孔子，孔子曰："鲁国必好救人于患也。"子贡赎人而不受金于府。孔子曰："鲁国不复赎人矣。"子路受而劝德，子贡让而止善。由此观之，廉有所在而不可公行。

【注释】

①三代：指夏、商、周。

②《尹文子》：周代尹文撰，内容介于道家、法家之间。

③囿（yòu）：蓄养禽兽的园子。

④《韩诗外传》：汉韩婴撰写。

【译文】

我听说夏、商、周三个朝代之所以消亡，并不是因为三代的法规制度过时了，而是因为执政的人不是合适的人选。这证明所谓法制，亦即前代圣君的主张、路线，如果没有

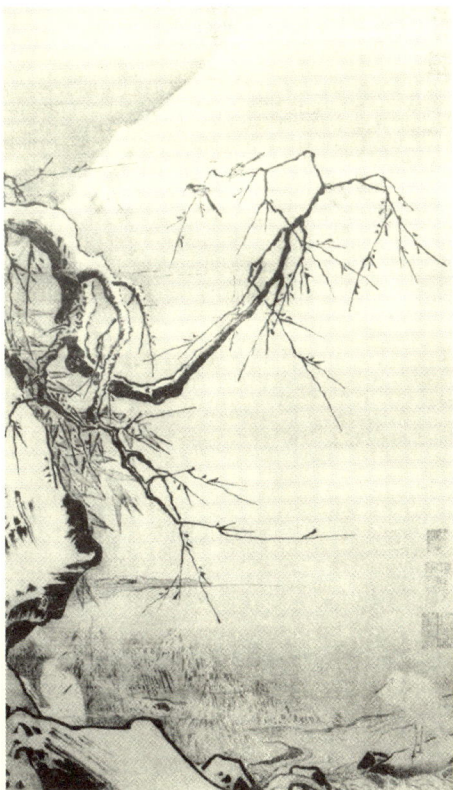

合适的人选，就不会凭空得以贯彻实行。所以战国时的尹文子说："仁、义、礼、乐、名、法、刑、赏，这八种政治措施，是五帝和三王治理国家的基本方法。"

仁爱的树立，是为了广泛地施予恩惠、怜爱之心。但也让人心生偏爱，有了私心。

节义这种品操的提出，本意是要建立一个德行的标准，结果成了某些人哗众取宠、背弃大义的借口，走向了节义的反面。

礼仪规矩的建立，是为了让人们的言行恭敬严谨，但是懒惰和散漫也会同时产生，结果走向了"礼"的反面。

文学艺术，本来是陶冶性情，柔和心灵的好东西，但是也会叫人淫逸放浪。

名位等级的设立，目的是为了对身份的高低有个明确的划分，但是骄慢、篡夺的野心也就因此而产生了。

建立法制法规，是为了使人们的行为有准则，人人都安分守己，用心本来很好，但想不到问题也恰恰出在这里——有人偏偏会找到法律的漏洞，做出大奸大恶的事来。

刑罚的运用，本来是要威慑、惩罚那些犯法的人，但是执法的人，会出于种种目的滥用刑法或者来欺辱犯人，甚至久而久之会使自己丧失人性，有时也会放过真正的罪犯，制造冤假错案。

奖赏的运用，本来是为了劝勉人忠心效力，尽展其能，但是也会出现卑鄙的竞争。为了争功邀赏，或由于赏罚不公而闹出许多鄙俗的事情。

老子的学生文子说："古代有大本领的人创造出文字来，为的是指导民众，叫人理解天下之事，使愚笨的人变得聪明起来，使聪明的人学识渊博。可是事与愿违，等到文化知识有了进一步发展，有学识的人却变得更坏了，他们把学到的文化知识作为自己为非作歹、作奸犯科的工具；为有罪的人辩护，冤杀无辜的人。"

至于国家建筑林园，那是为了使祖宗的灵位有个存放的地方以便祭祠。平时则可以搞军事训练，以防意外变故。到了国力衰微的时候，林园便丧失了原来的意义，变成了打猎的场所，结果劳民伤财，贻误农时。

崇尚、重用人才的政策，是为了提高全社会的文化水平，使人人都奉公守法，从善如流，有道德有觉悟的人从事领导工作，有才能有经验的人管理各行各业，物质财富和精神财富都丰富了，给全社会带来幸福祥和，举国上下就会感怀这种政治的恩德。到了这种政治被败坏以后，好人和坏人往往要结为同党来争权夺利，党同伐异，狼狈为奸，各自推举圈子里的人，把国家、人民的利益置于脑后，苦心经营小集团的势力，内外勾结把私党里的人安插到各个领导岗位上。最后，一旦被大奸大恶的元凶利用，操纵权柄，窃国篡权，真正贤德的人就会被冤杀，或被迫退隐。

《韩诗外传》说："古代的士大夫在贵、富、勇、智、貌五种素质方面都有相反的一面。比如有些人有了势力，地位也尊贵了以后，本来应该爱护别人，爱护朋友，行侠仗义，通情达理，实际上都恰恰相反，出身贫贱的一旦发迹后，一阔脸就变，变得不近情理，不行仁义，飞扬跋扈，残暴不仁。"

家道富裕以后，本应周济贫困，扶危急难，可是有的富贵之家，不但不帮助穷人，投身社会福利、社会公益事业，广积功德，反而骄奢无度，最后难免落个钱财散尽，家业凋零的下场。

仗着自己年轻力壮，勇猛骠悍，不是去保家卫国，而是好勇斗狠，欺负弱者，或聚众殴斗。

有智慧的人如果不是用来干正事，做有益于国家、社会的事，而是使奸作诈，颠倒是非，智慧就要走向反面。

容貌姣美，风度翩翩本来是件好事，如果放到树立形象、讲究礼仪的场合如公关、外交之类的地方，是很恰当的，但是如果凭姿色去乱搞男女关系，去行淫纵欲，那就走到美的反面去了。

姜太公说："刑罚太严明，国人就会被弄得战战兢兢，提心吊胆，人整天处在这种状态就会生出变故，反而要出乱子。什么事都看得那么清楚，人就觉得骚扰不安，为了逃避骚扰，大家就要迁移，不再安居原地了，这样容易发生动乱。"

晏婴说："一个好的臣子，固然应对上司忠心，然而如果忠心过分了，就变成专权，那就不是忠了；当儿子的孝敬父母是好事，但是如果只突出他一个人的孝顺，把其他兄弟姐妹都比下去，那就是不孝；妻子爱自己的丈夫是家庭和睦的保障，但是如果丈夫还有二房小妾，做妻子的霸住丈夫独专其房，不能容纳别人，很可能导致家破人亡。"

韩非子说："读书人舞文弄墨，常常扰乱国家的法令；游侠者认为力气大，武功好才有用的人常常靠蛮勇解决问题，也是对国家法令的破坏。"

子路有一次救了一个落水的人，被救者的父母亲非常感激，送给子路一头牛，子路愉快接受后，跑来向孔子讲述。孔子说："子路做得对，以后鲁国的人都愿意救人于危难之中了。"孔子的另一个学生子贡很有钱，养有奴隶，奴隶的亲人向子贡提出要赎人回去。但是子贡放了人却没要赎金。孔子说："子贡做得不对，你不收赎金，以后谁还敢赎人？"为什么孔子会有这样两种截然不同的态度呢？因为他认为：子路做了好事收了礼，是鼓励大家都做好事，倡导了好的社会风气，这是劝人为善。子贡因自己有钱就不收人家的赎金，显得很谦让大方，但影响别的奴隶主都不敢释放奴隶了（得不到好处嘛）。家中有做奴隶的也不敢去赎人了。结果堵塞了行善的路子。由此看来，在该廉洁的地方讲廉洁是应该的，但是在光天化日之下炫耀自己的廉洁，只能起到相反的作用。

【评析】

在讨论治国之道时，人们历来认为仁义、赏罚是治国的总纲，是基本国策。然而，如果仁义、赏罚的方法使用不当，反而于国于民有害。因此特别撰写了这一章来说明这个问题。

汉朝爱提意见的匡衡说："孔子曾慨叹说：有谁能以礼让治国呢？到哪里去找这样的例子呢？可见以礼治国是很不容易的。孔子所以这样感叹，是因为朝廷是全社会的神经中枢，它的一举一动，直接影响到社会风气的好坏。如果朝廷的官吏们彼此很讲礼貌，谦虚宽厚，影响到下面，就不会彼此争斗不已；朝廷的人好善乐施，下面就不会粗暴犯上；朝廷的人高风亮节，下面的风气也会跟着好转；朝廷宽容温和，施惠于民，下面的人彼此之间就有爱心。这四种好的社会风气，都不是靠君主威严的命令形成的，而是以朝廷的实际行动感化教育全社会形成的。"道理何在？因为如果朝廷的官员们一对话就吵得脸红脖子粗，影响到下面，就发展成打架斗殴了；朝廷的人如果独断专行，下面就要一毛不拔、寸步不让了；朝廷的官员如果争名夺利，下面就要祸国殃民了；朝廷的官员如果唯利是图，下面就要盗窃成风了。这就是说，社会风气的好坏，根源在朝廷。

2.人谋事，成在天

【经文】

慎子曰："忠未足以救乱代，而适足以重非。何以识其然耶？曰：父有良子而舜放瞽瞍，桀有忠臣而过盈天下。然则孝子不生慈父之义，而忠臣不生圣君之下。故明主之使其臣也，忠不得过职，而职不得过官。"

庄子曰："将为胠箧①探囊发匮②之盗，为之守备，则必摄缄縢，固扃鐍③。此世俗之所谓智也。然而巨盗至则负匮揭箧④，担囊而趋。唯恐缄縢、扃鐍之不固也，然则向之所谓智者，有不为盗积者乎？"

其所谓圣者，有不为大盗守者乎？何以知其然耶？昔者齐国，邻邑相望，鸡狗之音相闻，网罟之所布，耒耨之所刺，方二千余里，阖四境之内，所以立宗庙社稷，治邑屋州闾乡里者，曷尝不法圣人哉？然而田成子⑤一朝杀齐君而盗其国，所盗者，岂独其国耶？并与圣智之法而盗之，故田成有乎盗贼之名，而身处尧舜之安，小国不敢非，大国不敢诛，十二代而有齐国，则是不独窃齐国，并与其圣智之法，以守其盗贼之身乎？

【注释】

①胠箧（qū qiè）：胠，撬开。箧，箱子之类的东西。

②发匮：开柜子。

③固扃鐍（jué）：加固门窗或箱子、柜子的栓。

④负匮揭箧：用背背柜子，用手提箱子。

⑤田成子：春秋时期齐国大夫陈恒。

【译文】

慎子说过："做个忠臣固然是好的，但忠臣并不能救乱世，相反，如果是处在一个混乱的时代，忠臣只会加重那个时代的混乱。"如何理解这个道理呢？舜的父母很坏，却生了舜这样一个圣贤的好儿子。舜的父亲一次次要把亲生儿子舜置于死地，舜每次都逃过了劫难，原谅了父亲。夏朝的桀是最坏的皇帝，却出了不少忠臣，结果使他的过错显得格外突出，真像是罪恶滔天一样。孝子不会出在慈父之家。忠臣不会产生在圣明的君王执政的时代。一个英明的君主懂得了这个道理后，就会要求部下既要尽忠，但不能过分，所管的事、所负的责任不能超越其职权范围，否则，就走到了忠的反面。

庄子说："做小偷、扒手一类的盗贼，或是溜门撬锁，或是从别人的口袋里、皮包里偷东西。为了预防这些小偷，人们有了财宝，总是小心翼翼地放在柜子和箱子里，外面还要层层捆扎，加上大锁，生怕不牢固。这种防盗的做法，历来为世俗的人们当做是聪明智慧的表现。可是如果一旦江洋大盗来了，把箱子、柜子连锅端走，这时大盗唯恐你捆得不紧，锁得不牢呢。这样看来，以前被认为有脑子的人，不正是在为强盗储蓄、保管财富吗？"

至于那些被称为圣人的，能说没有不为大盗储蓄、保管财富的吗？肯定是有的。怎么知道呢？田成子弑齐君盗其国就是一例。从前，齐在姜太公的治理下，城镇相连，鸡鸣狗叫的声音各家各户都能听到，人口众多，一派繁荣景象。市场上摆满了物品，田野上人欢马叫，方圆二千余里，举国上下，国家典章制度的建立，城镇乡村的组织规划，哪一样不是依照他们的开国圣人姜太公的做法呢？等到后来窃国大盗田成子一出来，杀了齐简公，偷窃了齐国，田成子所到手的，又岂只是一个齐国？而且把齐国几百年间形成的好的政治制度，都偷过来了。所以历史上虽然骂田成子是窃国大盗，但他一旦权势到手，就像尧舜一样，安安稳稳地做了齐国的国王，

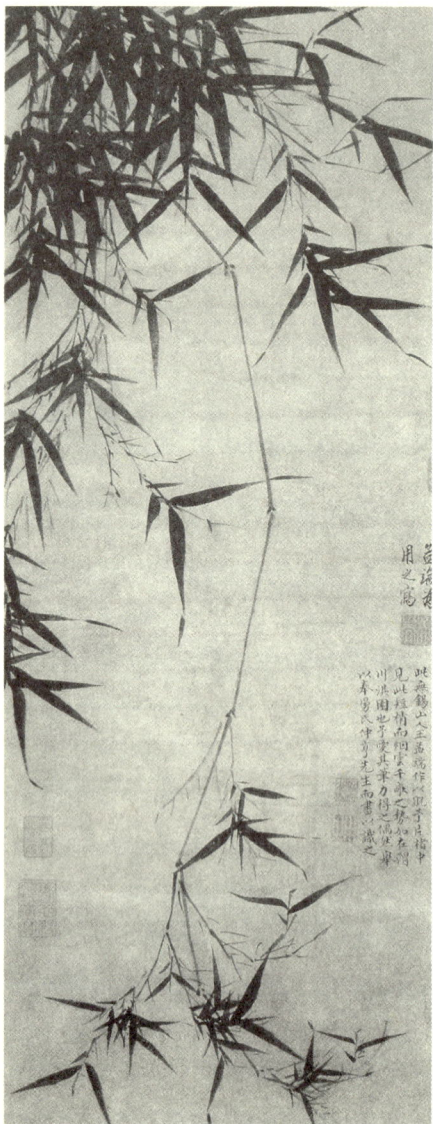

列国一样恭维他，一样承认他，到底还传了十二代。由此看来，田成子不但偷了齐国，而且偷了姜太公开创的圣明的政治制度，这些权势、法规又反过来保护了田成子。

【评析】

无论是古代还是今天，盗窃之事从没消失过；无论是仁政还是暴政都无法制止类似的事发生。为什么呢？也许你会说，我可以把盗贼想要的东西藏起来，可是正如作者所讲的那样，说不定你认为好的防盗措施反而给盗贼提供了更加便利的行使盗窃行为的条件。

所以，我们无论在做什么事，都要考虑全面，而且要认识到这个世界上并没有万无一失的方法和措施。

3.善择人，治世要

【经文】

跖之徒问于跖曰："盗亦有道乎？"跖曰："何适而无有道耶？夫妄意①室中之藏，圣也。入先，勇也。出后，义也。知可否，智也。分均，仁也。五者不备而能成大盗者，天下未之有也。"

由是观之，善人不得圣人之道不立，盗跖不得圣人之道不行。天下之善人少而不善人多，则圣人之利天下也少而害天下也多矣。

由是言之，夫仁义礼乐、名法刑赏、忠孝贤智之道，文武明察之端，无隐人，而常存于代，非自昭于尧汤之时，非故逃于桀纣之朝。用得其道则天下理，用失其道而天下乱。

故知制度者，代非无也，在用之而已。

【注释】

①妄意：分析推测。

【译文】

盗跖的门徒问盗跖："当强盗也有道吗？"盗跖说："天下什么事能离得了道呢？当强盗的学问大着呢！首先是'妄意'——估计某处有多少财宝，值不值得动手，要计算得准确周到，——圣也；动手的时候，别人在后面，自己先进去，这是要有勇于牺牲的精神，——勇也；得手之后，别人先撤退，自己最后走，有危险自己承当，——义也；判断某处可不可以去抢劫、偷盗，什么时候去才能成功，这是需要智慧的，——智也；东西抢到以后，大块分金，大块吃肉，平均分配，——仁也。仁义智勇圣，这五条标准不具备而能成大盗的，天下没有这个道理。"

如此看来，仁义礼智信这些原则，好人要想成功，需要用来做依据；坏人要想成功，也不能违反这些原则。可是天下到底好人少，坏人多，所以好人用这些原则做好事，给天下众生带来的利益少，坏人用这些原则做坏事，给天下众生带来的灾祸就多了。这就是仁义的反作用。

综上所述，孔孟所标榜的仁义礼乐也罢，法家所提倡的名法刑赏也罢，忠孝贤智这些做人的基本原则，文韬武略、审时度势这些世俗才智的运用，每家的思想，每一种法制，都是天地间的真理，并没有向哪些人隐瞒，向哪些人显露。尽管时代变了，而真理还是代代都存在的，并不是说在三代以前，仁义道德因是圣明时代就自动出来了，到了夏桀、商纣，因是昏乱时代，仁义道德就故意离开了人类社会。问题在于每个时代的领袖人物怎样去运用，用得好就天下大治，用得不好就天下大乱。一治一乱，全在于人。

由此看来，这些制度和理论哪一朝哪一代没有呢？主要看它们由什么人来执行，怎样去运用而已。

【评析】

所谓"反"，是指任何一件事，没有绝对的好坏，因此看历史，看政治制度，看时代的变化，也没有什么绝对的好坏。就是我们拟定一个办法，处理一个案件，拿出一个法规来，针对目前的毛病，是绝对的好。但经过几年，甚至经过几个月以后，就变成了坏的。所以真正懂了其中道理，知道了宇宙万事万物都在变，第一等人晓得要变了，把握机先而领导变；第二等人变来了跟着变；第三等人变都变过了，他还在那里骂变，其实早已经事过境迁了，他是被时代遗弃了。反经的原则就在这里。

是非、善恶在特定的时空内，是有标准的。然而，时空越大，其标准就越模糊。大到整个宇宙，长到几万年，是非善恶的标准就不同了，因为整个时空只有一个最高的法则——阴阳反正。可是有限的人生总想永远处在最佳状态，即所谓"人不要老，钱不要少"。这里就告诉你一个秘诀——"欲穷不得、欲达不衰、欲贵不贱"。

是非十四

谈论以当实为情，不以过难为贵；相知以等分为交，不以雷同为固。

1.尚仁行，毋匿恶

【经文】

夫损益殊途，质文①异政。或尚权以经纬，或敦道以镇俗。是故前志垂教，今皆可以理违。何以明之？

《大雅》②云："既明且哲，以保其身。"《易》③曰："天地之大德曰生。"

《语》④曰："士见危授命。"又曰："君子有杀身以成仁，无求生以害仁。"

管子曰："疑今者察之古；不知来者视之往。"古语曰："与死人同病者，不可生也；与亡国同行者，不可存也。"

《吕氏春秋》曰："夫人以食死者，欲禁天下之食，悖矣；有以乘舟死者，欲禁天下之船，悖矣；有以用兵丧其国者，欲偃天下之兵，悖矣。"杜恕⑤曰："夫奸臣贼子，自古及今，未尝不有。百岁一人，是为继踵，千里一人，是为比肩。而举以为戒，是犹一噎而禁人食也。噎者虽少，饿者必多。"

孔子曰："恶讦恶⑥以为直。"

管子曰："恶隐恶以为仁者。"魏曹羲⑦曰："夫世人所谓掩恶扬善者，君子之大义；保明同好者，朋友之至交。斯言之作，盖闾阎之臼谈。所以收爱憎之相谤，非笃正之至理，折中之公议也。世士不料其数而系其言，故善恶不分，乱实由之，朋友雷同，败必从焉。谈论以当实为情，不以过难为贵；相知以等分为交，不以雷同为固。是以达者存其义，不察于文；识其心，不求于言。"

【注释】

①文：此处指礼乐。

②《大雅》：《诗经》中的一部分。

③《易》：即《易经》。

④《语》：即《论语》。

⑤杜恕：三国时期魏国的名臣。

⑥讦（jié）恶：揭发别人的隐私。

⑦曹羲：三国时期魏国大臣。

【译文】

废除和增加是变革法令制度的两种不同的方法，而仁义和礼乐是推行政治统治的两种不同的方针。有的人崇尚用权力谋略来治理国家，有的人推崇用道德教化来安定百姓。因此，前代众多思想家、史学家和典籍中留下的方方面面的理论观念，我们都可以从中找出一正一反的论述。如何来说明这一现象呢？

《诗经·大雅》说："既能明了善恶，又能辨别是非，才能确保安全。"《周易》说："天地之间最伟大的德行就是爱惜生命。"

《论语》说："有教养的人遇到危险应当舍身赴难，见义勇为。"又说："君子只有勇于牺牲生命以成仁的，而没有因贪生怕死而害仁的。"

管子说："如果现实生活使人困惑，就应看看古人；如果想预知未来，就应读读历史。"古语说："与死去的人患同样的病，是不可能活命的；与灭亡的国家执行同样的政治路线，是不可能不亡国的。"

《吕氏春秋》说："见有人因吃东西噎死了，就禁止天下所有人吃东西，荒谬呀；见有人因乘船不小心淹死了，就禁止天下的人都不乘船，荒谬呀；见有人因战败而亡国，就取消天下所有的军队，荒谬呀。"三国时魏国的名臣杜恕说："奸臣贼子，从古到今，不是说没有，可是如果百年出一个，就认为是接踵而来；千里遇上一个人，就认为是并肩同行，并以此作为举荐人才的戒条，这就如同因为有人噎死就禁止大家吃东西一样，噎死的人虽然不多，但是饿死的人就多了。"

孔子说："敢憎恨那些揭发别人隐私的人，才是正直无私的人。"

管子说："敢憎恨那些隐瞒别人恶行的人，才是有仁爱之心的人。"三国时魏国的大臣曹羲说："世人所说的替别人掩盖恶行、弘扬善举，是君子最高的行为准则；保护、宣传共同的爱好，是朋友之间最深挚的情谊。这种说法，不过是市井俗人的胡说罢了。其目的在于把爱憎相同的人互相诋毁对方当作有共同语言。所以这类集中起来的街谈巷议根本就不是诚实公正的真理。世上的读书人不琢磨其中的道理，只依据只言片语来下结论，因此善恶不分，是非不辨，世道人心之混乱往往是这样造成的。朋友之间不分是非，什么事都一味地随声附和，这样一来，失败的种子就必定会从中萌发。当然，对任何事情，不管是发表看法，还是评论得失，都要以求实的精神为准则，大可不必相互苛求，相互指责。相知的朋友要以平等不欺的态度作为交往的前提，而不要把是非不分、随声附和当作是友情牢固。因此豁达明志的人，只要大的原则一致，并不追求形式的好看。只要心灵相通，并不在乎言语的一致。

【评析】

本节针对为人处世作了一些论述，不同的认识似乎都有道理，关键是大的原则不偏离正道就行。任何事情都不能一概而论，对于历史的教训，既要总结，又要吸取，才能不会重蹈覆辙，贻笑大方。

做事贵在区别不同性质的矛盾，才能扬长避短。而相同的事情往往具有相似的性质，如果不加以把握、区分，势必会一叶障目，不见泰山。所以，凡事关键要具体情况具体分析，不能局限于条条框框。

2.做己事，莫信人

【经文】

《越绝书》①曰："炫女不贞，炫士不信。"

《汉书》曰："大行不细谨，大礼不让辞。"

黄石公曰："务广地者荒，务广德者强，有其有者安，贪人有者残。残灭之政，虽成必败。"

司马错②曰："欲富国者，务广其地；欲强兵者，务富其人；欲王者，务博其德。三资者备，而后王业随之。"

《传》曰："心苟无瑕，何恤乎无家？"《语》曰："礼义之不愆，何恤乎人言？"

《语》曰："积毁销金，积谗磨骨，众羽溺舟，群轻折轴。"

孔子曰："君子不器，圣人智周万物。"

列子曰："天地无全功，圣人无全能，万物无全用。故天职生覆，地职载形，圣职教化。"

孔子曰："君子坦荡荡，小人长戚戚。"

孔子曰："晋重耳之霸心也，生于曹卫；越勾践之有霸心也，生于会稽。故居下而无忧者，则思不远；覆身而尝逸者，则志不广。"

韩子曰："古之人，目短于自见，故以镜观面；智疑于自知，故以道正己。"

老子曰："反听之谓聪，内视之谓明，自胜之谓强。"

唐且③曰："专诸④怀锥刀而天下皆谓之勇，西施被短褐而天下称美。"

慎子⑤曰："毛嫱、西施，天下之至姣也，衣之以皮具，则见者皆走；易之以玄緆，则行者皆止。由是观之，则玄緆色之助也。姣者辞之，则色厌矣。"

项梁⑥曰："先起者制服于人，后起者受制于人。"《军志》曰："先人有夺人之心。"

史佚有言曰："无始祸。"又曰："始祸者死。"《语》曰："不为祸始，不为福先。"

慎子曰："夫贤而屈于不肖者，权轻也；不肖而服于贤者，位尊也。尧为匹夫，不能使其邻家，及至南面而王，而令行禁止。由此观之，贤不足以服物，而势位足以屈贤矣。"

贾子曰："自古至今，与民为仇者，有迟有速耳，而民必胜之矣。故纣自谓天王也，而桀自谓天父也，已灭之后，民亦骂之也。由此观之，则位不足以为尊，而号不足以为荣矣。"

【注释】

① 《越绝书》：由汉袁康所撰，纪录有关越兴亡之事。

② 司马错：战国时期秦国将领。

③ 唐且：战国时期魏国人。

④ 专诸：春秋时期吴国刺客。

⑤慎子：周人。著有《慎子》一书。

⑥项梁：西楚霸王项羽的叔父。

【译文】

《越绝书》说："卖弄姿色的女子不贞洁，自我夸耀的士子不守信。"

《汉书》说："成大事的人不必拘泥小节，行大礼的人无须小心谦让。"

黄石公说："土地贪图得太多，种不过来就会荒芜。追求仁德广施于天下，国家才会强大。保护好自己拥有的东西，能使人安分守己，贪图别人有的东西，就会发生残暴的行为。残暴的政治统治，虽然能成功一时，但终究会失败。"

战国时秦国大将司马错说："要想使国家富强，必须扩充领土；要想军队强大，必须使人民富有；要想称王统治天下，必须推行德政。这三个条件具备了，才能成就王业。"

《左传》说："只要心里纯洁无邪，又何必担忧没有归宿呢？"

《论语》说："只要礼义上不出差错，又何必害怕别人说三道四呢？"

《论语》又说："诽谤不实之词太多了，金子也会被熔化。诬谄不实之词太多了，能把人的骨头磨垮。羽毛数量多了，也能把船压沉。轻的东西多了，同样能把车轴压断。"

孔子说："一般的读书人，不像器皿一样，什么东西都能装下，也只不过是在某些方面有所专长，而圣人运用智慧却可以应付万事万物。"

列子说："天地不是万能的，圣人也不是无所不知，世间的万事万物也不是什么问题都能解决。所以天的职能是普

85

育众生，地的职能是承载万物，圣人的职责是教化民众。"

孔子说："君子坦荡荡，小人常戚戚。"

同时孔子又说："晋国公子重耳有称霸的雄心，是在曹国和卫国流亡时遇到不公正的礼遇和侮辱后才萌发的；越国国王勾践有称霸的雄心，是在会稽（今浙江绍兴）被吴王夫差打败后萌生的。所以居在屈辱的地位而不忧患的人，说明他没志气。身在困厄中反而得过且过、苟且偷安的人，说明他心胸不广。"

韩非子说："古人看不到自己的面容，于是发明了镜子；智慧达到怀疑自己的认识是否正确的时候，才会用真理来反省、修正自己。"

老子说："善于借助别人的听觉来听、别人的视觉来看才是真正的聪明，能自己战胜自己才是真正的强大。"

战国时魏人唐且说："吴国的刺客专诸怀里藏着锥刀刺杀吴王僚，天下的人都赞许他勇敢；越国的美女西施身穿粗布短衣，天下的人仍然称赞西施漂亮。"

慎子说："毛嫱、西施，是天下最美丽的女子，假如让她们穿上兽皮做的衣服，人们见了也会吓得跑开；假如让她们换上好看的细麻布衣服，过路的人都会停下来欣赏。由此看来，美丽是好衣服衬托的结果。美女不穿漂亮的衣服，也会姿色大减。"

秦末的将领项梁说："先下手的制服别人，后下手的被别人制服。"兵书上说："先下手的人有夺取人心的优势。"

周朝史官史佚曾经说："不要首先去闯祸，否则必死无疑。"古语说："不要做带头闯祸的人，也不要做带头享福的人。"

慎子说："贤能的人屈从于缺德少才之辈，是因为权力太小；缺德少才者能甘心服从于有德才的人，是因为后者的地位尊贵。唐尧是一介平民的时候，连他的邻居都指使不动，等到他做了帝王，就能做到令必行，禁必止。由此看来，贤德不能服人，而权势却能使贤人屈从。"

西汉政论家贾谊说："从古到今，与老百姓结仇的帝王，他的灭亡迟早会到来，而老百姓必定会胜利。尽管商纣自称天王，夏桀自称天父，灭亡之后，老百姓照样骂。由此看来，权势不是最让人尊崇的，头衔也不是最光荣的条件。"

【评析】

本节从正反两方面列举了一些古人对事物的不同看法。今天看来，他们都有着合理的地方，但是也存在个人偏见。比如就衣服对人相貌的影响而言，美女即使没有好的衣裳也不能否认其美，因为衣服只是包装，并不能从根本上改变一个人。

所以，我们读书不能尽信书，要有自己的主见，并能客观地看问题。

适变十五

治天下者，有王霸焉，有黄老焉，有孔墨焉，有申商焉，此所以异也，虽经纬殊制，救弊不同，然康济群生，皆有以矣。

1.应时宜，为王道

【经文】

昔先王当时而立法度，临务而制事，法宜其时则理，事适其务故有功。今时移而法不变，务易而事以古，是则法与时诡，而事与务易，是以法立而时益乱，务无而事益废。此圣人之理国也，不法古，不修今，当时而立功，在难而能免。

由是言之，故知若人者，各因其时而建功立德焉。

何以知其然耶？桓子①曰："三皇以道治，五帝用德化，三王由仁义，五伯用权智。"

五帝以上久远，经传无事，唯王霸二盛之美，以定古今之理焉。

夫王道之治，先除人害，而足其衣食。

然后教以礼仪。

而威以刑诛，使知好恶去就。

是故大化②四凑，天下安乐，此王者之术。

霸功之大者，尊君卑臣，权统由一，政不二门，赏罚必信，法令著明，百官修理，威令必行。此霸者之术。

【注释】

①桓子：季桓子，名季孙斯，春秋时期鲁国大夫。

②大化：深入的教化。

【译文】

从前先王根据当时的实际情况建立政治制度，根据当时的任务制定政策，制度和政策与当时的实际情况和任务相符合，国家才能治理好，事业才会有成绩。形势和任务变了，制度和政策还要沿循已经过时的那一套，使制度与时代、任务与政策脱节，这样一来，即使有好的制度和法规，也是劳而无功，徒增混乱。所以圣人治国，一不因循守旧地只是遵照古代的制度，二不贪图一时之宜。因时变法，只求实效。这样，遇到烦难也容易解决。

由此可见，像商鞅这些人，都明白要想建功立业，富国强兵，必须顺应时代，跟上时代。

怎么知道这样做才是正确的呢？桓范说："三皇时代的特征是以道治理天下，五帝是用德化育天下，三王用仁义教导人民，春秋五霸却用权术和智谋制服别的国家。"

五帝以前的事已太久远，经传上也没有记载，唯有"王道"和"霸道"盛传于今，只好用它们的利弊得失作为我们讨论古往今来治国的经验教训了。

王道的统治，是先铲除祸害人民的社会恶势力，让人民丰衣足食。

经济状况得到保证后，就应该进行文明礼貌、伦理道德的教育了。

然后建立法规、刑罚来树立国威，让人民群众分清善恶，明白自己前途之所在。

由此可见，最伟大的盛世，是通过多种教化方式，举国上下同心协力，从而使普天之下一片安乐平和的，这就是王者的治国之术。

成就伟大霸业的国王，能做到君尊臣卑，权力在霸主一人手里，政策法令由专门的机构制定，赏罚、法令严明，百官各司其职，有法必依。这就是霸主的治国之术。

【评析】

孟子说："即使有肥沃的土地，也不如按季节种庄稼；即使有智慧，也不如赶上好时代。"范蠡说："节令不到，就不能强迫禾苗生长；事情不经过研究，不能强求成功。"《论语》说："圣人平时就把一切都准备好，只等待时机的到来。"

三皇五帝都是顺应天道而治的。虽然霸主也能为人民除害谋利以富国强兵，或者是在一个朝代衰亡之后，兴兵讨伐叛乱。如果做不到这两点的话，也要遵循法度，宣传文教，根据情况制定有效的制度，因时制宜，从方便、有利出发，目的主要是为了建立功勋，成就霸业。

如果是真正的王道，就会用仁德来统治，而霸道则驳杂无序且以法治为主。这就是二者优劣和差别之所在。

2.循天道，为圣人

【经文】

《道德经》①曰："我无为而人自化。"《文子》曰："所谓无为者，非谓引之不来，推之不往，谓其循理而举事，因资而立功，推自然之势也。"故曰：汤、武，圣主也，而不能与越人乘舲舟，泛江湖。伊尹，贤相也，而不能与胡人骑原马，服䮷駼②。孔、墨，博通也，而不能与山居者入榛薄，出险阻。

由是观之，人智于物，浅矣，而欲以昭海内，存万物，不因道理之数，而专己之能，则其穷不远。故智不足以为理，勇不足以为强，明矣，然而君人者，在庙堂之上而知四海之外者，因物以识物，因人以知人也。

夫冬日之阳，夏日之阴，万物归之，而莫之使。至精之感，弗召自来。待目而昭见，待言而使令，其于理难矣。

皋陶③喑而为大理，天下无虐刑；师旷④瞽而为太宰，晋国无乱政。

不言之令，不视之见，圣人所以为师，此黄老之术也。

【注释】

①《道德经》：春秋时期思想家老子所作。

②䮷駼（táo tú）：马名。据《山海经》记载，北海有一种兽，其样子像马，故取名曰䮷駼。

③皋陶：传说是东方民族的首领。

④师旷：春秋时期晋国乐师。

【译文】

《道德经》说："我无为，人民就会自我教育。"《文子》上说："所谓无为，并不是就叫他不来，推他不走，什么事也不做，整天坐着不动。无为就是指按规律办事，借助一定的条件去夺取成功，也就是说，一切都要顺其自然。"所以说：商汤和周武王虽是圣主，却不能和越人一起乘游艇，泛江湖；伊尹是贤相，却不能和胡人一道骑野马驰骋；孔、墨虽然都是博学的通人，却不能像山里人那样钻山入林。

由此可见，人的智能是有限的，如果想眼观四海，胸怀天下，不掌握真理，仅凭自己有限的本领，就打不破时空的局限。一人的智慧，不能穷尽全部真理；一人的勇敢，不能无敌于天下，这是很明显的道理。然而，作为国家的统治者，坐在高堂之上，就能对天下形势了如指掌，其奥妙就在于他能以此知彼，因人知人，把别人的优势变成自己的优势。

天下万物都自觉向往冬天的太阳，夏天的阴凉，并没有什么人让他们这样做啊！可是在精诚的感召下，万物都不叫自来。如果都等目光的示意，号令的指挥，他们才这样做，这在道理上很难讲得通。

皋陶虽然是个哑巴，但他担任大禹的最高法官时，天下没有酷刑；师旷是个瞎子，但他做了宰相后，晋国没有乱政。

像这样不言语就发出了命令，不观望就无所不见，就是圣人所要师法的。这就是黄老治国之术的理论根源。

【评析】

天没有固定的形状，然而有了它万物才能生成。伟大的圣人不是事事都亲自动手，而是使所有的官员各尽其能，发挥作用。这就叫没有教导的教导。

所以说，既有才智，又善于向人请教就是圣明；既勇敢，又善于向人请教就是优胜。能发挥大家的聪明才智，什么重任都能完成；利用群众的力量

就没有不可战胜的困难。因此圣人办事，无不发挥各方面的优势，并善于合理利用它们。

正论十六

《礼》以节人，《乐》以发和，《书》以导事，《诗》以达意，《易》以神化，《春秋》以义。

1.教化人，六艺功

【经文】

孔子曰："六艺①于治一也。《礼》以节人，《乐》以发和，《书》以导事，《诗》以达意，《易》以神化，《春秋》以义。"

故曰：入其国，其教可知也。其为人也，温柔敦厚，《诗》教也②；疏通知远③，《书》教也；广博易良④，《乐》教也；洁净精微，《易》教也；恭俭庄敬，《礼》教也；属辞比事，《春秋》教也。故《诗》之失愚；《书》之失诬；《乐》之失奢；《易》之失贼；《礼》之失烦；《春秋》之失乱。

其为人也，温柔敦厚而不愚，则深于《诗》也。

疏通知远而不诬，则深于《书》也。

广博易良而不奢，则深于《乐》也。

洁净精微而不贼，则深于《易》也。

恭俭庄敬而不烦，则深于《礼》也。

属辞比事而不乱，则深于《春秋》也。

【注释】

①六艺：即六经，指《诗》《书》《礼》《乐》《易》《春秋》。

②《诗》教也：以《诗》教化的结果。

③疏通知远：通达事理，眼光远大而又务实。

④广博易良：心胸广博，坦白善良而不淫奢。

【译文】

孔子说："《礼记》《诗经》《乐经》《尚书》《周易》和《春秋》这六种文史著作虽然内容不同，但其教育人民、讲求礼治的目的却是一致的。《礼》可以用来规范人的行为，《乐》可以培养平和纯洁的心志，《书》用来指导为人处世，《诗》用来表达情意，《易》用来预测神奇的变化，《春秋》用来明辨道义。"

所以说，到了一个国家，很容易感觉出这个国家是用什么来教化民众的。如果民风淳朴敦厚，这是《诗》教的结果；民众通达事理，又有远见卓识，是《书》教的结果；心胸大度，平易善良，是《乐》教的结果；心志纯洁，见识精微，是《易》教的结果；恭敬俭朴，谦逊庄重，是《礼》教的结果；善于言辞，言简义赅，是《春秋》教化的结果。因此，《诗》教过度，人就会愚昧；《书》教过度，则多诬陷不实之言；《乐》教过度，浮奢淫逸；《易》教过度，民众则狡猾邪恶；《礼》教过度，社会风气则繁缛烦琐；《春秋》教过度，朝野秩序混乱。

民风温和敦厚而不愚昧，这是由于深受《诗经》薰陶教育的结果。

民众如果既通达事理，又有远见卓识，诚实正直，这是对《书》教深切领会的结果。

心胸大度、平易善良而不骄奢淫逸，这是对《乐》教领会深刻的结果。

心志纯洁，见识精微而不卑贱，这是对《周易》深刻领会的结果。

恭敬俭朴，谦逊庄重而不浮躁，这是对《礼》教领会深刻的结果。

善于言辞，言简义赅而秩序不乱，这是对《春秋》体会深刻的结果。

【评析】

古时音乐的本意，并不是为使人赏心快意，满足感官的享受，而是希望借此激荡血脉，振奋精神，从而和谐人心。五音与人的身体和情志息息相通。宫音与脾与信，宫音与肺与义，角音与肝与仁，徵音与心与礼，羽音与肾与智一一对应，当五音发起时，会与其相应的五脏发生感应，并对信、义、仁、礼、智发生作用，从而对人的思想情绪给予调和与净化。所以听到宫音，会使人心情温柔舒畅，胸襟开阔；听到商音，会使人刚正不阿，向往正义；听到角音，会使人恻隐怜悯，待人温和；听到徵音，会使人乐善好施，宽厚爱人；听到羽音，会使人庄严肃穆，彬彬有礼。礼是对外在行为的约束，进而深入心里去调和情志；音乐则是由于内心情志的感应，进而向外扩展来影响人的行为举止。

当然在今天，音乐依旧是人们生活不可或缺的元素之一。

2.论百家，探真伪

【经文】

自仲尼没而微言绝，七十子丧而大义乖。战国纵横，真伪分争，诸子之言，纷然散乱矣。

儒家者，盖出于司徒之官，助人君顺阴阳，明教化者也。游文于六经之中，留意于仁义之际，祖述尧舜，宪章文武，崇师仲尼，此其最高也。然惑者既失精微，而僻者又随时抑扬，违离道本，苟以哗众取宠，此僻儒之患也。

道家者，盖出于史官，历纪成败，秉要执本①，清虚以自守，卑弱以自持，此君人南面者之术也。合于尧之克让，《易》之谦谦，此其所长也。及放者为之，则欲绝去礼乐，兼弃仁义，独任清虚，何以为治？此道家之弊也。

阴阳家者，盖出于羲和之官，敬顺昊天，历象日月星辰，敬授人时，此其所长也。及拘者为之，则牵于禁忌，泥于小数，舍人事而任鬼神，此阴阳之弊也。

法家者，盖出于理官，信赏必罚，以辅礼制，此其所长也。及刻者为之，则亡教化，去仁爱，专任刑法，而欲以致治，至于残贼至亲，伤恩薄厚②，此法家之弊也。

名家者，盖出于礼官，古者名位不同，礼亦异数。孔子曰："必也正乎名！"此其所长也。及缴者为之，则苟钩鈲析乱③而已，此名家之弊也。

墨家者，盖出于清庙之守，茅屋采椽，是以贵俭；养三老五更，是以兼爱；选士大射，是以上贤；宗祀严父，是以右鬼；顺四时而行，是以非命；以孝示天下，是以上同。此其所长也。及蔽者为之，见俭之利，因以非礼，推兼爱之意，而不知别亲疏。此墨家之弊也。

纵横家者，盖出于行人之官。孔子曰："使乎，使乎！"言当权事制宜，受命而不受辞，此其所长也。及邪人为之，则上诈谖④而弃其信。此纵横之弊也。

杂家者，盖出于议官，兼儒墨，合名法，知国体之有此，见王理之无不贯，此其所长也。及荡者为之，则漫羡而无所归心，此杂家之弊也。

农家者，盖出于农稷之官，播百谷，劝耕桑，以足衣食。孔子曰："所重人食。"此其所长也。及鄙者为之，则欲君臣之并耕，悖于上下之序，农家之弊也。

【注释】

①秉要执本：懂得执政的要点和根本。

②伤恩薄厚：残害亲人，将厚恩变为薄情。

③钩鉫（gū）析乱：不注重实际情况，将名分搞得支离破碎。

④谖（xuān）：欺诈。

【译文】

自从孔子去世后，他精微要妙的言论就断绝了，孔子的七十位弟子去世后，儒家的要旨就乖乱不堪了。战国时形势纵横交错，造成真伪难辨的局面，诸子百家的学说纷然杂乱。

儒家，大都出自主管教化的司徒之官，辅佐君主，和顺阴阳，昌明教化。儒家的信徒在熟读六部经典，注重仁义道德品质的修养之际，师法尧舜，效法文王、武王，尊孔子为宗师，这是儒家的高明之处。然而使人迷惑的偏持一端，已经失去了儒学的精妙的精神，不守正统的人又随时代的变迁加以贬低或抬高，从而背离了儒家之道的本旨，也有用儒家学说哗众取宠，独树一帜的。这都是浅薄的儒士所带来的祸患。

道家大都是从史官中分离出来的，他们经历、记载了历代的成败、存亡、祸福的经验教训，懂得执政的要点和根本，清静无为，善守本性，坚持卑下柔弱，为的是保持自己的本来面目。他们把这一原则作为君临天下、治国安邦的根本道理。道家的精神与尧的克己谦让、《周易》的谦恭十分吻合，这是道家的长处。等到后世放浪形骸的狂士模仿道家的做法，便抛弃了礼乐制度的束缚，同时抛弃了仁义的原则，说只要清静虚无，就能治理天下。这是道家的流弊。

阴阳家大多是从负责天文历法的官吏中分离出来的。他们尊重上天，推算日月星辰的运行规律，勤勉地通告关系到农业生产的四时节令。这是阴阳家的长处。到后来法古不化的人，则受制于诸多忌讳，只注意阴阳卜卦、鬼神仙道之类的术数，舍弃人事而信仰鬼神。这是阴阳家的流弊。

法家大多出身于管理刑法的官员。他们讲信用，赏罚分明，用此辅助礼制来治理天下。这是法家的长处。到了后来，苛刻狠毒的人实行法治，就不讲教化，抛开仁爱，只用刑法了，而且为了达到大治，一味信奉刑法，甚至于残害亲人，把厚恩变为薄情。这是法家的流弊。

名家大多出身于掌管礼仪的官员。古人身分地位不同，礼仪也不同。孔子说："一定要正名呀！"正名分是名家的长处。到后来吹毛求疵的人利用它来治理天下，就只辨析名分的细节而不注重实际情况，把名分搞得支离破碎。这就是名家的流弊。

墨家大多出身于掌管宗庙的官员。他们住的是柞木橡子搭的茅草屋，以节俭为贵；赡养有德、能服众、好为善和有社会经验的老人，以兼爱为荣；选拔贤士举行大射典礼，提倡尊重人才；宗庙祭祀敬重父辈，崇信鬼神；顺从四时行事，因此不相信天命；用孝敬来明示天下，所以崇尚行为统一。这些都是墨家的长处。后来的愚人实行墨家的主张，只看俭约的好处，而否定礼制，只知推崇兼爱，而不分别亲近与疏远。这是墨家的流弊。

纵横家大多是从接待宾客、出使外交一类的官员中分离出来的。孔子说："使者啊，使者啊！这是一份难做的差事啊。"意思是说应当因事制宜，权衡处理，因为在接受使命时，不可能也无法教给你全部外交辞令。这是纵横家的长处。后来心术不正的人搞外交，开始崇尚欺诈，不讲信义。这是纵横家的流弊。

杂家大多出身于议事之官。杂家兼容儒家和墨家思想，糅合名家和法家的主张。他们明白治理国家，实现太平盛世，必须融

汇贯通诸子百家的学说。这是杂家的长处。后来学识浅薄的人搞起杂家来，就恣意放纵，务求广博，没有中心，使人抓不住要害。这是杂家的流弊。

农家大多出身于主管农业的官员。他们种植农作物，鼓励耕种和养蚕，以达到人民丰衣足食的目的。孔子说："最为重要的是：人民和粮食。"这是农家的长处。后来见识浅薄的人，主张让国王和大臣也去耕种，这就违背了君臣上下的关系。这是农家的流弊。

【评析】

司马谈曾对各家有以下的评议：儒家学说广博而缺乏要领，用力虽多而收效甚微，因此它所提倡的难以照办。道家教人形、精合一，言谈举止都要合乎无形的"道"，认为物性自足，不必他求。他们的学说，源本于阴阳四时的秩序，吸取了儒家和墨家的长处，名家和法家的精华，随着时代的推移、人事的变迁来待人处世，这样做则无处不适。道家学说旨趣简明而又易于把握，用力少而收效大。阴阳家的方术，博大详尽，忌讳太多，使人受到许多约束，总是怕这怕那。法家严酷而无情，刻薄而寡恩，然而他们端正君臣、上下之分，却很清楚，这一点是不能改变的。名家使人俭约，可是失去了真实性，但是它循名责实，却是不能不注意研究的。墨家过于俭约，难以遵守，因此他们所提倡的无法完全实行，但是他们务实节用的宗旨，是不可以废弃的。

可见，诸子百家由于其历史局限性亦有其本身的不足，这就要求我们辨别真伪，吸收其真的东西。

3.除时弊，合时局

【经文】

文子曰："圣人之从事也，所由异路而同归。秦楚燕魏之歌，异转而皆乐①；九夷八狄②之哭，异声而皆哀。夫歌者，乐之微也；哭者，哀之效也。愔愔于中而应于外，故在所以感之矣。"

范晔称："百家之言政者，尚矣！大略归乎宁固根柢，革易时弊也。而遭运无恒，意见偏杂，故是非之论，纷然乖当。"

尝试论之：夫世非胥庭③，人乖鷇饮④，理迹万肇，情故萌生。虽周物之智，不能研其推变；山川之奥，未足况其纡险，则应俗适事，难以常条。何以言之？若夫玄圣御代，则大同极轨，施舍之道，宜无殊典。而损益迭运，文朴递行，用明居晦，回邃于曩时，兴戈陈俎，参差于上世。及至戴黄屋⑤，服絺衣，丰薄不齐，而致治则一。亦有宥公族，黥国仇，宽躁已隔，而防非必同。此其分波而共源，百虑而一致者也。若乃偏情矫用，则枉直必过。故葛屦履霜⑥，弊由崇俭，楚楚衣裳，戒在穷奢。疏禁厚下，以尾大陵弱；敛威峻法，以苛薄分崩。斯《曹》《魏》之刺，所以明乎《国风》；周秦末轨，所以彰于微灭。故用舍之端，兴败资焉。

是以繁简唯时，宽猛相济，刑书镂鼎，事有可详，三章在令，取贵能约。大叔致猛政之褒，国子流遗爱之涕。宣孟改冬日之和，平阳修画一之法。斯实驰张之弘致，庶可以征其统乎？

数子之言，当世失得，皆悉究矣。然多谬通方之训，好申一隅之说。贵清净者，以席上为腐议；束名实者，以柱下为诞辞。或推前王之风，可行于当年，有引救弊之规，宜流于长世。稽之笃论，将为弊矣。由此言之，故知有法无法，因时为业，时止则止，时行则行，动不失其时，其道光明。非至精者，孰能通于变哉？

【注释】

①异转而皆乐：曲调不同，但都能表达欢乐之情。

②九夷八狄：泛指境内少数民族。夷，东边的少数民族。狄，北边的少数民族。

③胥庭：指传说中的古帝赫胥氏、大庭氏。

④鷇（kòu）饮：鷇，幼鸟。意为雏鸟仰母哺食而足，比喻无心而自足。

⑤黄屋：帝王的车辇，因用黄缯缝制，所以取名黄屋。

⑥葛屦履霜：冬天穿夏天的鞋子。葛屦，指用葛制成的鞋子，供夏天使用。

【译文】

文子说："圣人做事，殊途同归。秦楚燕魏的歌曲，虽然曲调不同但都表达了欢乐之情；各少数民族的哭声，虽然哭声不同却都是悲伤的表现。因此说，歌声是快乐的表现；哭泣是悲伤的结果。内心和悦闲适，外表就必然要流露出来，凡有流露，就会使其他人也受到感染而一起快乐。"

范晔说："诸子百家关于政治的学说，是很高尚的啊！其要点是从根本上巩固政治制度，革除弊端，顺应时代的变化。然而国家命运和政治形势不是一成不变的，因而导致各种意见偏颇庞杂，所以对任何事情的是非评论，都会议论纷纷，互相矛盾。"

对此可以再作一些评论：现在的时代已经不是远古赫胥氏、大庭氏的那个含哺而嬉、鼓腹而游的时代了，人们的欲求也不是易于满足的时代了。世界上的道理千头万绪，人们千奇百怪的欲望和情感也在不断地萌生。即使有应付一切事物的智慧，也不可能去穷尽这世道人心的变迁；就是高山大川的险峻幽深，也无法用之比喻人心之难测。那么，顺应时尚和世事之推移变化，就不能用常规的办法解决了。为什么要这样说呢？假如由大圣人来治理天下，那么所要达到的天下大同，以及为普天下的老百姓谋幸福的政策措施，其政治制度也不应该有什么不同。然而法规、制度的增补或废除或交替使用，文明和朴素的交替施行，或者是发扬光大，或者是保守传统，也只能在过去的范围内转来转去。兴兵打仗与和平交往，也只是与上一代的方式有所不同罢了。就是坐在帝王的宝座上，摆出皇帝的仪仗，穿上天子的服装，虽然厚薄华美不同，但把国家治理好的宗旨却是一致的。或者有时为了政治的需要，给达官贵人平反昭雪，对乱臣贼党施以刑罚，虽然宽松的程度有区别，但是防犯为非作歹的目的必然是相同的。这就是说，不同时代的政治制度，形式虽然相异，本质却是相同的；思维方式虽然千差万别，但目标却是一致的。至于假如故意矫情用事，就会出现矫枉过正的弊端。比方说吧，穿着凉鞋过冬，就犯了过分俭朴的毛病；天天都要衣冠楚楚，就应当反对穷奢极侈；禁令不严，对下属过于宽容，就容易出现尾大不掉、欺凌弱小的情况；权力过于集中，刑法过于严酷，又容易导致分崩离析的局面。在曹魏时期，文人写诗撰文，极尽讥刺之能事，就可以明白那个时期的国家风气；周王朝末期和秦朝末年的政治衰败，在许多细小的事情上就已经表现出来了。所以采用或是舍弃什么样的制度，实在是决定一个国家的兴盛还是衰败的先决条件啊！

由此看来，政策法规繁杂还是简约，要根据时代的要求决定，宽松的政策与刚猛的政策要相互补充。刑书铸刻在鼎上，固然详细，然而约法三章，其可贵之处就在于简明有效。大叔因为使用了强硬的治理方式想来改变国家的衰败局面，结果王室的皇子皇孙只有哀悼的眼泪了。春秋时晋国的赵盾一上台就改变他父亲赵衰平和的政策，而平阳侯曹参代萧何为相后，对萧何当相国时的法令一字未动。这些都是弛张宽猛之政治的极端例子，难道可以强求它们都整齐划一吗？

诸子百家的学说，论述的都是当世政治的功过得失，我们已经都认真详细地加以研究过了。然而世人对为政之道大多存在误解，只偏好于某一种学说。尊崇清净无为学说的道家，视儒家学说为迂腐；拘泥名实的名家，却认为道家学说荒诞。有的人推崇古代的王者之风，认为现在依然可以实行；有的人征引切时救弊的成规，认为应当流传于后世。其实如果认真考究，这些认识都各有各的弊病。由此可见，有法与无法，应当根据时代的不同加以讨论，时代结束了，适用于那个时代的政治方针也就失去了效用；时代向前发展了，政治制度也要随时代而发展。只要行动不错过时

机，前途必然光明。不具有聪明智慧的人，谁能够通晓权变的奥妙呢？

【评析】

"反经""是非""适变"三篇论文虽然对有关问题进行了广泛论证，陈述了各家各派学说的利弊，然而不足之处是对某些问题无暇顾及，有的阐述也比较散漫，使人有无所适从之感。因此作这篇"正论"作为补充，以使论述进一步充实完善。

卷四

霸图十七

成败之来，虽亦有数，然大抵得之者，皆因得贤豪，为人兴利除害；其失之者，莫不因任用群小，奢汰无度。

1.诸侯起，秦朝灭

【经文】

臣闻周有天下，其理①三百余年。成康②之隆也，刑措四十余年而不用；及其衰也，亦三百余年。故五伯更起。伯者常佐天子，兴利除害，诛暴禁邪，匡正海内，以尊天子。五伯既没，贤圣莫续，天子孤弱，号令不行，诸侯恣行，强凌弱，众暴寡。田常篡齐，六卿分晋，并为战国。此人之始苦也。于是强国务攻，弱国务守，合纵连横，驰车毂击，介胄生虮虱，人无所告诉。

及至秦蚕食天下，并吞战国，一海内之政，坏诸侯之城，法严政峻，谄谀者众。使蒙恬③将兵北攻胡，尉佗将卒以戍粤，宿兵无用之地，人不聊生。始皇崩，天下大叛，陈胜、吴广④举于陈，武臣、张耳举于赵，项梁举吴，田儋举齐，景驹举郢，周市举魏，韩广举燕。穷山通谷，豪杰并起，而亡秦族矣。

【注释】

①理：意同"治"，在当时为避唐高宗李治的名讳而改。

②成康：即周成王、周康王。

③蒙恬：秦朝大将。

④陈胜、吴广：秦末农民起义领袖。

【译文】

我听说周朝拥有天下太平无事的时间有三百多年，成康兴盛之际，刑罚搁置四十多年不被使用，及其衰落，也是三百多年。因此五霸相继兴起。这些霸主常常辅佐天子，兴利除害，诛除暴虐，禁止邪恶之事，扶正天下，使天子得到万人景仰。五霸死后，圣贤之人没有继续出现，天子于是孤弱起来。号令不被施行，诸侯恣意妄行，恃强凌弱，以众欺寡。田常篡夺齐国的大权，范、中行、知、赵、魏、韩把持晋国朝政，后来，范、中行、知三家败亡，赵、魏、韩三家分晋，成为战国时的诸侯国。从此之后，百姓开始遭难。当此之际，强国致力攻打弱国，弱国忙于严守。合纵连横，战火四起，士兵的铠甲头盔里长满了虱子，百姓的冤苦无处诉说。

等到秦国蚕食天下，并吞六国，天下政权统归秦国，各诸侯的城池都遭到破坏。秦法律严酷，政治残暴，阿谀奉承的朝臣多。秦派大将蒙恬北攻匈奴，派大将尉佗戍卫南海，驻兵荒凉毫无用处之地，民不聊生。秦始皇驾崩后，天下大乱，叛军蜂起，陈胜、吴广在陈地起义，武臣、张耳在赵地起义，项梁在吴地举兵，田儋在齐地举兵，景驹在郢地举兵，周市在魏地举兵，韩广在燕地举兵，普天之下，豪杰并起，最终灭掉了秦朝。

【评析】

用鬼神之事威众，是历来封建统治者常采用的一种方法。这种谶纬之说其实是一种虚妄之谈，但是统治者常利用它来麻痹人民，以此来作为上天、鬼神对自己身份地位的一种肯定。陈胜、吴广也正是凭此首先起义的。不仅陈胜如此，历代封建统治者为了使自己的统治地位合

法，也都靠鬼神来愚弄人民。

图谶鬼神是一种虚妄之谈，不少统治者利用它站稳了脚跟，得到了人民的许可。从中我们是否可以得到这样一种启示：一个公司，一个企业要想在市场经济的大潮中站稳脚跟，扩大市场，必须让广大消费者认识你。除了产品的质量和信誉以外，还需要宣传，让消费者从心目中认可你，喜欢你，当然这种宣传必须建立在属实的基础上，不能是自吹自擂的虚妄之说。

2.汉朝兴，莽为祸

【经文】

汉高祖名邦，字季，姓刘氏，沛国丰邑人，为泗上之亭长。秦二世元年，陈胜等起，胜自立为楚王。沛人杀其令，立高祖为沛公。时项梁止薛①，沛公往从之，共立义帝。约曰：先入咸阳者王之。

秦将章邯，大败项梁于定陶。梁死，章邯以为楚不足忧，乃北伐赵。楚使项羽等救赵，遣沛公别将西入关。沛公遂攻宛，降之。攻武关，大破秦军。入咸阳，与秦人约法三章。遣兵拒关，欲王关中。是时项羽破秦军于河北，率诸侯兵四十万至鸿门，欲击沛公，沛公因项伯自解于羽。

羽遂杀子婴而东都彭城。立沛公为汉王，王巴、汉。于是用韩信策，乃东伐，还定三秦。田荣怨项王之不己立，杀田市，自立为齐王。羽北击灭齐，而使九江王杀义帝于郴。汉王为之缟素发丧，临三日，以告诸侯。汉王因羽之击齐，率诸侯之师五十六万，东袭楚，破彭城。羽闻之，留其将击齐，自以精兵三万归击汉。汉王与羽大战彭城下。汉王不利，出梁地，至虞，谓左右曰：“孰能为使淮南王黥布，令发兵背楚，留项王于齐数月，我之取天下可以万全。”随何乃使淮南，说布背楚。汉王如荥阳，使韩信击魏王豹，虏之。汉遂与楚相距于荥阳，楚围汉王，用陈平计，间得出。入关收兵，欲复东。辕生说汉王：“出军宛、叶，引项王南渡，使韩信等得集河北。”羽果引兵南渡，如其策。韩信与张耳，以兵数万，东下井陉击赵，破之。乃报汉，因请立张耳为赵王，以抚其国。汉王从之。

十二月，汉王拒楚于成皋，飨②师欲复战。郎中郑忠说曰：“王高垒深壁，勿与战，使刘贾佐彭越入楚地，焚其积聚，破楚师必矣。”项羽乃东击彭越，留曹无咎守成皋。时汉数困荥阳、成皋，计欲捐③成皋以东，屯巩洛以距楚，用郦生计，复守成皋。羽初东，嘱曹咎曰："汉挑战，慎勿与战，勿令汉得东而已。"咎乃出战死，汉王遂进兵取成皋。羽闻咎破，乃还军广武间，为高坛，置太公于其上④。汉王遣侯公说羽，求太公。羽乃与汉约：中分天下，割鸿沟以西为汉，以东为楚。归汉王父母及吕氏。

项王解而东，汉王欲西，张良曰："今汉有天下大半，而诸侯皆附，楚兵疲，食尽，此天亡楚之时，不如因其东而取之。"汉王乃追羽。与齐王韩信、魏相彭越期，会击楚，皆不会。用张良计，信等皆进兵围羽垓下，遂灭项氏。都洛阳。用娄敬策，徙都长安。

有告楚王韩信反，用陈平计擒之，废为淮阴侯。陈豨为代相，与韩信、王黄等反，豨自立为代王，上自往破之。尉佗王南越反，高祖使陆贾赐尉佗印绶，为南越王，令称臣，奉汉约。

高祖在位十二年，崩，年六十二。惠帝立，吕后临政。景帝时，吴楚反，征平之。崩，太子彻立。崩，子弗陵立。崩，立武帝孙昌邑王贺。废，立武帝曾孙询。崩，立太子奭。崩，立太子骜。崩，立宣帝孙定陶恭王子欣。崩，立帝弟中山孝王衎。

伪新室王莽者，成帝舅王曼之子，元帝王皇后之侄也。元帝崩，成帝即位，以元舅凤为大司马，兄弟五人皆为侯。曼早卒，凤将薨，以莽托太后，封为新都侯。五侯竞为僭，起治第舍，莽幼孤贫，独折节恭谨⑤。当世名士，多为莽言，上由是贤之，拜为侍中。时成帝废许后，立赵飞燕，飞燕女弟为昭仪。昭仪害后宫皇太子，帝无嗣，乃立定陶王欣为皇太子。莽以发定陵侯淳于长大奸，拜为大司马，时年三十八。成帝崩，哀帝即位。立皇后傅后。封后父傅晏为孔乡侯。帝母丁后曰恭皇太后，舅丁明为安阳侯。莽乞骸骨⑥，避丁、傅也。哀帝崩，时莽以侯在第。太皇太后令莽备佐丧事，复为大司马。征立中山王为帝，太皇太后临朝，莽秉政，百官总己以听于莽。平帝崩，莽征宣帝玄孙广成侯子婴立之，年三岁。遂谋居摄，如周公故事。

【注释】

①止薛：在薛地扎营安军。

②飨：犒饷。

③捐：放弃。

④上：高坛上。

⑤折节恭谨：对人恭敬、做事小心谨慎。

⑥乞骸骨：意思为告老还乡。

【译文】

汉高祖刘邦，字季，沛国丰邑人，早年担任泗水亭长之职，秦二世元年陈胜等人起义，陈胜自立为楚王。沛地人杀掉他们的县令，立刘邦为沛公。此时，项梁驻军薛地，刘邦前往薛地跟随他，共立楚怀王孙子婴为义帝，约定：先攻打进咸阳的，就做关中王。

秦将章邯在定陶大败项梁的军队。项梁死，章邯认为楚军不值得忧虑，于是北攻赵地。楚王派项羽等率军解赵地之围，派沛公为别将向西入关。沛公于是攻打宛城。宛城投降。攻打武关，大败秦军。沛公攻入咸阳，与秦人约法三章。沛公派兵拒守武关，想要在关中称王。此时，项羽在黄河之北大败秦军，率各诸侯士兵四十万到达鸿门，想要攻打沛公。沛公由于项伯相救，得以逃脱。

项羽于是杀掉子婴，向东定都彭城。封沛公为汉王，统治巴、蜀之地。于是汉王用韩信的计策，向东讨伐，再次安定三秦之地。田荣报怨项羽不立自己为王，于是杀掉田市，自立为齐王，项羽率军北灭齐，并派遣九江王在郴地杀死了义帝。汉王刘邦为义帝披麻戴孝，大办丧事，哀痛哭吊三天后，把项羽背信弃义杀死义帝这件事遍告天下诸侯。因为项羽去攻打齐王，刘邦率诸侯的军队五十六万，向东偷袭楚国，攻破彭城。项羽听到这个消息，留下自己的属将攻打齐国，自己率领三万精锐部队回师攻打汉王军队。汉王刘邦与项羽在彭城下展开大战。汉军出师不利，奔出梁地，退到虞地，刘邦问左右大臣："谁能出使淮南，劝说淮南王黥布举兵背叛楚王，使楚王的军队留在齐国，几个月后我夺取天下就不会再有危险了。"大臣随何于是出使淮南，劝说黥布背叛楚王。汉王到荣阳，派韩信攻打魏王豹，俘虏了魏王。汉军与楚军在荣阳相持。楚军包围汉军，汉王采用陈平离间计策，得以解围。汉王入武关，招集士兵，想要再次东下。辕生劝说汉王："请大王您发军宛、叶，引项王军队南渡，派韩信等人得以聚兵黄河北攻打项王。"汉王听从辕生建议，出兵宛、叶，项羽果然领军南渡，像辕生的计策那样。韩信与张耳，凭借数万汉军，东下井陉攻破了赵国。于是将捷报报告给汉王刘邦，并请求立张耳为赵王来安抚赵国人民。汉王邦同意了。

十二月，汉王在成皋与楚军相持不下，犒饷将士之后，想继续作战。郎中郑忠进谏说："大王你构筑高垒深壁，不要与楚军作战，派刘贾帮助彭超进入楚军，焚烧他们的粮草，那样一定能大破楚军。"项羽此时向东攻彭越，留下曹无咎把守成皋。当时汉军多次被困荥阳、成皋，正打算放弃成皋向东进发，驻扎巩、洛之间抵抗楚军。后来采用郦生的计策，又得以攻打成皋。项羽向东进军之初，嘱咐曹咎："汉军来挑战，千万不要出战，不要让汉军向东就行了。"曹咎没听项羽的话，领军出战身死。汉王于是进兵成皋。项羽闻知曹咎战败，于是回军广武间，建一座高坛，把沛公父亲太公放在上面。汉王派侯公游说项羽，请求要回太公。项羽与刘邦定立盟约：平分天下，划鸿沟以西归汉王，以东归楚王。项羽放回了汉王的父母及妻子吕氏。

项王罢兵东归，汉王想要带兵向西，张良说："现在汉拥有天下大半的土地，诸侯也都归附，楚兵疲惫，粮食尽绝，这是上天要灭亡楚国的时候，不如趁楚军东归，攻打它。"汉王于是追击项羽的军队，与齐王韩信、魏相彭越约定合力攻击楚军，二人都不来会合。后来采用张良的计策，使韩信等人发兵，把项羽围在垓下，于是灭掉了项羽。定都洛阳。采用娄敬的计策，迁都长安。

有人报告楚王韩信谋反，高祖采用陈平的计策擒获韩信，废为淮阴侯。陈豨做代地的相国，与韩信、王黄等人谋反，陈自立为代王，高祖亲自带兵出征。尉佗在南越称王谋反，高祖派陆贾赏赐给他印绶，封为南越王，命令他向汉朝称臣，服从汉朝的约束。

高祖在位十二年驾崩，终年六十二岁。惠帝即位，吕后临朝听政。景帝时，吴、楚两地谋反。景帝派兵平定了吴、楚。景帝驾崩，太子刘彻即位。武帝驾崩，儿子弗陵即位。昭帝驾崩，汉武帝的孙子昌邑王刘贺即位。废掉昌邑王刘贺，立武帝的曾孙刘询为帝。刘询驾崩，立太子刘奭为帝。刘奭驾崩，立太子刘骜。成帝驾崩，立宣帝的孙子定陶恭王的儿子刘欣为帝。刘欣驾崩，立他的弟弟中山孝王刘衎为帝。

伪新朝皇帝王莽，是成帝的舅舅王曼的儿子，元帝王皇后的侄子。元帝驾崩，成帝即位，拜大舅王凤为大司马，王凤兄弟五人都封受侯爵。王曼早逝，王凤临死之前把侄子王莽托付给太后，封为新都侯。五侯争先超越侯爵

卷四

礼仪，建造华美的宫室。只有王莽年幼，孤单贫弱，屈己下人，对人恭敬、做事谨小慎微。当时的许多名士都替王莽说好话，皇上因此认为王莽是个贤能的人，拜他为侍中。当时，成帝废掉许皇后，立赵飞燕为皇后，立赵飞燕的妹妹为昭仪。昭仪谋害了后宫皇太子，皇帝没有后嗣，于是立定陶王刘欣为皇太子。王莽因为发现定陵侯淳于长与许贵人勾结的事，被拜为大司马，时年三十八岁。成帝驾崩，哀帝即位，立傅后为皇后，封傅皇后的父亲傅晏为孔乡侯，皇帝的母亲为恭皇太后，皇帝的舅舅丁明为安阳侯。王莽请求告老还乡，躲避丁、傅两人。哀帝驾崩，当时王莽由于侯爵的身分得以住在私宅里，太皇太后命王莽等主持丧事，又封他大司马。征立中山王为帝。太皇太后临朝听政，王莽执掌大权，文武百官各统己职，听命于王莽。平帝驾崩，王莽征宣帝玄孙广成侯的三岁儿子刘婴立为皇帝。于是王莽谋划篡位，临朝处理政务，像以前的周公那样。

【评析】

以仁义治国，必然得到百姓拥戴。西伯侯断虞、芮之讼，是其让诸侯归服，受命于天的开始。西伯侯即周文王，因为积德行善，给人公道，诸侯有不能解决的事都来找他评判。虞、芮两地的人有一件怨结不能解开，于是到周国，想请西伯侯帮助评判一下。刚到周地界，见周国人谦让有礼，尊老爱幼，人民安居乐业，国家融和兴旺。虞、芮两地的人非常惭愧地说："我们所争夺的事情，为周人所不耻，还是不要找西伯侯自取其辱吧！"于是他们没去拜见西伯侯就回去了，怨结自然而解。诸侯听说后，感叹道："西伯侯大概要受命于上天

了！"果然，文王死后，儿子武王继承父亲的事业，讨伐商纣，得到各诸侯的拥戴，开创了周王朝八百多年的基业。周文王以仁德治国，使虞、芮两地人自惭形秽，冤结不理而解的事件，告诉我们这样一个事实：不论是国家，还是小集体，只要以礼、以仁、以德来进行管理，让百姓和成员能够安乐，那么他们就会自动协调各方面关系，以大局为重，许多问题就会像"虞、芮之讼"一样自然而解，事业发展就会更快更顺利。

3.政权更，江山易

【经文】

东都太守翟义反，败死，莽[1]自谓威德遂盛，获天人之助，用铜匮符命，遂即真。其九年，赤眉贼起。十四年，世祖起兵，与王匡等共立刘圣公为更始皇帝。莽遣王寻、王邑击更始。二人兵败于昆阳，汉兵遂入城中，人皆降。莽走渐台，藏于室中北隅间，校尉公孙宾就斩莽，遂传首诣更始于宛。

世祖先武皇帝讳秀，字文叔，南阳蔡阳人。高皇帝之九代孙也。王莽末，天下连岁灾蝗，寇盗蜂起。时世祖避吏新野，因卖谷宛，宛人李通以图谶说世祖。世祖于是与通弟李轶起于宛，兄伯升起于春陵，邓晨起于新野，会众兵击长聚。

新市人王匡等立刘圣公为天子，而害伯升，号更始元年。更始使世祖为偏将军，徇昆阳。王莽闻汉帝立，大惧。遣大司徒王寻、大司空王邑，将兵百万，击世祖于昆阳。世祖破之。三辅豪杰共诛王莽，传首诣宛。更始以世祖行大司马事，持节北渡河，镇慰州郡。王郎诈为成帝子子舆，立为天子，都邯郸，遣使降下郡国，世祖灭之。

世祖威声日盛，更始疑虑，乃遣使立世祖为萧王，令罢兵，与诸将有功者还长安。遣苗曾为幽州牧，韦顺为上谷守，并北之郡。世祖辞不就征，斩苗曾等，自是始贰于更始。

是时，长安政乱，四方背叛，皆平之。赤眉[2]贼入函关，攻更始。世祖遣邓禹引兵而西，以乘更始、赤眉之乱，于是诸将上尊号，乃命有司设坛于鄗南千秋亭五成陌，即皇帝位。十月，驾东都洛阳，赤眉降。平隗嚣，灭公孙述，天下大定。崩于南宫，时年六十三。

末孙灵帝用奄人^③曹节等，矫制诛太傅陈蕃、李膺，其党人皆禁锢。中平九年，黄巾贼起。灵帝崩，太子辩即位。董卓入朝，因废帝为弘农王，而立献帝。李傕逼帝东迁；曹操迁帝都许，操薨，帝逊位于曹丕。

魏太祖武皇帝，沛国谯人也。姓曹，讳操，字孟德。灵帝时为典军校尉^④。汉末，奄竖擅权^⑤，何进谋诛奄竖，太后不听。进乃召四方猛将，使引兵向京师，欲以恐劫太后。董卓至，废帝为弘农王，而立献帝，京师大乱。

太祖亡出关，至陈留，散家财，合义兵于己吾。与后将军袁术、冀州刺史韩馥、豫州刺史孔伷、兖州刺史刘岱、渤海太守袁绍同时俱起，合兵数万，推绍为盟主，曹公行称奋武将军。卓闻兵起，乃徙天子都长安。卓留兵屯洛阳，司徒王允与吕布杀卓。杨奉、韩暹以天子还洛阳。太祖至洛阳卫京邑，暹遁去。太祖以洛阳烧焚残破，奉天子都许。下诏责袁绍以地广兵强，专自树党，不闻勤王^⑥之师。绍遂攻许，太祖破之官渡^⑦，绍呕血死。

太祖讨绍子谭、尚于黎阳，尚与熙奔辽东。太守公孙康斩尚、熙，送其首，遂平河北。太祖征刘表^⑧，会表卒，子琮降。关中诸将马超、韩遂、成宜等反，曹公破之。

天子策命公为魏王。二十五年，薨于洛阳。子丕嗣，受汉禅。崩，子睿嗣。崩，子齐王芳立。废，高贵乡公髦立。废，常道乡公璜立。璜禅^⑨晋。

【注释】

①莽：即王莽。

②赤眉：起义军将眉毛染成红色，故称赤眉军。

③奄人：即阉人，指宦官。

④典军校尉：武官名，掌管近卫禁军。

⑤奄竖擅权：指宦官专权。

⑥勤王：指发兵救援天子。

⑦官渡：位于河南中牟东北。历史上著名的官渡之战就发生在这里。

⑧刘表：三国时荆州刺史。

⑨禅：将帝位让与人。

【译文】

东都太守翟义谋反，事败身死。王莽自以为威望功德更大，得到上天和世人的帮助，于是用铜制符，称自己为代理皇帝，不久便真的篡位。王莽九年，赤眉军起义。王莽十四年，世祖起兵，与王匡等人拥立刘圣公为更始皇帝。王莽派王寻、王邑攻打更始的军队。二人在昆阳大败。汉军进入昆阳，城中百姓都投降了。王莽逃到渐台。藏到屋中北墙角，校尉公孙宾于是杀了王莽，把王莽的头转交到宛地给更始皇帝。

汉世祖光武皇帝名秀，字文叔，南阳蔡阳人，是汉高祖的九代孙。王莽末年，天下连年发生蝗灾，各地匪寇盗贼蜂起。当时世祖到新野逃避官吏追捕，因为到宛地卖谷子，宛人李通拿图谶游说世祖。世祖于是与李轶起兵宛城，哥哥刘伯升起兵舂陵，邓晨起兵新野，各路军会合共同攻打长聚。

新市王匡等人立刘圣公为天子，杀害了刘伯升。建号更始元年。更始封世祖为偏将军命他攻打昆阳。王莽听说起义兵拥立汉朝宗室为帝，非常害怕，派大司徒王寻、大司空王邑带兵百万去昆阳讨伐世祖，世祖大败王莽的军队。三辅地区的豪杰共同诛杀了王莽，带着他的脑袋到宛地见更始帝。更始帝让世祖任大司马的职务，拿着符节北渡黄河，镇守抚慰北方州郡。王郎假称自己是成帝的儿子子舆，自立为天子，定都邯郸，派遣使臣让各郡国投降，世祖灭掉王郎。

世祖的威望名声日渐大噪，更始开始疑虑，于是派使臣封世祖为萧王，命令世祖罢兵，与其他有功的将领一起返回长安。派苗曾担任幽州牧，韦顺任上谷守，并管理北方的州郡。世祖推辞，不接受封号，也不听从征召返回长安，杀了苗曾等人，从此以后与更始帝分道扬镳。

这时，长安政治混乱，各地义军背叛更始，世祖平定了这些叛乱。赤眉军进函谷关，攻打更始。世祖派邓禹带兵向西，乘更始、赤眉混乱从中取事。于是诸将上尊帝号，命有司在鄗南千秋亭五城陌设立祭坛，世祖即皇帝位。十月摆驾东都洛阳，赤眉军投降。平定了隗嚣，消灭了公孙述，天下安定。世祖驾崩南宫，时年六十三岁。

世祖的末代子孙灵帝任用宦官曹节等人。曹节等人假传圣旨杀了太傅陈蕃和李膺，两人的同党也都被禁止做官。中平九年，黄巾盗贼兴起。灵帝驾崩，太子刘辩即位。董卓入朝主政，于是废灵帝为弘农王，立献帝。李傕逼迫皇帝东迁；曹操迁移献帝定都许昌，曹操死后，献帝被迫让位给曹丕。

曹操，字孟德，沛国谯地人。死后追封为魏武帝。灵帝在位时，曹操担任典军校尉。汉朝末年，宦官当权，何进谋划诛杀宦官，太后不许，何进于是下令四方将领进京，想要以此来威胁太后。董卓率军到京师，废灵帝为弘农王，立献帝。京师大乱。

太祖逃亡出关，至陈留，散尽家财，召集义兵汇合于己吾。太祖与后将军袁术、冀州刺史韩馥、豫州刺史孔伷、兖州刺史刘岱、渤海太守袁绍同时举兵，合兵数万，推袁绍为盟主，曹操为奋武将军。董卓听说盟军举兵，于是迁移天子定都长安，留下军队屯守洛阳，司徒王允与吕布联合杀掉董卓。杨奉、韩暹护送天子返回洛阳。太祖到洛阳护卫京都，韩暹逃跑了。太祖以洛阳被焚烧，残损破败为由，敬请天子定都许都。下诏谴责袁绍依仗地广兵强，结党营私，不发兵来救援天子。袁绍于是进攻许都，太祖在官渡大败袁绍，袁绍吐血而死。

太祖在黎阳讨伐袁绍的儿子袁谭、袁尚，袁尚与袁熙逃往辽东。辽东太守公孙康杀了袁尚、袁熙，奉送二人的脑袋给曹操，于是平定了黄河以北。太祖攻打刘表，正赶上刘表去世，刘表的儿子刘琮投降了太祖。关中诸将马超、韩遂、成宜等谋反，被曹公打败了。

天子策命曹公为魏王。献帝二十五年，曹公在洛阳去世。曹公的儿子曹丕，接受汉献帝的禅位。文帝曹丕驾崩，他的儿子曹睿即位。曹睿驾崩，他的儿子齐王曹芳即位。曹芳被废掉后，高贵乡公曹髦即位。曹髦被废后，常道乡公曹璜即位。后来，曹璜让位于司马昭，开始了晋朝的统治。

【评析】

历史的兴衰更替让人不由心生感慨，但又一言难尽。《三国演义》的主题曲唱到：滚滚长江东逝水，浪花淘尽英雄。是非成败转头空，青山依旧在，几度夕阳红。白发渔樵江渚上，惯看秋月春风。一壶浊酒喜相逢，古今多少事，都付笑谈中。

我想，这是对几千年恢弘历史的最佳诠释吧！

4.晋后宋，齐政危

【经文】

晋高祖宣皇帝名懿，字仲达，姓司马，河内温人也。仕于魏武之世，历文、明二帝，居将相之位，平孟达，灭公孙度，擒王凌。魏明帝崩，遗诏使帝为太尉，与大将军曹爽辅少主①，帝诛曹爽。宣帝崩，子师②代为相。镇东将军毋丘俭、扬州刺史文钦反，征平之。景帝崩，弟昭代为相，辅政为司空。诸葛诞据寿春反，奉诏征平之。伐蜀，擒刘禅。于时政出权臣，人君主祭而已。魏帝③不能容，自勒兵攻相府，太祖用长史贾充计，逆战，舍人成济执杀魏帝。太祖崩，子炎受魏禅。即受魏禅，用羊祜、杜预计，征吴，平之。立二十五年崩，太子衷立。

惠帝不慧，妃贾充女，为皇后，后秉权，杀扬骏，废太后，诛太宰汝南王亮、太保卫瓘，戮楚王玮，殒太子遹。用赵王伦为相国，伦恶司空张华，仆谢裴顾正直，矫诏诛之。伦遂篡帝位。于是齐王攸之子冏，与帝弟成都王颖等起义兵诛伦。颖于是镇邺，并州刺史东瀛公腾，安北将军王浚，又起兵讨颖。颖败，挟天子南奔洛。后惠帝复位，帝弟长沙王又潜冏，诛之。由是戎狄并兴，四方阻乱，遂分为三十六国。

惠帝立十四年，崩。弟豫章王炽立，都长安，为刘聪所杀。怀亲崩，立吴王晏子业，是为愍帝，亦为刘聪杀。

中宗元皇帝睿，乃兴于江东，帝在位十六年崩，太子绍立。王敦威振内外，将谋为逆，肃宗征破之。三年，肃宗崩，至孝武帝昌明立，简文皇帝三子。羝贼苻坚寇④淮南，晋冠军将军谢玄等人大破坚于淝水。坚还长安。二十一年，帝崩。自后遂干戈相继，至安帝为桓玄所篡。宋祖刘裕平玄。至恭帝，遂禅于宋。

高祖武皇帝姓刘，名裕，字德舆，彭城人。桓玄篡晋。高祖与刘毅、何无忌等潜谋匡复⑤，起兵平玄，奉天子反正，因居将相之任，封豫州郡公，蜀贼谯纵称王，高祖遣将征平之。姚泓僭号于西京，高祖征平之，擒泓。鲜卑慕容超据守青州，称燕王。高祖征擒超。贼卢循据南海，因高祖北伐，乘虚下袭建业。高祖还，乃平之。刘毅据荆州，贰于高祖。高祖遣将征，诛毅。荆州刺史司马休之反，征之。晋帝加高祖位相国，总百揆，扬州牧，封十郡，为宋公。晋安帝崩，大司马琅琊王即位，征帝入辅，禅位于宋。

永初元年六月丁卯，即帝位于南郊。设坛，柴燎告天⑥。礼毕，备法驾幸建康宫，临太极前殿。大赦改元。在位三年崩，立太子义符。废，立宜都王义隆。弑，立武陵王骏。崩，立太子子业。崩，立湘东王彧。崩，立太子昱。崩，立顺帝准，逊位于齐萧道成，凡八代六十六年。

齐太祖高皇帝讳道成，姓萧氏，东海兰陵人也。为辅国将军。宋明帝初，会稽太守寻阳王子房及在东诸郡起兵。徐州刺史薛安都据彭城，归魏，遣从子索儿攻淮阴。晋安王勋遣临川内史张淹自鄱阳道入三吴，帝并讨平之，使镇淮阴。七年，征还都。至，拜常侍。明帝崩，遗诏使与袁粲共掌机事⑦。江州刺史桂阳王休范举兵反，帝讨平之，迁中领军。苍梧王深相猜忌，常语左右杨玉夫："伺织女渡，报我。"是夜七夕，玉夫惧，取千牛刀杀之，帝乃迎立顺帝。荆州刺史沈攸之反，帝讨之。进位相国，封齐公，备九锡。四月，宋帝禅位于齐。甲午，即皇帝位。于南郊柴燎告天，礼毕备法驾幸建康宫，临太极前殿，大赦改元。建元四年崩，立太子赜。崩，立太孙昭业。崩，立弟昭文。废，立西昌侯鸾。崩，立太子宝卷。崩，立和帝宝融。以位禅梁。

【注释】

①少主：指齐王芳。

②子师：司马懿的儿子司马师。

③魏帝：即曹髦，名髦，字士彦。

④寇：侵入的意思。

⑤潜谋匡复：指私下图谋重建晋政权。

⑥柴燎告天：指烧柴火祭天。

⑦机事：指国家大事。

【译文】

司马懿是河内郡温地人氏，字仲达，姓司马，魏文帝、魏明帝时官居丞相，平息孟达的反叛，翦除公孙度的割据势力，擒获叛军首领王凌，屡建奇功，权倾一时。魏明帝弥留之际，下遗诏封司马懿为太尉，和大将军曹爽一起辅佐少主曹芳，司马懿为独掌大权，杀死了曹爽。司马懿死后，他的儿子司马师接替他做了丞相，镇东将军毌丘俭、扬州刺史文钦谋反，司马师率军平息了叛乱。司马师死后，他的弟弟司马昭代替他做了丞相，辅佐朝政行使司空的职权。诸葛诞据有寿春，反叛，司马昭奉皇帝诏书平定了叛乱。讨伐蜀国，俘虏了刘禅。这时魏国的国政旁落到当权大臣的手中，皇帝不过行使祭祀宗庙的权力而已。魏帝不能容忍下去，亲自带兵围攻丞相府，司马昭用长史贾充的计策迎战，舍人成济杀死了魏帝曹髦。司马昭死后，他的儿子司马炎取得了魏国的政权，夺取政权后，又用羊祜、杜预的计策进攻吴国，最终灭掉了它。司马炎在位二十五年，他死后，太子司马衷即位。

晋惠帝不很聪明，贾充的女儿被立为皇后，皇后大权独揽，杀了大臣杨骏，废掉了太后，又先后杀死太宰汝南王司马亮、太保卫瓘，杀死楚王司马玮，迫害死太子司马遹，任用赵王司马伦为丞相。司马伦厌恶司空张华、仆射裴頠的正直，假托皇帝的命令杀死了他们，司马伦于是篡夺了帝位。这时齐王司马攸之的儿子司马冏和惠帝的弟弟成都王司马颖等起兵杀死司马伦，司马颖于是开始镇抚邺地，并州刺史东瀛公司马腾，安北将军王浚又起兵讨伐司马颖，司马颖败退，胁迫天子向南逃往洛阳。以后惠帝复位，惠帝弟长沙王又诬陷司马冏，并杀死了他。从此西戎北狄纷纷兴起，四方割据纷乱，晋的周边地区出现了三十六国。

晋惠帝在位十四年，驾崩，他的弟弟豫章王司马炽被立为皇帝，定都长安，后被刘聪杀死。晋怀帝死后，立吴王司马晏的儿子司马业为皇帝，这即是愍帝，后来也被刘聪所杀。

晋中宗元皇帝司马睿在江东兴起。司马睿在位十六年，死后太子司马绍即位。王敦权力很大，朝廷内外都很惧怕他。王敦想谋反，肃宗率兵征讨，战胜了他。肃宗在位三年，他死后孝武帝司马昌明即位。他是简文皇帝的三儿子。羝族人符坚侵入淮南，东晋大将军谢玄等率兵在淝水打败了符坚。符坚向北返回长安。孝武帝在位二十一年，他死后天下战乱不停，东晋到安帝的时候被桓玄篡夺了政权。宋太祖刘裕平定了桓玄的叛乱。到晋恭帝的时候，不得不把帝位让给了刘裕。

宋高祖武皇帝刘裕，字德舆，彭

城人氏。桓玄篡夺晋政权，宋高祖刘裕和刘毅、何无忌等人暗地里图谋重建晋政权，发兵平定了桓玄的反叛，辅助天子重新恢复帝位，刘裕因此被委以将相的重任，被封为豫州郡公，蜀地的叛军谯纵割据称王，刘裕派手下将领讨伐并平定了叛乱。姚泓在西京长安作乱，高祖讨伐并平定了叛乱，擒获姚泓。鲜卑人慕容超盘踞青州，自称燕王。高祖讨伐他，擒获慕容超。卢循盘踞在南海郡，乘高祖北伐的机会，袭击建业。高祖返回后，打败卢循。刘毅在荆州，背叛高祖。高祖派将领讨伐并杀死刘毅。荆州刺史司马休之反叛，讨伐他。晋帝加封刘裕为相国，总领百官，做扬州牧，封给十个郡的地盘，进官爵为宋公。晋安帝死后，大司马琅琊王即位，让刘裕进入朝廷辅佐他，并最终迫于无奈把帝位交给了刘裕。

永初元年六月丁卯日，刘裕在南郊登上皇帝位，建筑土坛并烧柴祭天。礼仪结束后乘车回到建康宫，到太极前殿正式宣布执政。大赦天下，改用新的年号。在位三年后死去，太子刘义符即位，后来被废掉，宜都王刘义隆被立为皇帝。文帝被太子刘劭杀死后，武陵王刘骏起兵讨伐刘劭，杀死刘劭后，刘骏被拥戴为皇帝。孝武皇帝死后，太子子业即位。刘子业被杀死后，湘东王刘彧被立为皇帝。明帝死后，太子刘昱即位，刘昱被杀死后，顺帝刘准即位，刘准最后把帝位交给了齐王萧道成。宋一共经历八个帝王，共计历时六十六年。

齐太祖高皇帝萧道成，东海兰陵人氏，是宋的辅国将军。宋明帝初年，会稽太守寻阳王刘子房以及东部各郡起兵谋反。徐州刺史薛安都盘踞在彭城，归降魏，派侄子索儿攻打淮阴。晋安王刘勋派临川内史张淹从鄱阳道进入三吴地区。萧道成一并讨伐平定了他们，明帝让他镇守淮阴。宋明帝七年，萧道成被皇帝召回京城。到京城后，被封为常侍。宋明帝临死时下遗诏让他和袁粲共同管理重要事务。江州刺史桂阳王休范起兵反叛，萧道成讨伐平定了叛乱，被封为中领军。苍梧王怀疑并忌恨萧道成。苍梧王曾让杨玉夫观察织女星出现后报告他，那天晚上正值七夕，杨玉夫害怕了，用千牛刀杀死了苍梧王。萧道成于是迎接并立了顺帝。荆州刺史沈攸之谋反。萧道成讨伐他。顺帝封萧道成为相国，齐公，享受九锡之礼。四月，宋帝把帝位交给了萧道成。甲午日这天正式登基，在南郊烧柴祭祀上天。礼仪完毕，坐车回到建康宫，到太极前殿宣布赦免或减免罪犯的刑罚，改用新的纪年方法。建元四年时驾崩，太子萧赜继承皇位。宋武帝死后，萧道成的孙子昭业被立为皇帝。萧昭业死后，他的弟弟萧昭文做了皇帝。萧昭文被废掉后，西昌侯萧鸾被立为皇帝。萧鸾死后，太子萧宝卷继承皇位。宝卷死后，宝融被立为皇帝，齐和帝萧宝融最终把帝位让给了梁。

【评析】

　　统治人物所需要的不是匹夫之勇，而是果敢、沉稳、谋略、决断，而这几者结合的最高表现形式是具备了关键时刻、存亡之际的镇定自若的心理素质。

5.梁衰后，陈兴起

【经文】

　　梁高祖皇帝名衍，姓萧氏，为巴陵王法曹①，后为竟陵王子良八友。魏将王肃攻司州，帝破之，以功封建康郡男。齐明帝崩，东昏即位，遗诏以帝为都督、雍州刺史，长兄懿被害，帝起义。戊申，帝发自襄阳，郢鲁诸诚及诸将并降。壬午，帝镇石头，命众军围六门，卫尉张稷斩东昏，以黄油裹首送军。平京邑，齐和帝以位禅梁。帝即位。太清元年，齐司徒侯景以十三州内属。侯景反。至京师，幽帝而崩。侯景立武帝太子纲为帝，又为景所杀。湘东王绎于荆州，使王僧辩等平侯景，传首江陵。景子湘东王即位于江陵。魏使万纽于谨来攻，梁王萧詧（chá）率众会之，帝见执②，魏人戕帝，江陵既陷，王僧辩、陈霸先等议立帝子方智，于江州奉迎至建业即位。太平二年，禅位于陈。

　　陈高祖武皇帝姓陈氏名霸先，吴兴长城人也。梁武帝时为直阁将军。侯景反，高祖率所领与侯景大战，侯景死，湘东王即位，授南徐州刺史，还镇京口。承圣三年，西魏攻陷西台，高祖与王僧辩立晋安王，进帝位。司空僧辩又与齐氏和新、纳贞阳侯。高祖以为不义，潜师袭王僧辩于石头，克之，是夜缢③僧辩，贞阳侯逊位，晋安王复立。徐嗣徽北引齐师，遣萧轨等四十六将，济江至幕府山，高祖并破之。进帝位丞相，进爵为陈王。永定三年，梁帝禅位于陈。三年，上崩，立弟子蒨。崩，立太子伯宗。废，立顼。崩，立太子叔宝，是为长城公也。叔宝在东宫，好学，有文艺。及即位，耽酒色。

隋文帝初受周禅，甚敦邻好。宣帝崩，遣使赴吊④，修敌国之礼，书称各顿首⑤。而后主骄奢，书末云："想彼统内如宣，此宇宙清泰"。隋文帝不悦，以示朝臣。贺若弼、杨素等以为主辱，再拜请罪，并求致讨。文帝曰："我为人父母，岂可限一衣带水而不拯之乎？"命作战船，以晋王广为元帅，督八十总管以致讨。韩擒虎入自南掖门，文武各官皆遁出，擒后主。晋王广入据台城，送后主于东宫。三月己巳，后主与王公百司发自建邺，之长安。及至京师，列阵舆服，引后主及王公。使宣诏让后主，后主屏息不能对。封长城公。至仁寿四年，终于洛阳。

【注释】

①法曹：法官。

②见执：被俘虏。

③缢：用绳子勒。

④吊：吊唁。

⑤顿首：客气语。

【译文】

梁高祖武皇帝萧衍是巴陵王手下的小官，后来成为竟陵王萧子良的八个朋友之一。魏国的将领王肃攻打司州，萧衍率兵打败了他，因为功劳被封为建康郡男。齐明帝死后，东昏侯继承了帝位，齐明帝遗诏封萧衍为都督，萧衍的长兄雍州刺史萧懿被杀害以后，萧衍起兵反叛。戊申日，萧衍从襄阳北发兵，郢鲁等城以及守城将领都归降了萧衍。壬午，萧衍到达石头城，命令部队包围六个城门，宫中卫尉张稷杀死了东昏侯，用黄油包裹上脑袋把他送到萧衍军中。萧衍军队打到国都后，齐和帝迫于无奈让出了帝位。萧衍继承了帝位。太清元年，原齐朝的司徒侯景率领十三州归顺萧衍，后来侯景反叛到京城，幽禁了萧衍，萧衍死去。侯景立梁武帝太子萧纲为皇帝，以后又杀死了他。湘东王萧绎在荆州派王僧辩等将领平定了侯景的叛乱，把侯景的头送到江陵。侯景叛乱被平定以后，湘东王萧绎在江陵做了皇帝。魏国派万纽于谨率兵来攻打江陵，梁王萧詧率领部队与敌人合兵，孝元帝萧绎被俘虏，魏国人杀死了萧绎。江陵被攻陷后，王僧辩、陈霸先等人商议把萧绎的儿子萧方智立为皇帝，把他从江州迎接到建螂登极。太平二年，萧方智把帝位交给了陈。

陈高祖武皇帝陈霸先，是吴兴县长城这个地方的人。梁武帝时当过直阁将军。侯景反叛，陈霸先率兵和侯景作战，侯景战败死后，湘东王萧绎做了皇帝，让陈霸先做南徐州刺史。回去镇守京口。承圣三年，西魏军队攻陷西台，陈霸先和王僧辩立晋安王为皇帝。司空王僧辩又和北齐联合，迎接贞阳侯为皇帝。陈霸先认为这样做不合道义，派兵攻打王僧辩，并在石头城打败了他。这天晚上用绳子勒死王僧辩。贞阳侯退还帝位，晋安王重新做了皇帝。徐嗣徽从北面带领来北齐的军队，派萧轨等四十六个将领领兵，渡过长江到达幕府山，妄图反叛，陈霸先全部打败了他们。这以后陈霸先被封为丞相，封爵位为陈王。永定三年，梁的皇帝把帝位让给陈霸先。三年后，陈霸先去世，他弟弟的儿子陈蒨被立为皇帝。陈文帝死后，太子伯宗被立为皇帝。后来陈伯宗被废掉，陈顼被立为皇帝。陈顼死后，太子陈叔宝被立为皇帝，陈叔宝就是长城公。陈叔宝做太子的时候，喜欢学习，有文学和艺术的修养。但即位以后，沉缅于酒色。

隋文帝开始接受北周皇帝让给的帝位时，很注意与周边的邻国处理好关系。陈宣帝去世时，他派人前往吊唁，按照两国交往的礼节，信写的很客气。然而宣帝以后即位的陈后主却非常骄奢，回信的末尾写道："如果你统治的地区能治理好，天下就太平了。"隋文帝看了回信后很不高兴他把回信推给朝臣，让他们看。大臣贺若弼、杨素看后认为隋文帝受到了陈后主的侮辱，请求讨伐陈后主。隋文帝说："我作为天下父母，怎能因为隔着一条衣带那样宽的河就不去拯救那里受苦难的老百姓呢？"命令制作战船派晋王杨广率领八十多员大将讨伐陈后主韩擒虎带兵冲进南掖门，陈的文武百官纷纷逃跑，陈后主被俘虏，晋王杨广占领台城，把陈后主送往东宫。三月己巳日这天把陈后主和他手下的贵族，大臣们一起从建邺送到长安。用原来陈国的衣服车马接陈后主和手下王公大臣。让人宣读诏书责备陈后主，陈后主吓得大气也不敢出，一句反驳话也说不出来，后被封为长城公。仁寿四年，陈后主在洛阳去世。

【评析】

在历史上，任何一个朝代的发展历程都不脱这个规律：产生——鼎盛——灭亡。从秦、汉到宋、齐、梁、陈，到元、明、清，虽名称不一，但抛开这些，没有谁会发现它们有什么本质上的不同。

其实，许多事情都与此一样，有着相同的发展规律，明白了这些，有些得失我们才能看破，然后才能拥有一个知足、恬淡、快乐的人生。

卷五

七雄略十八

自秦以下，迄于周隋，失神器者非侵弱，得天下者非持久。

1.合纵策，燕国始

【经文】

臣闻天下大器也，群生重蓄也。器大不可以独理，蓄重不可以自守。故划野分疆，所以利建侯①也；亲疏相镇，所以关盛衰也。昔周监二代，立爵五等②，封国八百，同姓五十五。深根固本，为不可拔者也。故盛则周召相其治；衰则五霸扶其弱，所以夹辅王室，左右厥世，此三圣③制法之意。然厚下之典，弊于尾大。

自幽、平④之后，日以陵夷，爵禄多出于陪臣。征伐不由于天子。吴并于越，晋分为三⑤，郑兼于韩，鲁灭于楚。海内无主，四十余年而为"战国"矣。秦据势胜之地，骋狙诈之兵，蚕食山东，山东患之。

苏秦，洛阳人也，合诸侯之纵以宾秦；张仪，魏人也，破诸侯之纵以连横。此纵横之所起也。

苏秦初合纵，至燕。说燕文侯曰："燕东有朝鲜⑥、辽东，北有林胡、楼烦⑦，西有云中、九原，南有呼沱、易水，地方二千余里，带甲数十万，车六百乘，骑六千匹，粟支数年。南有碣石、雁门⑧之饶，北有枣栗之利，民虽不田作，而足于枣栗矣。此所谓天府者也！夫安乐无事，不见覆军杀将，无过燕者。大王知其所以然乎？夫燕所以不犯寇被甲兵者，以赵为之蔽其南也。秦、赵相毙，而王以全燕制其后，此所以不犯寇也。且夫秦之攻燕也，逾云中、九原，过代、上谷，弥地数千里，虽得燕城，秦计固不能守也。秦之不能害燕亦明矣！今赵之攻燕也，发号出令，不至十日，而数十万之军，军于东垣⑨矣。渡呼沱，涉易水，不至四五日，而距国都矣。故曰：秦之攻燕也，战于千里之外；赵之攻燕也，战于百里之内。夫不忧百里之患而重于千里之外，计无过于此者。是故愿大王与赵从亲，天下为一，则燕国必无事矣。"燕文侯许之。

【注释】

①建侯：封建诸侯。周灭商后，周王把其子孙和功臣分别封到不同的地方，建立自己的国家。

②立爵五等：周朝时将诸侯国分为五个等级：公、侯、伯、子、男。

③三圣：即周文王、周武王、周公旦。

④幽、平：幽指周幽王，平指周平王。

⑤晋分为三：公元前453年，晋国分为韩、赵、魏三个国家。

⑥朝鲜：古代国名，大致地理位置在今朝鲜半岛。

⑦林胡、楼烦：林胡，东北的两支少数民族。楼烦，春秋战国时期国名。

⑧碣石、雁门：碣石，在常山九门县。雁门，山名，在代郡，燕西边的门户。

⑨东垣：在今河北石家庄东。

【译文】

我听说天下就像是一个大容器，百姓就像是其中贮存的财富。容器太大，一个人就管理不了；财富太多、太贵重，一个人就难以守护。所以要划分疆野，要建立诸侯国；亲疏之间要互相抑制，这是关系到国家盛衰的问题。从前周王朝接受夏、商两代的经验教训，设立五等爵位，分封八百个藩国和五十五个同姓王。这些

藩国和同姓王都根基深厚坚实，是不能动摇的。因此，国家兴盛的时候就有周公、召公辅佐治理；国家衰败的时候就有春秋五霸扶助弱小的周王室。以此共同辅助王室，掌握那个时代，这就是三圣当初制定分封制的本意。然而，厚赏臣下的制度，弊病在于尾大不掉。

自从周幽王、周平王之后，周王室日渐衰落，爵禄多由左右的大臣赐予，征战讨伐的事不由天子决定。吴国被越国吞并，晋国被一分为三。郑国被韩国兼并。鲁国被楚国所灭。天下没有一个有权威的君主，这样的状态达四十多年，形成"战国"时代。其中秦国依仗形势险要，运用狡诈善战的军队，一点点地吞并山东六国，山东各国深以为忧。

苏秦，洛阳人，联合诸侯一起抵抗秦国；张仪，魏国人，拆散诸侯的联盟与秦国连横。这就是纵横活动的缘起。

苏秦开始组织合纵联盟，便去了燕国。他游说燕文侯说："燕国东边有朝鲜和辽东，北边有林胡和楼烦，西边有云中和九原，南边有呼沱河和易水。土地方圆二千余里。拥兵几十万，战车有七百多辆，战马有六千匹，粮食够好几年支用。南边有碣石和雁门的丰饶物产，北边有枣和栗子的获利收成。人民即使不从事田地耕作，而枣和栗子的果实就足以让人民吃饱。这是所谓的天府之国啊！国家安乐无事，看不到军败将亡这样忧心的事，这些有利条件没有谁比燕国更多的了。大王知道这平安的原因吗？燕国之所以不遭受战争的洗劫，是因为在南方有赵国作屏障。秦、赵争战，彼此残杀，而大王却保全燕国，控制住这个大后方，这就是燕国不遭受侵犯的原因。况且秦国如果攻打燕国，必须经过云中和九原，经过代和上谷，这就是数千里的道路，即使得到燕国的城邑，秦国也难以守住。秦国无法损害燕国也是很清楚的了！现在若是赵国进攻燕国，只要发出号令，不到十天数十万大军就可以进驻东垣。再渡过呼沱河，涉过易水，不到四五天就靠近国都了。所以说，秦国攻打燕国，须得在千里之外开战，赵国进攻燕国，就要在百里之内开战了，不忧虑百里之内的祸患，却重视千里之外的邦交，没有比这更错误的计谋了。因此希望大王与赵国合纵，与天下诸侯联为一体，那么国家就不会有祸患了。"燕文侯认为苏秦说得对，便答应合纵抗秦。

【评析】

治国之道，实为立国安邦之大计。本段开篇明义，阐述了治理国家的方略。任何一个时代，如果只继承前代，一成不变，是不会进步的。

苏秦一番分析剖白，说服了燕王同意与赵国联盟。他的说人之术，高明之处在于他站得高，看得远，眼光独到。燕国虽然安定，但这是表面的，其实隐藏着忧患。居安思危，早做应对，这才是明智的选择。所以，燕文侯明晓其中利害后，欣然同意联盟。

2.说赵王，晓利害

【经文】

苏秦如赵，说赵肃侯曰："臣窃为君计，莫若安民无事，且无庸有事民为也。安民之本，在于择交，择交而得则民安；择交而不得，则民终身不安。请言外患，齐、秦为两敌，而民不得安。倚秦攻齐，而民不得安。倚齐攻秦，而民不得安。君诚能听臣，燕必致毡裘狗马之地；齐必致鱼盐之海；楚必致橘柚之园；韩、魏、中山皆可使致汤沐之奉；而贵戚父兄皆可受封侯。夫割地包利，五伯之所以覆军擒将而求也；封侯贵戚，汤武所以放弒而争也。今君高拱而两有之，此臣之所以为君愿也。

"夫秦下轵道①而南阳危，劫韩包周，则赵自操兵，据卫取淇、卷，则齐必入朝秦。秦欲已得乎山东，则必举兵而向赵矣。秦甲渡河逾漳②，据番吾，则兵必战于邯郸之下矣。此臣之所为君危也。当今之时，山东之建国，莫强于赵。赵地方二千余里，带甲数十万，车千乘，骑万匹，粟支数年。西有常山③，南有河漳，东有清河，北有燕。燕固弱国，不足畏也。秦之所害于天下莫如赵。然而秦不敢举兵而伐赵者，何也？畏韩、魏之议其后也。然则韩、魏，赵之南蔽也。秦之攻韩、魏也，无名山大川之险，稍稍蚕食之，傅国都而止。韩、魏不能支秦，必入臣于秦。秦无韩、魏之规，则祸必中于赵矣。此臣之所为君患也。

"臣闻尧无三夫之分，舜无咫尺之地，以有天下。禹无百人之聚，以王诸侯。汤、武之士不过三千，车不过三百乘，卒不过三万，立为天子。诚得其道也。是故明主外料其敌之强弱，内度其士卒贤不肖，不待两军相当，而胜败存亡之机，固已形于胸中矣。岂掩于众人之言，而以冥冥决事哉！臣窃以天下之地图按之，诸侯之地，五倍于秦；料度诸侯之卒，十倍于秦。六国并力，西面而攻秦，秦必破矣。今西面而事之，见臣于秦！夫破人之与见破于人，臣人之与见臣于人也，岂可同日而论哉？夫衡人④者皆欲割诸侯之地，以与秦。秦成则高台榭，美宫室，听笙竽之音，国被秦患而不与其忧。是故衡人日夜务以秦权恐愒诸侯，以求割地，愿大王熟计之。

"臣闻明主绝疑去谗，屏流言之迹，塞朋党之门，故尊主强兵之臣，得陈忠于前矣。故窃为大王计，莫若一韩、魏、齐、楚、燕从亲，以叛秦。合天下之将相会于洹水之上，通质，刑白马而盟。约曰：秦攻楚，齐、魏各出锐师以佐之，韩绝其粮道，赵涉河漳，燕守常山之北；秦攻韩、魏，则楚绝其后，齐出锐师以佐之，赵涉河漳，燕守云中；秦攻齐，则楚绝其后，韩守成皋，魏塞其粮道，赵涉河博关，燕出锐师以佐之；秦攻燕，则赵守常山，楚军武关，齐涉渤海，韩、魏皆出锐师以佐之；秦攻赵，则韩军宜阳，楚军武关，魏军河外，齐涉清河，燕出锐师以佐之。诸侯有不如约者，以五国之兵共伐之。六国从亲以宾秦，则秦甲必不敢出于函谷以害山东矣！如此则霸王之业成矣。"

赵王曰："善。"

【注释】

①轵道：亭名。在今陕西西安市东北。

②渡河逾漳：渡过黄河，跨越漳水。

③常山：本名恒山，在今河北曲阳县西北。

④衡人：衡，同"横"。指游说连横主张的人。

【译文】

苏秦从燕国到了赵国，他对赵王说："我为大王着想，不如让人民安定闲适，不要多生战事烦扰他们。而使人民得以安定的根本，首先就在于要选择友好邻邦。选择的邻邦合适，人民就能得到安定；选择的邻邦不合适，人民就一辈子不得安定。请允许我谈谈赵国的外患：齐国和秦国是赵国的两大敌人，这是人民不得安宁的原因所在。如果依靠秦国进攻齐国，人民就得不到安宁；依靠齐国进攻秦国，人民也得不到安宁。大王如能真正听从我的话，那么燕国一定会给您送上出产毛毡、裘皮、良狗、好马的土地；齐国一定会送上产鱼、产盐的海边土地；楚国一定会送上生长橘柚的云梦之地（洞庭湖一带）；还有韩国、魏国都可以把国内封地汤沐邑送给您；这样大王的宗族亲戚都可以得到封侯。从别国割取土地，得到财物，这是从前王霸不惜损兵折将而追求的东西；给宗族亲戚封侯，就是商汤、周武王也得经过争战和拼杀才能争取得到。如今大王毫不费力，唾手可得到这两个好处，这是我祝愿大王的事情。

"如果秦军沿轵道而下，南阳就会处于险境；再攻掠韩国，包围周室，赵国自身也随着会被削弱；秦国再占据卫国，夺取淇水，齐国就一定会臣服秦国。秦国的欲望既然已经得逞于山东六国，必然会发兵攻打赵国。秦兵渡过黄河，跨过漳水，占据番吾，就可以打到赵国的邯郸城下了。这是我替大王担忧的。如今，山东各国没有比赵国更强的。赵国土地方圆二千里，拥兵数十万，战车千辆，战马万匹，粮食可供数年用度。西有常山，南有黄河、漳河，东有清河，北有燕国。燕国本来就是弱国，不用担心、害怕。而在各诸侯国中，秦国最怕的就是赵国。然而，为什么秦国不敢发兵攻打赵国呢？是因为怕韩国、魏国从后面攻打它，抄它的后路。因此，韩魏两国是赵国南面的屏障。秦国要进攻韩国、魏国就不同了。韩魏没有名山大川可做屏障，只要一点点吞食，就能一直逼近韩魏两国的国都。如果韩魏无力对付秦国，就必然臣服秦国。而韩魏臣服了秦国，秦国就扫除了进攻赵国的两个障碍，没有了后顾之忧，这样祸患就会直接落到赵国头上。这是我为大王忧虑的。

"我听说古代的尧一开始没有一点儿权势地位，舜没有尺寸之地，而后来都拥有了天下；禹聚集的人群不到一百人，而后来成为诸侯之王。商汤、周武王的士兵不足三千，战车不足三百辆，步兵不到三万，而后来都成为天子。这实在是因为他们都实施了正确的谋略。所以圣明的君主，对外要能判断敌国的强弱，对内要能量才而用。这样不用等到两军战场对阵，就对双方胜败、存亡的可能性胸中有数了。岂能被众人的闲言碎语所蒙蔽而糊里糊涂地作出决策呢？我曾按照天下各国的地图加以考察，发现天下诸侯的土地，相当于秦国的五倍；诸侯的兵力，是秦国的十倍。如果六国集中力量，一致向西进攻秦国，秦国必定被攻破。可如今各国却甘愿面西事秦。击败别人与被人击败，征服别人与被人征服，岂可同日而语？那些主张连横的人，都想割让诸侯的土地来与秦国讲和。与秦国讲和了，那些人就可以有高大的房屋，豪华的宫室，耳听笙竽之音，一旦秦国来攻打，他们都不能与君主分忧。因此主张连横的人整天拿秦国的权势恐吓诸侯，以求分割土地。对此，希望大王深思熟虑。

"我听说圣明的君主遇事不疑惑，不听信谗言，抵制流言蜚语，堵塞结党营私之门。这样，那些愿意报效国家的贤能之臣才能争相尽忠于君王。我为大王着想，觉得不如联合韩、魏、齐、楚、燕、赵六国的力量对抗秦国。让各诸侯国的将相一齐到洹水来会盟，互相交换人质，杀白马，共订盟约。约定：如果秦国攻打楚国，齐国、魏国就各派精兵援助楚国，韩国断绝秦兵粮道，赵国渡过黄河、漳水牵制秦军，燕国把守常山之北；如果秦国攻打韩、魏两国，那么楚国就断绝秦军的后路，齐国派精兵进行援助，赵军渡过黄河、漳水，燕国把守云中；如果秦国攻打齐国，那么楚国就断绝秦的后路，韩国防守成皋，魏国堵住它的粮道，赵军渡过黄河、漳水，指向博关，燕国派精兵进行援助；如果秦国进攻燕国，赵国就防守常山，楚国驻兵武关，齐军渡过渤海（今沧州），韩国、魏国派出精兵进行支援；如果秦国进攻赵国，那么韩国就驻军宜阳，楚国驻军武关，魏国驻军河外，齐军渡过清河，燕国派出精兵进行支援。诸侯中有不遵守盟约的，其余五国就共同讨伐它。如果六国实行合纵联盟对抗秦国，秦国就必然不敢出兵函谷关侵害山东六国了。这样大王的霸业就成功了。"

赵王说："好！很对。"

【评析】

苏秦说服赵王，用的是利诱的策略。赵王如果听从苏秦的计谋，就会得到"割地包利，封侯贵戚"的好处。有这样的诱惑，赵王能不言听计从吗？而赵与韩、魏作为邻邦，"唇亡齿寒"，具有同样的利益，所以它们的联盟是必需的。

毛遂自荐的故事尽人皆知，一般

都赞许毛遂的勇气和智慧。他使楚王出兵救赵，实质上是威逼、胁迫。不答应联盟吗？你的性命可掌握在我的手里！这是毛遂式的谈判手段。难怪平原君感叹说："毛先生一至楚，而使赵重于九鼎大吕。毛先生以三寸之舌，强于百万之师。"

现在坐在谈判桌旁的人无论是谈政治，还是谈生意，不妨也运用一下这种手段，且看效果如何。

3.说韩王，不事秦

【经文】

苏秦如韩，说韩宣王曰："韩北有巩、洛、成皋①之固，西有宜阳②、商阪③之塞，东有宛、穰、洧水，南有陉山④，地方九百余里，带甲数十万。天下之强弓劲弩，皆从韩出。韩卒超足而射，百发不暇止，远者栝洞⑤胸，近者镝掩心。韩之剑戟，则龙泉、太阿，皆陆断牛马，水截鹄雁。夫以韩卒之劲，与大王之贤，乃西面而事秦，交臂而服焉。羞社稷而为天下笑，无大于此者也！是故愿大王熟计之。大王无事秦，事秦必求宜阳、成皋。今兹效之，明年又复求割地，与之则无地以给之；不与则弃前功而受后祸。且夫大王之地有尽，而秦之求无已，以有尽之地，而逆无已之求，此所谓市怨结祸者，不战而地已削矣！臣闻鄙谚曰：'宁为鸡口，无为牛后。'今王西面交臂而臣事秦，何异于牛后乎？夫以大王之贤，挟强韩之兵，而有牛后之名，窃为大王羞之！"韩王勃然作色，按剑太息曰："寡人虽不肖，不能事秦！"从之。

【注释】

①成皋：城邑，在河南荥阳县北。

②宜阳：在今河南宜阳县西。

③商阪：即商山。

④陉山：在今河南新郑县西南。

⑤栝（guā）洞：射穿的意思。

【译文】

苏秦又来到了韩国，他劝韩宣王说："韩国北面有巩地、洛地、成皋那样坚固的边城，西面有宜阳、商阪那样险要的关塞，东面有宛地、穰地、洧水，南面有陉山。土地方圆千里，拥兵数十万。天下的强弓利箭都从韩国出产。韩国士兵举足踏地发射，不一会儿就可发射百箭，远处可射中胸膛，近处可射穿心脏。韩国士兵的剑和戟，都如龙泉、太阿这样的名剑那般锋利，这些剑和戟在陆上都能砍断牛马，在水上能击中天鹅和大雁。靠着韩军的坚强有力和大臣的英明贤良，竟然西向服秦，自缚臂膀去表示臣服。使国家蒙受羞辱，被天下人耻笑，这真是奇耻大辱！因此希望大王仔细考虑。大王不要去侍奉秦国，如果去侍奉它，它必定要求得到宜阳和成皋。如果现在奉献上去，第二年就越发要求割让土地。如果继续割让，就将无地供给；不予割让，就将前功尽弃，而且会遭受秦国进一步侵害。况且大王的土地有限，而秦国的欲望无穷。以有尽之地去迎合没有止境的欲望，这就是招怨结祸的根源，没有经过战斗，土地就被占领了。我听俗话说：'宁做鸡头，不可做牛尾巴。'如今大王到西面去乖乖地称臣事秦，和做牛尾巴有什么区别呢？以大王的贤能，拥有强大的韩国军队，却有牛尾巴的名声，我私下替大王惭愧。"韩王听了愤然变了脸色，手按宝剑仰天叹息说："我虽然不贤明，也一定不去侍奉秦国！"于是韩国也参加了合纵。

【评析】

劝将不如激将。苏秦把这一谋略运用得得心应手，游刃有余。他总是先列举各国的优势，激起诸侯的信心；然后，毫不客气地指出他们臣服秦国是一种耻辱，"宁为鸡口，无为牛后"，从而使他们知耻而后勇，奋然而起，决意与秦国抗衡。这样就达到了合纵联盟的目的。

同样的道理，如果我们个人有很大的能力，就要胸怀抱负，自甘平庸对自己没什么好处，对社会也是一种人才资源浪费。

4.说魏王，为使臣

【经文】

苏秦如魏，说魏襄王曰："大王之地，南有鸿沟①、陈②、汝南，东有淮、颍、煮枣，西有长城之界，北有河外、卷、衍。地方千里，地名虽小，然而田与舍庐，曾无刍牧之地。人民之众，车马之多，日夜行不绝，轰轰殷殷，若有三军之众。魏，天下之强国也；王，天下之贤主也。今乃有意西面而事秦，称东藩，筑帝宫，受冠带，祠春秋。臣窃为大王耻之。臣闻越王勾践，战弊卒三千，擒夫差于干遂；武王卒三千，革车三百乘，制纣于牧野。岂其卒众哉？诚能奋其威也！今窃闻大王之卒，武士二十万，仓头、奋击二十万，厮徒十万，车六百乘，骑六千匹。此过越王勾践、武王远矣！今乃听于群臣之说，而欲臣事秦。夫事秦必割地以劾实，故兵未用而国已亏矣。夫为人臣割其主之地以外交，偷取一旦之功，而不顾其后，破公家而成私门，外挟强秦之势，以内劫其主，以求割地，愿大王孰察之！《周书》③曰：'绵绵不绝，蔓蔓奈何？毫厘不伐，将用斧柯。'前虑未定，后有大患，将奈之何？大王诚能听臣，六国从亲，专心并力，则必无强秦之患，故敝邑赵王使臣效愚计，奉明约，在大王诏之。"魏王曰："谨奉教。"

【注释】

①鸿沟：渠名，在今河南省荥阳县内。

②陈：古代国名，在今河南淮阳县。

③《周书》：周朝的典籍。

【译文】

　　苏秦到了魏国，劝魏襄王说："大王的土地，南面有鸿沟、陈国、汝南，东面有淮水、颍水、煮枣，西面有长城为界，北面有河水、卷、衍。土地方圆千里。地方的名声虽小，然而到处都是房屋田地，只是少有放牧牛马的地方。人民众多，车马不少，日夜往来不断，极有声势，就如同是三军将士在行动。魏国，是天下的强国；大王，是天下贤明的君主。如今竟有意臣服于秦国，自称为东方属国，为秦王建筑宫室，接受秦王赐给的服饰，春秋两季给秦国纳贡。我真替大王感到羞愧啊。我听说越王勾践，靠着三千名疲弊的士兵做战，在干遂捉住了夫差，周武王凭着三千名士兵，一百辆战车，在牧野把纣王杀死。难道是他们的士兵多吗？实在是因为他们能振作自己的威力啊！如今我听说大王的士兵，勇武刚毅的二十余万，青布裹头的二十万，殊死作战的二十万，做杂务的十万，还有战车六百辆，战马五千匹。这远远超过了越王勾践和周武王的兵力。如今却听从了群臣的邪说，竟打算以臣子的身份去侍奉秦王。而侍奉秦王，一定得割让土地，送上人质，因此军队还没用上而国家就已受到损害了。而那些做人臣的，割让君主的土地以便对外勾结，窃取一时的功绩而不顾及国家的后患，损失国家的土地而满足个人一时的欲望。他们依仗外面强秦的权势，在国内胁迫自己的君主，要求割让土地。希望大王对此能够明察！《周书》上说：'微弱时不除掉，长大了就难以消灭；弱小时不拔掉，长大了就得用斧子砍。'事前不当机立断，事后必有大祸，那将怎么办？如果大王真能听从我的意见，六国合纵结亲，专心合力，就一定不会遭到强秦侵扰。因此我们赵王派我进献愚计，奉上明定的条约，听凭大王诏令。"魏王说："我听从你的意见。"

【评析】

苏秦施行自己的游说之策时，首先见的是秦惠王，然而秦惠王不屑于他的谋略。后来苏秦开始转战六个诸侯国。他的游说都是以对方利益为基础，并晓之以情，动之以理，所以总能够说动对方。

5.说齐王，晓以理

【经文】

苏秦如齐。说齐宣王曰："齐南有泰山，东有琅邪①，西有清河，北有渤海，此四塞之国也。临淄②甚富而实，其民无不吹竽、鼓瑟、弹琴、击筑③、斗鸡、走狗、六博、蹴鞠④者也。临淄之途车毂击，人肩摩，连衽成帷，举袂成幕，挥汗成雨。家殷人足，志高气扬，夫以大王之贤，与齐之强，天下莫能当也。今乃西面事秦，窃为大王羞之！且夫韩、魏之所以畏秦者，为与秦接境壤界也。兵出相当，不出十日而战胜存亡之机决矣。韩、魏战而胜秦，则兵半折，四境不守；战而不胜，则国已危亡随其后也。是故韩、魏之所以重与秦战，而轻为之臣也。今秦之攻齐则不然：倍韩、魏之地，过卫阳晋之道，径于亢父⑤之险，车不得方轨，骑不得比行，百人守险，千人不敢过也。秦虽欲深入，则狼顾，恐韩、魏之议其后。是故惮疑虚喝，骄矜而不敢进。夫不深料秦之无奈齐何也，而欲西面事之，是群臣之计过也。今无臣秦之名，而有强国之实，故愿大王少留意计之。"齐王曰："善。"

【注释】

①琅邪：即琅邪山。在今山东胶南县境内。
②临淄：齐国都城，在今山东淄博地区。

③筑：琴名，琴的一种。

④蹴鞠：古代一种踢球的游戏。

⑤亢父：地名，在今山东鱼台县西北。

【译文】

苏秦来到齐国，劝齐宣王说："齐国南有泰山，东有琅邪山，西有清河，北有渤海，这就是所说的四面皆有险阻的国家。都城临淄非常富有殷实，这里的百姓没有不吹竽鼓瑟、击筑弹琴、斗鸡赛狗、下棋踢球的。临淄的道路上，车挨着车，人挤着人，人们把衣襟连起来，就可以成为帷帐，把袖子举起来就可以成为帐幕，挥洒汗水就如同下雨。家家殷实富有，人人意气高昂。凭着大王的贤明和齐国的强盛，天下无人抵挡。如今却侍奉西面的秦国，我为大王感到羞耻！至于韩、魏之所以害怕秦国，是因为他们与秦国接壤。双方出兵对阵，不到十天，胜负存亡的结局能决定。韩、魏战胜秦国，那么自己也要损兵过半，四面的边境就无法防守；战不胜秦国，自己就会随即灭亡。正因为如此，韩、魏不敢与秦作战，而轻易地向秦国屈服称臣。现在秦国进攻齐国就不同了，它的后背要受到韩、魏两国的威胁，卫国的阳晋是必经之路，经过亢父的险隘之地时，车马不能并行，一百人守住险要之地，千人也无法通过。秦国虽然想深入齐境，可总有后顾之忧，害怕韩、魏从后袭击。所以虚张声势，借以威胁，装腔作势，又不敢前进。不去深入考虑秦国对齐国无可奈何这一事实，却想要向秦国卑躬屈膝，这是群臣谋略的错误。如今参加合纵联盟，可以避免向秦国卑躬屈膝的丑名，而获得强国的实惠，

我希望大王仔细考虑。"齐王说："好，你说得对。"

【评析】

想当初，苏秦等了整整一年才得以向燕王陈述谋略，两次入赵国，方得如愿。而现在，各诸侯国对他言听计从，一路东进到了齐国。齐国是仅次于楚国的强国，本不与秦相邻，既然其他几国都愿意结盟，齐国也不会不把握这个机会的。所以，苏秦抓住这一点来游说齐王，因此对其说服比较顺利。

6.说楚王，以巧谏

【经文】

苏秦如楚。说威王曰："楚，天下之强国也；王，天下之贤主也。西有黔中、巫郡①，东有夏州、海阳，南有洞庭、苍梧②，北有陉塞、郇阳③。地方五千余里，带甲百万，车千乘，骑万匹，粟支十年。此霸王之资也！夫以楚之强，大王之贤，天下莫能当也。今乃西面而事秦，则诸侯莫不西面而朝章台之下矣！秦之所害，莫如楚。楚强则秦弱，秦强则楚弱。其势不两立，故为大王计，莫如从亲以孤秦。大王不从亲，秦必起两军：一军出武关，一军下黔中。则鄢、郢④动矣！臣闻治之其未乱也，为之其未有也。患至而后忧之，则无及也！故愿大王早熟计之。大王诚能听臣，臣请令山东之国，奉四时之献，以承大王之明诏；委社稷，奉宗庙，陈士励兵，在大王所用之。故纵合则楚王，衡成则秦帝。今释霸王之业，而有事人之名，窃为大王不取也！夫秦，虎狼之国也，有吞天下之心。秦，天下之仇雠也，衡人皆欲割诸侯之地以事秦，此所谓养仇而奉雠，大逆不忠，无过此者。故从亲则诸侯割地以事楚，衡合则楚割地以事秦，此两策者相去远矣，二者大王何居焉？故敝邑赵王使臣效愚计，奉明约，在大王之诏诏之。"楚王曰："善，谨奉社稷以从。"

六国既合纵，苏秦为纵约长。北报赵，赵肃侯封苏秦为武安君。乃投纵约书于秦，秦不敢窥兵函谷十五余年。

【注释】

①黔中、巫郡：前者在今湖南西部，后者在今四川巫山县北。

②洞庭、苍梧：洞庭即洞庭湖，苍梧在今广西梧州市。

③陉塞、郇阳：陉塞即陉山的关隘。郇阳，又称顺阳，在今河南郑州市

镶县西。

④鄢、郢：鄢在今湖北宜城县，郢在今湖北江陵县北。

【译文】

苏秦又来到了楚国。劝楚威王说："楚国是天下的强国，大王你是天下的贤君。楚国西面有黔中、巫郡，东有夏州、海阳，南有洞庭、苍梧，北有陉塞、郇阳，国上方圆五千里，拥兵百万，战车千辆，战马万匹，粮食可供十年用，这是建立霸业的资本。凭着楚国的强大，加上大王的贤明，就能无敌于天下。如今却打算向西侍奉秦国，这样各诸侯国就不再朝拜楚国，而要去章台朝拜秦国了。秦国对诸侯国中最担忧的就是楚国，楚国强大，秦国就弱小，楚国弱小，秦国就强大，二者势不两立。所以替大王考虑，不如实行合纵以孤立秦国。大王如不实行合纵，秦国一定会兵发两路：一路出武关，一路下黔中。这样，楚国鄢、郢就会被动摇。我听说：'未乱之时就要治理，事发之前就要预防。'等祸患发生了再为之忧虑，就来不及了。因此希望大王对此及早加以考虑。大王如真的能听从我的劝告，那我就能让山东各国按一年四季奉献礼物，遵守大王发布的诏令，把国家与宗庙委托给大王，并训练军队，任凭大王使用。所以说合纵成功，楚国就能称王；连横成功，秦国就能称帝。如今楚国放弃了霸主的大业，却有了侍奉他人的名声，我认为这是大王所不足取的。秦国，是贪婪暴戾如虎狼的国家，有吞并天下的野心。秦国，又是天下的仇敌，主张连横的人都想割取诸侯之地来侍奉秦国，这就是所谓的奉养仇敌呀。大逆不道的行为，没有比这更厉害的了。所以合纵成功，诸侯就会割地来侍奉楚国；连横成功，楚国就要割地来侍奉秦国。这两种策略之间的距离很远，对这两种策略，大王选择哪一个呢？所以敝国赵王派我向你献上合纵之计，奉上合纵盟约，以听凭大王的吩咐。"楚王说："好，请让我以国家的名义听从你的意见。"

齐、楚、燕、韩、赵、魏六国组成合纵联盟，苏秦被任命为纵约长，统一指挥六国的行动。把这一情况通报给赵国，赵肃侯封苏秦为武安君。然后六国把纵约书投给秦国，从此，秦国十五年不敢派兵出函谷关侵犯山东六国。

【评析】

蜻蜓、黄雀无忧无虑地飞翔，与世无争，却不知有人在算计自己。我们常说"害人之心不可有，防人之心不可无"，这是极有道理的。表面的平静下可能潜伏着很大的危机。所以，必须清醒地分析形势，早早设法保护自己。

7.连横后，魏背约

【经文】

后张仪为秦连衡。说魏王曰："魏地方不至千里，卒不过三十万，地四平。诸侯四通，条达辐凑①，无名山大川之阻。从郑至梁，二百余里；车驰人趋，不待倦而至。梁，南与楚境，西与韩境，北与赵境，东与齐境。卒戍四方，守亭障者不下十万。魏之地势，固战场也。梁南与楚，不与齐，齐攻其东；东与齐，不与赵，赵攻其北；不合于韩，则韩攻其西；不亲于楚，则楚攻其南。此所谓四分五裂之道也。且诸侯之为纵者，将以安社稷，尊主强兵显名也。今为纵者，一天下，约为昆弟，刑白马以盟洹水之上，以相坚也。而亲昆弟、同父母，尚有争钱财。而欲恃诈伪反覆苏秦之谋，其不可成亦以明矣。大王不事秦，秦下兵攻河外，据卷、衍、酸枣，劫卫取晋阳，则赵不南；赵不南则梁不北；梁不北则纵道绝；纵道绝则大王之国欲无危，不可得也。秦折韩而攻梁，韩怯于秦，秦、韩为一，梁之亡，立可须也，此臣之所为大王患也。为大王计莫如事秦，事秦则楚、韩必不敢动；无楚、韩之患，则大王高枕而卧，国必无忧矣。大王不听秦，秦下甲士而东伐，虽欲事秦，不可得也。且夫从人②多奋辞而少可信，说一诸侯而成封侯之业。是故天下之游谈士，莫不日夜扼腕瞋目③切齿以言纵之便，以说人主。人主贤其辩而牵其说，岂得无眩哉？臣闻之，积羽沉舟，群轻折轴，众口铄金，故愿大王审计定议。"魏王于是倍纵约，而请成于秦。

【注释】

①条达辐凑：此处比喻四通八达。

②从人：文中指鼓吹和提倡合纵之人。

③扼腕瞋目：情绪激动的状态。

【译文】

后来张仪为秦国组织连横。张仪劝魏王说："魏国的土地纵横不到一千里，士兵不过三十万人，土地平旷，四方诸侯都能通过，犹如车轮辐条都集聚在车轴上一样，也没有高山深川的阻隔。从郑国到魏国，只有二百余里，人奔马跑，不等到疲倦就已到达。魏国南与楚、西与韩、北与赵、东与齐接壤。这样魏国士兵只好把守四方，守卫边界上的守望台和城堡的兵力就得不下十万人。魏国的地势，本来就是兵家必争之地。如果魏国结交楚国而不结交齐国，齐国就要攻打魏国的东面；如果结交齐国而不结交赵国，赵国就要攻打魏国的北面；不和韩国联合，那么韩国就会攻打魏国的西面；不和楚国亲善那么楚国就会攻打魏国的南面。这就是所说的四分五裂的地方啊！再说主张合纵的诸侯，说是为了使国家安定，君主尊贵，兵盛国强，这是诱人的美名。现在主张合纵的人，统一天下诸侯的行动，相约结为兄弟之邦，在洹水上杀白马立盟誓，目的是为了相互安定团结。可是即使是同父母的亲兄弟，还要争夺钱财，何况这些诸侯？而您却要靠狡诈虚伪、反复无常的苏秦所献的计谋来保全国家，很明显这是不可能成功的。如果大王不去侍奉秦国，秦国就会发兵进攻河外，占领卷、衍、酸枣等地，控制卫国，夺取晋阳，这样赵国就不能南下；赵国不能南下，魏国就不能北上；魏国不能北上，那么合纵的道路就断了。合纵道路一断，那大王想不遇危险是不可能的。再者，秦国若是胁迫韩国去进攻魏国，韩国迫于秦国的压力，不敢不听。秦、韩联合为一个国家，魏国就会马上灭亡，这是我为大王忧虑的原因。为大王盘算，不如侍奉秦国，只要侍奉秦国，那么楚、韩一定不敢妄动；没有楚、韩的侵扰，大王就可以高枕无忧，国家也必定没有忧患了。再说如果大王不听从我的意见，秦兵出动，攻向东方，那时即使想去侍奉秦国也不可能了。况且那些主张合纵的人多是夸大其辞，很少有可以信任的。而联合一个诸侯反对秦国，就成为他封侯的基础。所以天下的游说之士，没有不是每天都费尽心机地高谈合纵的好处，去劝说各国君主。做君主的被他们的花言巧语所打动，怎么能不被搞得晕头转向呢？我听说：羽毛虽轻，堆积多了，也可使船沉掉；东西虽轻，装得过多，也可以压断车轴；众口一辞。因此希望大王仔细考虑这事。"魏王于是违背了六国的合纵盟约，而向秦求和。

【评析】

苏秦因合纵成功扬名四海，荣耀天下。

然而纵观天下之势，有纵就有横，有和就有分，与苏秦同一师门的张仪设计破除六国合纵，精粹说辞也是层出不穷。他首先拿魏王开刀，通过威逼利诱，让魏王心服口服。

8.说楚王，择强者

张仪说楚怀王曰："秦地半天下，兵敌四国，被山带河①，四塞以为固。虎贲之士百有余万，车千乘，骑万匹，粟如丘山。法令既明，士卒安乐。主明以严，将智以武。虽无出甲，席卷常山之险，必折天下之脊，天下后服者先亡矣！且夫为纵者，无以异驱群羊而攻猛虎。虎之与羊，不格明矣！今王不与虎而与群羊，臣窃以为大王之计过矣。

"凡天下强国，非秦而楚，非楚而秦。两国交争，其势不两立。大王不与秦，秦下甲据宜阳，韩之上地不通；下兵河东、成皋，韩必入臣。则梁亦从风而动。秦攻楚之西，韩攻其北，社稷安得无危？臣闻兵不如者，勿与挑战；粟不如者，勿与持久。秦西有巴、蜀②，大船积粟，起于汶山，浮江而下，至楚三千余里。舫舟载卒，一舫载五十人，日行三百里；里数虽多，然不费牛马之力，不至十日，而拒③捍关④矣；捍关惊则从境以东，尽城守矣，黔中、巫郡，非王之有也。秦举甲出武关，南面而伐，则北地绝。秦兵之攻楚也，危虽在三月之内，而楚待诸侯之救，在半岁之外。此其势不相及也。夫待弱国之救，忘强秦之祸，此臣为大王患也。

"大王尝与吴人战，五战而三胜，阵卒尽矣；偏守新城，存民苦矣。臣闻功大者易危，而人弊者怨上。夫守易危之功，而逆强秦之心，臣窃为大王危之。凡天下而信约纵亲者，苏秦封为武安君也。苏秦相燕，即阴与燕王谋伐齐，破齐而分其地。乃佯为有罪，出走入齐，齐王因受而相之。居二年而觉，齐王大怒，车裂苏秦于市。夫以一诈伪之苏秦，而欲经营天下，混一诸侯，其不可成亦明矣。今秦与楚接境壤界，固形亲之国也。大王诚能听臣，臣请使秦太子入质于楚，楚太子入质于秦，请以秦女为大王箕帚之妾，效万室之都，以为汤沐之邑，长为昆弟之国，终身无相攻。臣以为计无便于此者。"楚王乃与秦从亲。

【注释】

①被山带河：文中指以山河作为天险。

②巴、蜀：二者都是古国名，前者在四川重庆一带，后者在今四川成都一带。

③拒：达到。

④捍关：楚国西北边境上的关隘，在今湖北长阳县境内。

【译文】

张仪又去游说楚怀王："秦国土地广阔，占有天下之半；武力强大，可与诸侯对抗；四境有险山阻隔，东边又绕着黄河，四边都有险要的屏障，国防巩固如同铁墙铜壁。还有勇敢如虎的战士百多万人，战车千辆，战马万匹，粮食堆积如山，法令严明，将帅足智多谋而又勇武。假如秦国一旦出兵，夺得恒山的险隘就像卷席那样地轻而易举。这样，就控制了诸侯要害之地，天下后来臣服的人必然遭到灭亡。再说，搞合纵联盟的人，无异于驱赶群羊去进攻猛虎，弱羊敌不过猛虎，这是明显的，现在大王不与猛虎友好，却与群羊为伍，我认为大王的主意完全打错了。

"大凡天下的强国，不是秦国，就是楚国；不是楚国，就是秦国。两国不相上下，互相争夺，势不两立。如果大王不与秦国联合，秦国出兵来攻，占据宜阳，韩国的上党要道就被切断；他们进而出兵河东，占据成皋，韩国必然投降秦国。韩国投降秦国，魏国也必然跟着归顺秦国。这样，秦国进攻楚国的西边，韩、魏又进攻楚国的北边，楚国怎能没有危险呢？我曾听兵法上说过：兵力不强，切勿挑战；粮食不足，切勿打持久战。秦国西有巴、蜀，用船运粮，自汶山起锚，并船而行，顺长江而下，到楚都有三千多里。并船运兵，一船载五十余人，和运三月粮食的运粮船同行，浮水而下，一日行三百多里。路程虽长，却不费车马之劳，不到十天，就到达捍关，与楚军对峙；捍关为之惊动，因而自竟陵以东，只有守卫之力，黔中、巫郡都会不为大王所有了。秦国又出兵武关，向南进攻，则楚国的北部交通被切断，秦军攻楚，三月之内形势将十分危急，而楚国等待诸侯的援军，要在半年之后，这将无济于事，依靠弱国的救援，忘记强秦的祸患，这就是我为大王所担忧的。

"再说，大王曾与吴国交战，五战三胜，您的兵卒已尽，又远守新得之城，人民深受其苦。我听说：'进攻强大的敌人，则易遭危险；人民疲惫穷困，则易抱怨君上。'追求易受危难的功业，而违背强秦的意愿，我暗自为大王担心。在诸侯中坚持合纵联盟的苏秦，被封为武安君而出任燕相，暗地里与燕王合谋进攻齐国，瓜分齐国。他假装在燕国获罪，逃到齐国。齐王接待了他，并又任命他为相国。过了两年，齐王发觉他的阴谋，非常气愤，便车裂了苏秦。一贯靠着诳骗欺诈，反覆无常来求荣耀的苏秦，想要图谋左右天下，统一诸侯，这不可能成功，是很明显的了。现在，秦、楚两国接壤，本来是友好国家。大王果真听从我的劝告，我可以让秦太子做楚国的人质，让楚太子做秦国的人质，让秦女做大王侍奉洒扫之妾，并献出万户大邑，作为大王的汤沐邑，从此秦、楚两国永远结为兄弟之邦互不侵犯，如果真是这样的话，我认为没有比这更有利于楚国的了。"楚王于是与秦国建立了友好关系。

【评析】

六国与秦，势同水火，迫于形势六国才合纵联合，并力抗秦。狡猾的秦国在六国联盟的强大攻势面前，偃旗息鼓，固守关中，这给联盟的瓦解提供了外部条件。根深蒂固的不信任，使得合纵联盟从一开始便矛盾重重，危机四伏。六国合纵如同群狼聚合，短暂的和平将昔日被欺凌、被倾轧的阴霾一扫而光，他们也该各自走散了。合纵联名风雨飘摇，败势已成定局，楚王明知此理，想抢占先机，率先与秦国连横。

9.说韩王，明利弊

【经文】

张仪如韩，说韩宣王曰："韩地险恶，山居，五谷所生，非菽①而麦；地方不过九百里，无二年之食。料大王之卒，悉举不过三十万，而厮徒负养②在其中矣。今秦带甲百万，车千乘，骑万匹，虎贲之士，跿跔科头③，贯颐奋戟者，不可胜数。山东被甲蒙胄以会战，秦人捐甲徒裼④以趋敌，左挈人头，右挟生虏。秦逐山东之卒，犹孟贲之与怯夫；以轻重相压，犹乌获之与婴儿。

"诸侯不料地之弱、食之寡，而听纵人之甘言好辞，比周以相饰，诳误其主，无过此者。大王不事秦，秦下甲据宜阳，断韩之地；东取成皋、荥阳，则鸿台之宫、桑林之苑，非王有也。夫塞成皋，绝上地，则王之国分矣。故为大王计，莫如为秦。秦之所欲，莫如弱楚，而能弱楚者莫如韩。非以韩能强于楚也，其势然也。今西面而事秦以攻楚，秦王必喜。夫攻楚而私其地，转祸而悦秦，计无便于此者。"宣王听之。

张仪说齐湣王曰："天下强国无过齐者，大臣父兄殷众富乐，然为大王计者，皆为一时之说，不顾百代之利。纵人说大王者，必曰：'齐西有强赵，南有韩、梁，齐负海之国也，地广民众，兵强士勇，虽有百秦，将无奈齐何也！'大王贤其说，而不计其实。

"臣闻齐与鲁三战，而鲁三胜，国以危亡随其后，虽有战胜之名，而有破亡之实，是何也？齐大而鲁小也。今秦之与赵也，犹齐之与鲁也。今秦、楚嫁女娶妇，为昆弟之国；韩献宜阳，魏效河外，赵入朝歌⑤、渑池⑥，割河间以事秦。大王不事秦，秦驱韩、梁攻齐之南地，悉赵兵渡清河，指博关、临淄、即墨非王有也。国一旦见攻，虽欲事秦，不可得也。是故愿大王熟计之。"齐王许之。

【注释】

①菽：豆子。

②厮徒负养：指军队后勤的各种人员。

③跿跔科头：不带头盔而深入敌人内部的人。

④捐甲徒裼：脱去铠甲，光着胳膊。

⑤朝歌：原商王朝都邑，在今河南安阳。

⑥渑（miǎn）池：在今河南渑池县。

【译文】

张仪到达韩国游说韩王说："韩国地势险恶，百姓多居山地，出产的粮食，不是麦子就是豆子；土地方圆不到九百里，有粮不够两年。预料大王的士卒连烧火做饭、养马、做杂役的统统在内总共不过三十万。而秦国有战士百余万，战车千辆，战马万匹，勇猛的战士，不穿鞋、不戴盔、弯弓、持戟，奋不顾身的，不计其数。六国士卒作战时要穿上铠甲，戴上头盔，而秦国士卒不穿铠甲，赤膊上阵，冲向敌人，他们左手提着人头，右臂挟着俘虏。秦国士卒与六国士卒相比，就像无敌勇士孟贲与懦夫相比一样；秦国重兵压向六国，更像大力士乌获对付婴儿一样。

各国诸侯不估计自己兵力之弱，粮食之少，却听信主张合纵联盟的游说之士的花言巧语，他们互相勾结，自我标榜，欺骗君主，没有比这更厉害的了。如果大王不侍奉秦国，秦国就会出兵占据宜阳，切断韩国上党的交通，东面占据成皋、荥阳，那么鸿台离宫、桑林御苑就不再为大王所有了。如果封锁了成皋，切断了上党要道，那大王的国家就被割裂了。因此，为大王考虑，不如去侍奉秦国。秦国的愿望，就是要削弱楚国，而能削弱楚国的，只有韩国。这并不是因为韩国比楚国强，而是韩国的地形使它有这种优势。现在，大王如果往西讨好秦国而又去进攻楚国，秦王一定高兴。那么，进攻楚国而独据楚地，转祸为福而取悦于秦王，任何计谋也没有比这更有利的了。"韩宣王听信了张仪的话。

张仪又到齐国游说齐王，说："天下强国没有哪一国能超过齐国，朝廷大臣、宗室贵族，势众而富有，也没有哪一国能超过齐国。可是，给大王出谋划策的人，只看到眼前利益，而不顾及万世的长远利益。主张合纵策略的人游说大王，他们一定会说：'齐国西有强赵，南有韩、魏，是一个靠海的国家，地广人众，兵强士勇，即使有一百个秦国，对我们也没有办法。'大王只欣赏他们的一番游说之辞，而不去考察实际效果。

"我听说，齐国与鲁国三次交战，鲁国虽三次取胜，可是鲁国却处境危险，而亡国之祸接踵而来，虽然名义上胜利了，实际上却有亡国之祸，这是为什么呢？因为齐国大而鲁国小。现在，赵国跟秦国就相当于鲁国跟齐国。现在，秦国嫁女，楚国娶妇，两国结为兄弟之国。韩国献出宜阳，魏国献出河外，赵国在渑池朝秦，献出河间，向秦国表示友好，大王如果不向秦国表示友好，秦国就会迫使韩、魏南面进攻齐国，赵国就动员大军渡过清河、漳水，直指博关，而临淄、即墨就不会为大王所有了。齐国一旦遭到进攻，那时想要向秦国表示友好，也不可能了。所以，希望大王深思熟虑啊！"齐王同意了张仪的主张。

【评析】

张仪游说各国，所用的方法各不相同。田成子篡齐以来，齐王对大臣们有一种近乎本能的不信任感。张仪极力阐述齐国大臣目光短浅，实际上是暗示齐王：你的大臣都在为自己着想。所以，与其说张仪的言辞打动了齐王，不如说是张仪的话印证了齐王的猜疑心理。

张仪游说艺术的一个最大特点是能实事求是。他以齐、鲁来比秦、齐，是非常符合当时客观实际的。战争，不仅是战略、战术、战备的较量，更主要的还是国家经济实力的较量。事实胜于雄辩，只有用这种客观的分析才能使齐国国君低头。

10.燕赵违，合纵分

【经文】

张仪说赵王曰："敝邑①秦王使臣效愚于大王。大王收天下以宾秦，秦兵不敢出函谷关。是大王之威，行于山东。敝邑恐惧慑伏，缮甲厉兵，唯大王有意督过之也。今以大王之力，举巴、蜀，并汉中，包两周②，迁九鼎③，守白马之津④。秦虽僻远，然而心忿含怒之日久矣。今有敝甲凋兵，军于渑池，愿渡河，据番吾，会战邯郸之下。以甲子合战，以正殷之事。故使臣先以闻于左右。

"凡大王之所信为纵者，恃苏秦。苏秦荧惑诸侯，以是为非，以非为是，欲反覆齐国，而自令车裂于市。夫天下之不可一混齐亦明矣。今楚与秦为昆弟之国。而韩、梁称为东藩之臣，齐献鱼盐之地，此断赵之右臂也。夫断右臂而与人斗，失其党而孤居，求欲无危，岂可得乎？今秦发三军：其一军塞午道，告齐使兴师，渡河军于邯郸之东；一军军于成皋，驱韩、梁军于河外；一军军于渑池，约四国而击赵。赵服，必四分其地，是故不敢匿意隐情，先以闻于左右。臣窃为大王计，莫如与秦王遇于渑池，面相见而口相约。请按兵无攻，愿大王之定计。"赵肃侯许之。

张仪说燕昭王曰："大王之所亲信，莫如赵。昔赵襄子尝以其姊为代王妻，欲并代，约与代王遇于勾注之塞。乃令工人作为金斗，长其尾，令可以击人。与代王饮，阴告厨人曰：'即酒酣乐，进热啜，反斗以击之'。于是酒酣乐，取热啜⑤。厨人进斟，因反斗击代王，杀之，肝胆涂地。其姊闻之，因磨笄以自杀。至今有磨笄之山，天下莫不闻。夫赵王之狼戾无亲⑥，大王之所明见。且以赵为可亲乎？赵兴兵攻燕，再围燕都，而劫大王，大王割十城以谢，今赵王已入朝渑池，效河间以事秦。今大王不事秦，秦下甲云中、九原，驱赵而攻燕，则易水、长城，非王有也。今王事秦，秦王必喜，赵不敢妄动，是西有强秦之援，南无齐、赵之患，是故愿大王熟计之。"燕王听张仪，张仪归报秦。

【注释】

①敝邑：敝国。

②两周：分别指东周和西周两个王室的所在地。

③九鼎：一种容器，被古人认为是国家权威的最高象征。

④白马之津：古黄河津渡，在今河南滑县东南。

⑤热啜：热汤。

⑥狼戾无亲：心狠手辣，六亲不认的意思。

【译文】

张仪游说赵王说："敝国秦王特派我冒昧地给大王献上国书。大王统帅诸侯，对抗秦国，秦国不敢向函谷关以东出击。大王威震诸侯，秦国恐惧而顺服，我们修缮武器装备，整顿战车战马，操练骑射，只想着大王有意责备我们的过错。现在，秦国得大王之力。西面攻下巴、蜀，兼并汉中；东面收纳两周，据有国宝九鼎，扼守白马要津。秦国虽然地处僻远，但是久已心怀愤怒。现在敝国秦王只有破铠甲、钝兵器，驻扎在渑池，要渡过黄河，越过漳河，据守番吾，希望于甲子之日与赵军会战于邯郸城下，仿效武王伐纣的故事，所以派使节先告知你的左右臣下。

"过去大王听信合纵之策，相信苏秦的计谋。苏秦惑乱诸侯，以是为非，以非为是，阴谋颠覆齐国，未能得逞，自己被车裂于齐国集市上。诸侯不可能结成联盟，已是显而易见的。现在，楚国与秦国结为兄弟友邦，而韩、魏两国臣服于秦，成为

144

秦国东面的属国，齐国也贡献鱼盐之地，这是断了赵国的右臂，砍断了右臂，还想要与人相斗；失去盟国，孤立无援，要想没有危险，这怎么可能呢？现在秦国派出三路大军：一路把守干道，通知齐国，使其派出大军，渡过清河，驻扎在邯郸以东；一路驻扎在成皋，驱使韩、魏两国驻军于河外；一路驻军于渑池，四国相约共同进攻赵国。赵灭以后，必定四分其地，因此我内心不敢隐瞒，事先通知陛下。我私下为大王考虑，不如和秦王会晤于渑池，当面交换意见，亲自决定问题。我请求秦王停兵不进攻赵国，希望大王裁决。"赵肃侯听从了他的劝说。

张仪又去游说燕王："大王最亲近的诸侯莫过于赵国。从前赵襄子把他的姐姐嫁给代国国君为妻，想要吞并代国，他约定和代王在边塞勾注会晤。就要工匠做了一把大铜勺，把勺子把儿做长了一些，可以用来打人。赵襄子和代王宴饮，事先暗中告诉厨师说：'等到酒兴正浓的时候，端上热汤，立即翻倒，用勺底打死代王。'当时，酒兴正酣，厨师就端上热汤，在接热汤的时候，厨师上前倒了热汤，乘势倒翻，用勺底打死了代王，代王的脑浆涂了一地。他的姐姐听说后，把自己的簪子磨尖自杀而死。所以到现在还有个磨笄山，天下无人不知。赵武灵王心狠手辣，六亲不认，大王已清楚地了解。难道以为赵王是可以亲近的吗？赵国发兵进攻燕国，两次围困燕都，胁迫大王，大王割地给他十座城赔罪，这才撤兵。现在赵王已经到渑池去朝拜秦王，献上河间来讨好秦国。如果赵王不讨好秦国，秦国出兵云中、九原，迫使赵国进攻燕国，那么，易水和长城就不会为大王所有了。如果大王投靠秦国，秦王一定高兴，而赵国又不敢轻举妄动，这样，燕国西边就有强秦的援助，南边就没有齐、赵的祸患了。所以希望大王深思熟虑。"燕王听从了张仪的话。张仪回去向秦王报告情况。

【评析】

赵武灵王两次围困燕都，索城十余座才撤兵。面对如此屈辱，燕王忍而不发，是因为他知道，弱燕向强赵寻仇无异于以卵击石，一口怨气事小，安邦存国事大。燕国要想存在，必须维系好与强邻赵国的关系。如今，赵国既然已经与秦国交好，那自己又怎敢得罪秦王呢？况且，与秦连横，可以带来更大的安全保障，何乐而不为呢？

英国史学家罗伯特说得好："我们没有永恒的朋友，也没有永恒的敌人，只有永恒的利益。"由此可见，政治行为的唯一动机也是最高原则就是利益，对任何事物的取舍判断都取决于它。

11.秦汉衰，尽数除

【经文】

于是楚人李斯、梁人尉缭①，说于秦王曰："秦自孝公已来，周室卑微，诸侯相兼，关东为六国，秦之乘势侵诸侯，盖六代矣。今诸侯服秦，譬若郡县。其君臣俱恐，若或合纵而出不意，此乃智伯②、夫差③、湣王④所以亡也。愿王无爱财，赂其豪臣，以乱其谋。秦不过亡三十万金，则诸侯可尽。"秦王从其计，阴遣谋士赍金玉以游诸侯。诸侯名士，可与财者，厚遗给之；不肯者，利剑刺之。离其君臣之计，乃使良将随其后，遂并诸侯。

秦既吞天下，患周之败，以为弱见夺，于是笑三代，荡灭古法。削去五等，改为郡县，自号为皇帝，而子弟为匹夫。内无骨肉本根之辅，外无尺土蕃翼之卫。吴、陈奋其白梃，刘、项随而毙之。故曰：周过其历，秦不及其数，国势然也。

汉兴之初，海内新定，同姓寡少，惩亡秦孤立之败，于是割裂疆土，立爵二等。功臣侯者，百有余邑。尊王子弟，大启九国⑤，国大者，跨州兼郡，连城数十，可谓矫枉过正矣。然高祖创业，日不暇给。孝惠享国之日浅，高后女主摄位，而海内晏然，无狂狡之忧。卒折诸吕之难，成太宗之基者，亦赖之于诸侯也。

夫原本以末大，流滥以致溢，小者淫荒越法，大者睽孤横逆，以害身丧国，故文帝采贾生⑥之议，分齐、赵；景帝用晁错⑦之计，削吴、楚。

武帝施主父之策，"推恩之令"。景遭"七国之难"，抑诸侯，减黜其官；武有淮南衡山之谋，作左官之律⑧，设附益之法⑨。诸侯唯得衣食租税，不与政事。至于哀、平之际，皆继体苗裔，亲属疏远，生于帷墙之中，不为士民所尊。故王莽知汉中外殚微，本末俱弱，无所忌惮，生其奸心。因母后之权，假伊、周之称，专作威福。庙堂之上，不降阶序而运天下。诈谋既成，遂据南面之尊，分遣五威之吏，驰传天下，班行符命⑩。汉诸侯王蹶角稽首，奉上玺绂，唯恐居后，岂不哀哉？及莽败，天下云扰。

【注释】

①尉缭：战国时期政治家，十分精通兵法。

②智伯：即智瑶，是春秋末期晋国四卿之一。

③夫差：春秋时期吴国国君。

④湣王：即齐湣王。

⑤九国：即燕、代、刘、赵、梁、楚、荆、淮南、淮阳。

⑥贾生：即贾谊，西汉杰出的政治家、文学家。

⑦晁（cháo）错：西汉杰出的政治家。

⑧左官之律：汉武帝颁布的一项法令，内容为：凡是在诸侯国任官者，地位低于中央任命的官吏，不能在中央任职。

⑨附益之法：也是汉武帝颁布的一项法令。法令严禁诸侯王国的官吏与诸侯串通一气，结党营私。

⑩班行符命：颁布新法令。

【译文】

张仪连横成功后，楚国人李斯、魏国人尉缭，劝秦王说："自从秦孝公以来，周王室日渐衰微，诸侯相互兼并，函谷关以东地区分化为六国，秦国乘胜侵略诸侯各国，已经六代了。现在诸侯臣服于我国，如同郡县听从中央一样。诸侯各国君主、臣子都非常害怕秦国，假如一旦有人提出合纵对抗秦国，那我们就前功尽弃了。智伯、夫差、闵王就是被胜利冲昏了头脑；没有提防意外情况才失败的。希望大王你不要吝惜金钱，拿出金银财宝去贿赂各国的权豪势要，扰乱他们的国家政治。秦国花费的不过是区区三十万两黄金，可是换来的将是六国灭亡，一统天下的局面。"秦王听从了他们的计策，暗地里派遣谋士携带大量的金银财宝到各国活动。诸侯各国的知名人物，接收财物的，就重金交结；不肯接受的，就派人暗杀。先使六国君臣离心，然后派良将率大兵征伐。于是统一了六国。

秦国吞并了天下以后，总结周朝灭亡的原因，认为是因为周朝统治薄弱才亡国的。所以废除分封旧制，一改古法，设置郡县。秦王嬴政自封为"皇帝"而把子弟视作普通百姓，不加封赐。朝廷内没有骨肉同胞的辅佐，国家中缺少诸侯藩屏的护卫，一旦陈胜、吴广起义在前，项羽、刘邦举兵在后，秦朝很快就土崩瓦解了。所以说：周朝的历法制度是有过失的，但秦国相对于周朝是有过之而无不及，国家最终灭亡也是必然的。

汉初，海内刚刚平定，同姓的人很少，为了不再重演秦朝由于孤立而败亡的悲剧，于是裂土封疆，分封二等爵位。开国功臣受封达上百个城邑。王室子弟被封为九个诸侯国。大的诸侯国，往往跨州连郡，拥有几十座城池，这样做就矫枉过正了。但是，也应当看到，高祖创业之初，百废待兴，后来孝惠帝在位时间又很短，接着吕后摄政，这段时间国家一直比较太平，和分封诸侯是分不开的。后来，迅速铲除诸吕外戚集团，成就文帝基业的也全靠了诸侯的力量。

可是随着历史的推移，地方诸侯的权力膨胀，越来越不受中央政府的控制。他们轻则荒淫无耻，违法犯罪；重则明目张胆地举兵造反，对国家政权造成了极大的威胁。于是，汉文帝采纳了贾谊的建议，分散齐、赵等大诸侯国的土地。汉景帝听从了晁错的计策，要革削吴、楚两国同姓王的势力。

汉武帝在传统的削弱地方势力、加强中央集权这个关键性政治问题上，采纳主父偃更为妥当的策略——推恩令。七国之乱后，汉景帝压制诸侯，罢黜大批诸侯所属的官吏。汉武帝时，又发生淮南王衡山叛乱事件，国家制定左官律和附益法，进一步打击了诸侯势力。诸侯只能在自己的封地居住，享受，收租纳税，不能参与国政。到哀帝、平帝时，刘氏侯王世袭相延，亲戚疏远，诸王生活在深墙大院之内，不再受到人们重视了。后汉王室衰微，气数已尽，外戚王莽居心叵测，肆无忌惮，借着太后的权力，假托伊周的名义，作威作福，骄横跋扈。把持政权，俨然一副皇帝的作派。篡夺汉朝天下以后，南面称帝，官分五等，晓谕全国，颁布新法令。可怜一帮汉朝宗王，奴颜卑膝，俯首贴耳，奉符献印，唯恐置后！这种情形不禁令人伤心。王莽失败后，天下便大乱。

【评析】

"金钱攻势"在秦统一六国的最后关头，确实起到了催枯拉朽的作用。政治的核心是人，而金钱的诱惑对每个人都是巨大的。纵观中华五千年历史，政治和财富联姻，这是第一次、也是最为成功的一次。三十万两黄金，不是一个小数目，用它却换来了六国的灭亡，天下的统一。无论从哪个方面来说都是很划算的！

12.汉步臣，魏鉴前

【经文】

光武中兴，纂隆①皇统，而犹遵覆车之遗辙，养丧家之宿疾，仅及数世，奸宄②充斥，率有强臣专朝，则天下风靡；一夫纵横，则城池自夷，岂不危哉？在周之难兴王室也，放命者七臣，干位者三子，嗣王委其九鼎；凶族据其天邑，钲鼙③震于阃宇④，锋镝流于绛阙⑤。然祸止畿甸⑥，害不覃及，天下晏然。以治待乱，是以宣王兴于共和，襄、惠振于晋、郑。岂若二汉阶闼暂扰，而四海已沸；孽臣朝入，而九服夕乱哉。远惟王莽篡逆之事，近览董卓擅权之际，亿兆悼心⑦，愚智同痛，岂世乏曩时之臣，士无匡合之志欤？盖远绩屈于时异，雄心挫于卑势耳。

魏太祖武皇帝躬圣明之姿，兼神武之略，龙飞谯沛⑧，凤翔兖⑨豫，观五代之存亡，而不用其长策；睹前车之倾覆，而不改其辙迹。子弟王空虚之地，君不使之人。权均匹夫，势齐凡庶。内无深根不拔之固，外无磐石宗盟之助，非所以安社稷，为万世之业也。

且今之州牧郡守，古之方伯诸侯，皆跨有千里之土，兼军武之任，或比国数人，或兄弟并据，而宗室子弟，曾无一人闲厕其间，与相维持，非所以强干弱枝，备万一之虑也。时不用其计，后遂凌夷。此周、秦、汉、魏立国之势，是以究其始终强弱之势，明鉴戒焉。

【注释】

①纂隆：继承。

②奸宄：奸佞之人。

③钲鼙：钲，古代军用的一种乐器。鼙，古代军用小鼓。

④阃（kǔn）宇：指门槛、房屋。

⑤绛阙：指皇宫或天子的宫室。

⑥畿甸：京城。

⑦亿兆悼心：让人痛心疾首。

⑧谯沛：前者在今安徽亳州市，后者在今江苏沛县。

⑨兖（yǎn）：在今山东境内。

【译文】

光武中兴，恢复刘氏国统，可是不能借鉴西汉灭亡的经验教训，汉朝由来已久的弊端在东汉没有得到根本的改变。仅仅数世，就奸佞充斥，腐败不堪。一有奸臣专权，趋炎附势之人就纷纷投靠；一旦有叛乱发生，守城的官吏就不战而逃。东汉的天下还能没有危险吗？周朝时，辅政大臣七人，摄政大臣三人，周王授以九鼎，委以重任。叛乱分子即使占据首都，战鼓敲得连内宫都听得见，乱箭从皇宫上方飞过，祸乱也仅仅局限在京师附近，不会波及天下，国家总的来说是太平的。通过治理的办法来防止祸患的发生，所以周宣王能在"国人暴动"之后再兴周室，中兴在"共和"时期，襄王、惠王才能够借助晋国和郑国的力量重振伟业。不像二汉，朝廷稍有风吹草动，国家就乱成一锅粥；逆臣贼子早晨刚一做乱，文武大臣晚上就吓得手忙脚乱，不知所措了。远有王莽篡权，近有董卓专权，实在是令人痛心疾首。难道国家缺乏治世之能臣，士大夫们没有救世之志吗？不是，只不过时代不同了，壮志是有，无奈地位太低，难以实现雄才大略罢了。

魏太祖曹操，英明睿智，文武兼备，考察历史上各政权的存亡之道，却不能扬其长避其短，目睹了前朝灭亡的悲剧，却不加以鉴戒。没有曹氏子弟据守的地方，他不派宗室子弟去统治。令宗室子弟势同平民百姓。对内缺少大树深根一样巩固的局势，对外没有坚如磐石的宗族同盟的支持，这不是用来安定社稷、建立万世功业的长远办法啊。

现在的州牧郡守，古代的方伯诸侯，全都跨地千地，集军政大权于一身，或几个人结成一个政治小集团，或兄弟几个割据一方，而宗室子弟，没有一个人参与其中和他们相抗衡。这倒不是为监督控制，加强统治，而是为了防备万一。事前不想好妥善处理的办法，事发之后恐怕就要遭其祸。以上是周朝、秦朝、汉朝、曹魏立国时的形势，探究历史兴亡强弱发展演变的道理，是为了让今天的人们加以借鉴。

【评析】

任何社会政治制度都是属于特定时代的产物。它们在产生之初，都曾推动过社会的发展，而在后期又无一例外地变成人类文明前进道路上的绊脚石。政策、法规、体制、思想本身无所谓好坏优劣，全在人的运用，用得好便存在，用得不好就被淘汰。历史是发展的，人类不可能创造出一种万世恒通的制度，唯有常变才能常通。

卷六

三国权十九

都城过百雉，国之害。大都偶国，乱之本。

1.天地时，莫若人

【经文】

论曰：臣闻昔汉氏不纲，网漏凶狡。袁本初①虎视河朔，刘景升②鹊起荆州，马超、韩遂③雄据于关西④，吕布、陈宫窃命于东夏，辽河、海岱，王公十数皆阻兵百万，铁骑千群，合纵缔交，为一时之杰也。然曹操挟天子以令诸侯，六七年间，夷灭者十八九，唯吴、蜀蕞尔⑤国也。以地图按之，才四州之土，不如中原之大都。人怯于公战，勇于私斗，轻走易北，不敌诸华之士。角长量大，比才称力，不若二袁、刘、吕之盛。此二雄以新造未集之国，资逆上不侔之势，然能抚剑顾眄，与曹氏争衡；跃马指麾，而利尽南海，何哉？则地利不同，势使之然耳。故《易》曰："王侯设险以守其国。"古语曰："一里之厚，而动千里之权者，地利也。"故曹丕临江，见波涛汹涌，叹曰："此天所以限南北！"刘资称南郑⑥为"天狱"，斜谷⑦道为"五百里石穴"，稽诸前志，皆畏其深阻矣。虽云天道顺，地利不如人和，若使中材守之，而延期挺命可也，岂区区艾、濬⑧得奋其长策乎？由是观之，在此不在彼。於戏！智者之虑，必杂于利害。故"不尽知用兵之害，则不能知用兵之利"，有自来矣。是以采摭其要，而为此权耶。夫囊括五湖，席卷全蜀，庶知害中之利，以明魏家之略焉。

【注释】

①袁本初：即袁绍。

②刘景升：即刘表，东汉末期为荆州刺史。

③马超、韩遂：二人在东汉末期占据凉州。

④关西：在汉代，泛指函谷关以西的地区。

⑤蕞（zuì）尔：形容很小。

⑥南郑：今陕西汉中市。

⑦斜谷：山谷名称，在今陕西终南山。

⑧艾、濬：即邓艾、王濬，前者是曹魏大将。后者是西晋大将。

【译文】

据说东汉末年朝纲废弛，群雄逐鹿。袁绍想夺取河北，刘表在荆州起兵，马超、韩遂雄据关西，吕布、陈宫占领东夏，辽西、渤海、山东一带，十几路诸侯屯兵百万，缔结盟约，成为一时的英雄豪杰。然而，曹操"挟天子令诸侯"。用了六七年的时间，诸侯十有八九被消灭，只剩下吴和蜀两个小国了。从地图上看，吴蜀两国只有四个州的地盘，比不上中原的一个大都城。那里的人作战无勇，只会私下斗狠，在战斗中动辄溃败，不足以和中原人相匹敌。在力量和才智上他们（指吴、蜀）也不如袁绍、刘表、吕布强盛，但他们在不利于自己的政治形势下，凭着刚刚建立的弱小国家的力量，能够拒守西蜀和江南，与曹操抗衡，这是为什么呢？这就是地利不同，形势所致。所以《周易》说："王侯凭天险来固守国家。"古语说："方圆一里的地方，却动用了夺取千里之地的权谋，这就是地利在起作用。"所以

曹丕面对长江，看到汹涌的波涛，感叹说："这是上天设置的南北界线啊！"刘资把南郑称为"天狱"，把斜谷的道路称为"五百里石穴"，查阅众多的史料，都记载了它的险阻幽深。虽然说顺应天时，但地利不如人和重要。假如吴、蜀有一个中等才能的人统治，就完全可以避免过早灭亡的命运，怎么能让小小的邓艾、王濬攻占，建立赫赫大功呢？由此看来，胜负的关键在于人和，不在地利。唉！有智之士的谋划，一定会全面权衡利害关系。所以说："不懂得用兵的险恶，就不能够发挥用兵的作用。"这是自古以来的普遍规律啊！因此，我选取了三国权谋的精要，而做了这些分析，目的是使后人从魏、晋统一中原、灭亡蜀国的事件当中明白用兵的利害关系，从而懂得曹魏的权谋。

【评析】

三国时期的吴国有长江之险，蜀国有剑阁之阻，可谓是占尽地利，又因为初期的天时、人和，所以能使得曹操在赤壁之战中大败，使得司马懿疲于奔命。但是，数十年之后，因"人"之因却最终亡国。

以史为鉴，一个人即使占尽天时、地利、人和，若没有真实的才能，也只能辉煌一时，最终会沦为平庸。

2.拒诤言，国危亡

【经文】

天帝布政，房心致理参伐①。参伐则益州分野。按《职方》则雍州之境，据《禹贡》则梁州之域，地方五千里，提封四十郡，实一都会也。故古称"天府之国"，沃野千里，其有以矣。

王莽末，公孙述据蜀。益部功曹李熊说述曰："方今四海波荡，匹夫横议②，将军割据千里，地什③汤、武，若奋发威德，以投天隙，霸王之业成矣。今山东饥馑，人民相食，兵所屠灭城邑丘墟。蜀地沃野千里，土壤膏腴，果实所生，无谷而饱。女工之业，覆衣天下，名材竹干，器械之饶，不可胜用。又有鱼盐、铜铁之利，浮水转漕④之便。北据汉中，杜褒斜之隘；东守巴郡，拒捍关之口。地方数千里，战士不下百万。见利则出兵而略地；无利则坚守而力农；东下汉水，以窥秦地；南顺江流，以震荆扬。所谓用天因地，成功之资。今君王之声闻于天下，而位号未定，志士狐疑。宜即大位，使远人有所归依。"建武元年四月，遂自立为天子，号"成家"，色尚白⑤。

自更始败后，光武方事山东，未遑西伐。关中豪杰多拥众归述。其后平陵人荆邯见东方将平，兵且西向，说述曰："兵者，帝王之大器，古今所不能废也。隗嚣遭遇运会⑥，割有雍州，兵强士附，威加山东。不及此时推危乘胜，以争大命，而返欲为西伯之事，假武息戈，卑辞事汉，喟然自以武王复出也。今汉帝释关陇之忧，专精东伐，四分天下而有其三。使西州豪杰，咸居心于山东。发间使，招携贰，则五分而有其四。若举兵天水，必至沮溃。天水既定，则九分而有其八。陛下以梁州之地，内奉万乘，外给三军，百姓愁困，不堪上命，将有王氏自溃之变。臣之愚计以为，宜及天人之望未绝，豪杰尚可招诱，急以此时发国内精兵。令田戎据江陵，临江南之会，倚巫山之固，筑垒坚定，传檄吴楚，长沙以南，必随风而靡；令延岑出汉中，定三辅、天水，陇西拱手自服。如此海内震摇，冀有大利。"述不听邯计。光武乃使岑彭、吴汉伐蜀，破荆门，长驱入江关。军至成都，述出战，兵败被刺，洞胸死，夷述妻子，焚其宫室。

【注释】
①房、心、参、伐：都是星宿名。
②横议：比喻不切实际的空谈。
③什：即十。
④浮水转漕：泛指水上交通。
⑤色尚白：以白色为贵。
⑥遭遇运会：趁着机会。

【译文】
天帝布置政局，房、心合该治理参、伐，参、伐的分野就是益州。蜀地按照《职方》记载在雍州境内，根据《禹贡》记载是梁州地域，方圆有五千余里，境内共有四十多个郡县，可以算得上一个诸侯国了。所以，古代把益州称为"天府之国"，是因为它不仅土地肥沃广大，而且已经有悠久的发展历史。

王莽统治末年，公孙述占领蜀地。益州功曹李熊劝公孙述说："当今全国动荡，眼光短浅的人只懂得空谈，将军你割据的千里之地，十倍于商汤和周武王。如果能够奋发有为，取信于民，利用天赐的良机，就可以成就霸业。现在崤山以东正闹饥荒，老百姓骨肉相残，遭过兵祸的城邑变成了废墟。蜀地广阔的肥田沃土，盛产各种水果，百姓即使无粮也可以填饱肚子。女工纺织的衣服，足够天下人的穿用，名贵的木材、竹子和各种丰富的器械，用也用不完。人民还有打渔、制盐、冶铜炼铁和水上运输的便利条件。在军事上，向北可以凭借褒城、斜谷的险阻，向东可以占据巴郡，把守住捍关。我们有方圆千里的土地，有不低于百万的雄兵。抓住有利时机，可以出兵攻城略地；没有机会就坚守城池，发展农业；出兵汉水可以伺机夺取秦地；顺江南下，可以威慑荆扬。这就是所说的取得成功所依靠的天时和地利。现在你的声名天下人都知道了，但是帝位还未建立，有才能的人还在犹豫不决。你应当及早建位称号，使人们找到归顺的依托。"于是东汉建武元年四月公孙述就自立为天子，改国号为"成家"，以白色为贵。

刘玄失败后，光武帝刘秀正在崤山以东积蓄力量，还没有顾上征讨西南，关中的英雄豪杰大多归顺了公孙述。在此之后，平陵人荆邯看到如果刘秀平定中原，大军立即就会讨伐西南，劝公孙述说："军队是古今帝王成就大业的关键，不能轻易放弃不用。隗嚣乘此机会，割据了雍州，兵强马壮，有志之士都愿意投奔，正威慑崤山以东的刘秀，你不在这个时候乘胜出兵，与刘秀一同争夺天下，却退守西蜀，迟疑不进，想效仿西伯侯的做法，不事习武用兵，谦卑地侍奉汉君，慨叹汉君刘秀是周武王复出。现在刘秀放下汉中、益州的忧患，一心一意在平定山东之乱，天下已经得到了四分之三。致使西部州郡的英雄豪杰，都对崤山以东的刘秀心向往之，刘秀派出离间的使者，招收心怀二心的人，天下实际已经得到了五分之四。刘秀如果派兵攻打天水，必然会使我方土崩瓦解，天水关一旦被占领，天下已经得到九分之八。君王你依靠梁州的土地，负担国家机构的各项开支和三军的粮饷，老百姓贫困不堪，怨声载道，将来恐怕会发生王凤那样的内乱。依我的愚计，趁百姓还没有对你彻底失望，英雄豪杰还可以招纳，赶快派遣国内精兵。命令田戎镇守江陵，在江南凭借巫山天险，坚固城池，把征讨的文书发到吴楚一带。长沙以南地区，一定会闻风归顺。命令延岑出兵汉中，平定三辅、天水，关西地区的人民必然拱手称臣，这样一来，就会使全国形势发生重大变化，就有可能形成极为有利的局面。"公孙述不听荆邯的计策。后来光武帝刘秀派遣岑彭、吴汉征讨蜀地，攻克荆门，大军长驱直入江关。到达成都，公孙述出城迎战，刚开始交手就战败，被箭穿心肺而死，公孙述的妻子儿女都被俘虏，宫室被焚烧。

【评析】

"良药苦口利于病，忠言逆耳利于行"是至理名言。

公孙述一心想称王，但却不听良言，对百姓横征暴敛，最后落得个国家败亡的结局。而唐代皇帝李世民善于听取忠言，所以能取得"贞观之治"。

3.孔明出，孙刘合

【经文】

至灵帝①时，政理衰缺，王室多故，雄豪角逐，分裂疆宇。以刘焉为益州牧。焉死，子璋立。为刘备所围，遂降。

初，刘备为豫州②牧也。为曹公所破，走屯新野③。

闻诸葛亮躬耕南阳④，乃三诣亮于草庐之中，屏人言曰："汉室倾颓，奸臣窃命，主上蒙尘，孤不度德量力，欲信大义行于天下，而智术浅短，遂用猖獗，至于今日，然意犹未已。君谓计将安出？"亮答曰："自董卓已来，豪杰并起，跨州连郡者，不可胜数。曹操比于袁绍，名微而众寡，然遂能克绍，以弱为强者，非唯天时，抑亦人谋也。今操已拥百万之众，挟天子而令诸侯，此诚不可与争锋。孙权据有江东，已历三代，国险而民附，贤能为用，此可与为援，而不可图也。荆州北据汉、沔，利尽南海，东连吴会，西通巴、蜀，此用武之国，而其主不能守，此殆天所以资将军也。益州险塞，沃野千里，天府之国，高祖因之以成帝业。刘璋暗弱，张鲁⑤在北，民殷国富，而不知恤，智能之士，思得明后。将军既帝室之胄，信义著于四海，总览英雄，思贤如渴。若跨有荆益，保其岩阻，西和诸戎，南抚夷越，结好孙权，内修政理。天下有变，则命上将将荆州之军，以向宛、洛；将军身率益州之众，出于秦川⑥，百姓孰不簟食壶浆，以迎将军者乎？诚如是，则霸业可成，汉室可兴矣。"时曹公破荆州，先主奔吴。

备用亮计，结好孙权，共拒曹公于赤壁，破之。曹公北还，权乃以荆州业备。

【注释】

①灵帝：东汉灵帝刘宏。

②豫州：汉州名。

③新野：汉县名。

④南阳：汉郡名。

⑤张鲁：农民起义首领。

⑥秦川：古地名，在今陕西及甘肃以北的平原一带。

【译文】

到了东汉灵帝时候，王室衰微，统治不力，地方豪强势力各霸一方，斗争激烈。灵帝封刘焉作益州牧。刘焉死后，他的儿子刘璋承袭了益州牧之职。后来，刘璋被刘备围困，投降了刘备。

当时，刘备任豫州牧。被曹操击败，退守在荆州新野县安身。

刘备听说诸葛亮在南阳隐居，就三次去请诸葛亮出来辅佐。刘备在茅庐中见到诸葛亮后说："汉王室衰败，奸臣窃取了君权，致使君王蒙受了耻辱。我不顾自己的德行和能力，想要在天下伸张正义，可是我智谋短浅，才能缺乏，直到现在还是无所作为，请问先生该怎么办？"诸葛亮回答说："从董卓弄权以来，豪杰纷纷起兵，能够割据州郡的诸侯也有很多。曹操和袁绍相比，名声小而且兵力少，然而曹操却能击败袁绍，由弱变强，这除了天时之外，更重要的还是人的智谋啊！现在曹操已经拥有了百万军兵，挟天子而令诸侯，这种形势下就不能再和其一争高下了。孙权占有江东地区，已经经历了三代，地势险要，百姓十分拥护，有才能的人都能被重用，可以成为我们的外援，但不可谋求夺取。荆州四通八达，既是交通要道，也是战略要地，它的主人却没有能力去守住它，这是上天赐给将军的宝地啊！益州险要，与周围阻隔，肥沃的千里土地，素有"天府之国"的美称，汉高祖昔日凭着它成就了帝王的霸业。刘璋懦弱无力，张鲁在北面时刻想伺机夺取。益州物产丰富，但刘璋不懂得爱护百姓，有智之士都在渴望得到贤明的君主。将军你是王室的后代，仁德之名天下人都知道，能够广召天下英雄，十分重视有才能的人，如果占有荆州和益州，向西南相邻的少数民族交好，对外与孙权缔结盟约，对内实行仁政，一旦形势有利，可以派上将率领荆州的军队进攻宛城、洛阳，将军你自己亲率益州的大军夺取秦川，百姓谁不夹道欢迎你的队伍呢？如果真能这样的话，那么霸业可以成就，汉室就可以复兴了。"后来，曹操占领了荆州，刘备败退到东吴境内。

刘备采纳了诸葛亮的策略，与孙权交好结盟，孙刘联合，在赤壁击败曹操的百万大军。曹操退回中原后，孙权就把荆州借给了刘备。

【评析】

孙刘联合抗曹，得益于诸葛亮的谋略，当然双方共同的利益基础也是不可忽视的。而刘备成就一方霸业的序幕也从此拉开，可以说没有诸葛亮，三国时期的历史肯定会是另外一番模样。

4.听庞统，备称帝

【经文】

庞统①说备曰："荆州荒残，人物殚尽。东有吴孙，北有曹氏，鼎足之计，难以得志。今益州国富人强，户口百万，郡中兵马，所出毕具，宝货无求于外。今可权借以定大事。"备曰："今指与吾为水火者，曹操也。操以急，吾以宽；操以暴，吾以仁；操以谲，吾以忠。每与操反，事乃可成耳。今以小故而失信义于天下者，吾所不取也。"统曰："权变之时，固非一道所能定也。兼弱吞昧，五伯之事；逆取顺守，报之以义；事定之后，封以大国，何负于信？今日不取，终为人利耳。"备乃使关羽守荆州，欲自取蜀。

会刘璋闻曹公向汉中讨张鲁，内怀恐惧。别驾②张松说璋曰："曹公兵强，无敌于天下。若因张鲁之资，以取蜀土，谁能御之？刘豫州，使君③之宗，而曹公之深仇也。若使之讨鲁，鲁必破。鲁破则益州强，曹公虽来，无能为也。"璋然之，遣法正④迎先主。

先主与璋会涪⑤。璋既还成都，先主当为璋北征汉中。

统后说备曰："阴选精兵，昼夜兼道，径袭成都。璋既不武，又素无豫备，大军卒至，一举便定，此上计也。杨怀、高沛，璋之名将，各仗强兵，据守关头，闻数有笺来谏璋，使发遣将军。未至，遣与相闻，说荆州有急，欲还救之，并使装束，外作归形。此二子俱服将军英名，又喜将军之去，必乘轻骑来见将军，因此执之，进取其兵，乃向成都，此中计也。返还白帝，连引荆州，徐还图之，此下计也。若沉吟不去，将至大困，不可久矣。"先主然其中计。

即斩怀等，自葭萌⑥而还取璋。

时郑度说璋曰："左将军⑦袭我，兵不满万，士众未附，野谷是资，计莫若尽驱巴西、梓潼⑧人，内涪水以西，其仓廪野谷，一皆烧除，高垒深沟，静以待之。彼请战不许，久无所资，不过百日，必将自走。走而击之，则必禽矣。"璋不用度计。先主遂长驱，所过必克，而有巴蜀。

群臣劝先主称尊号，先主未许。诸葛亮曰："昔吴汉、耿纯⑨等劝世祖即帝位，世祖辞让，前后数四。耿纯进言曰：'天下英雄喁喁冀有所望，如不从议者，士大夫各归求主，无为从公也。'世祖感纯言深至，遂然诺之。今曹氏篡汉，天下无主，大王刘氏苗族⑩，绍世而起，即帝位，乃其宜也。士大夫久勤苦者，亦望尺寸之功名如纯言耳。"先主于是即帝位。

【注释】

①庞统：刘备的谋士。

②别驾：古代的一种官名。

③使君：此处指刘璋。汉朝时称刺史为使君。

④法正：刘备的谋臣。

⑤涪（fú）：古时县名。在今四川省涪陵市。

⑥葭萌（jiā méng）：古时县名。在今四川省广元西南。

⑦左将军：此处指刘备。

⑧巴西、梓潼：郡名。

⑨吴汉、耿纯：两人都为东汉开国功臣。

⑩苗族：文中指后裔、后代。现在通常指少数民族苗族。

【译文】

庞统劝刘备说："荆州由于战乱，土地荒芜，人口物产匮乏。在孙权、曹操两大集团的夹击之下，三国鼎立的局面恐怕难以形成。现在益州国富民强，老百姓超过百万，兵马、财物十分丰富，我们可以暂时借以据守，成就大事。"刘备说："当今和我水火不能相容的是曹操，曹操的统治严厉，我的统治和缓；曹操对百姓残暴，我对百姓仁爱；曹操为人狡诈，我为人诚实。常常和曹操相反，才能成就大事。现在要让我因为一点小事在天下人面前失去信义，这是我不愿做的。"庞统说："情况不同就需要有灵活的策略，不能被单方面的道义束缚。兼并小国，吞并昏主的地盘，这是从前春秋五霸所做过的事情。夺取之后，以仁义回报，事定之后再把它封为大国，又怎么能叫失信呢？你现在不夺取益州，将来恐怕要被别人得到。"刘备于是就派关羽守荆州，决定亲自率军夺取益州。

这期间，正好刘璋听说曹操派兵讨伐汉中张鲁，心里十分恐慌。别驾张松劝刘璋说："曹操军兵强盛，天下无人能敌。如果曹操夺得汉中，然后凭借汉中的物产来攻打益州，谁能抵挡得了？刘备是你的同宗兄弟，和曹操有深仇大恨，如果把他请来讨伐张鲁，一定能夺得汉中，从而加强了益州的防御力量，曹操即使来攻，也无能为力了。"刘璋同意张松的意见，派法正前去迎接刘备。

刘备和刘璋在涪城会面后，刘璋回到成都，刘备就去替刘璋征讨汉中张鲁。

庞统后来劝刘备说："我现在有三条计策夺取益州。第一，我们秘密派遣精锐部队，昼夜兼程，直接偷袭成都。刘璋不习武练兵，毫无防备，我军到达后，一战就能夺取成都，这是上策。第二，我听说刘璋的名将杨怀、高沛都握有重兵把守要地，在你还没来之前，就写信劝告刘璋要把我们拒之门外。可以派人散布流言说荆州军情紧急，我们想回救荆州，使军队作出回荆州的样子，这两人都仰慕你的英名，又想让我们回荆州，一定会来与你见面送行，那时把他们抓住，夺了他们的兵马，然后再攻取成都，这是中策。第三，我军返回白帝城，与荆州连接策应，再等机会夺取，这是下策。你如果不果断行事，将会被困在益州，进退两难。"刘备同意了他的中策。

随后设计杀了杨怀等人，从葭萌关南下攻打成都。

这时郑度劝刘璋说："刘备率领不到万人队伍攻打我们，军心不稳定，粮草不充足，依我看不如把巴西、梓潼老百姓迁走，把涪水以西的粮食作物一起烧掉，挖深沟筑高墙，坚守不出。刘备军队会在百日内因供给不足，主动退却，那时我们出击追赶，一定能活捉刘备。"刘璋没有采纳郑度的意见。刘备于是长驱直入，每战必胜，很快就占领了益州。

群臣都劝刘备立号称帝，刘备不答应。诸葛亮说："过去吴汉、耿纯等人劝光武帝承继帝位，光武帝多次推辞谦让。耿纯于是说：'天下的英雄豪杰都希望找到能归依的明君，你如果不听从我们的意见，大家都回去寻找自己的君主，怎么还会跟随你呢？'光武帝被群臣的诚意打动，就同意了。现在曹操篡权，天下没有君王，你是帝王的后代，继承帝位是理所应当的。我们这些人跟随你千辛万苦，是像耿纯说的那样，为了做一番事业啊！"刘备于是就承继了帝位。

【评析】

刘备非常注重人心，为了得到人心，刘备可谓不遗余力，用心良苦。庞统虽然说得很有道理，但刘备考虑得更远的是天下人心的归属，所以他再三辞让。让的结果自然是舍却了实惠，但却得到了"意外"的政治效果。与曹操相比，刘备的策略带有明显的注重人心的色彩："操以急，吾以宽；操以暴，吾以仁；操以谲，吾以忠，每与操相反。"实践证明，刘备在政治上技高一筹。比之于"阿瞒"的"宁教我负天下人，休教天下人负我"，在人心向背上，天下人自然是心系"皇叔"了。

5.再联合，共抗魏

【经文】

时曹公拔汉中。

法正说先主曰："曹操一举降张鲁，定汉中，不因此势以图巴蜀，而留夏侯渊、张郃①屯守，身遽北还，此非其智不逮，力不足也，将内有忧逼故耳。今算渊、郃才略，不胜国之将率，举众往讨，则必克之。克之日，广农积谷，观衅伺隙，上可以倾覆寇敌，尊奖王室；中可以蚕食雍、凉，广境拓土；下可以固守要害，为持久之计。此盖天以与我，时不可失也。"先主善其策，乃率诸将进兵汉中，正亦从行。先主由阳平②南渡沔水，缘山稍前，于定军兴势作营。渊将兵来争其地。正曰："可击矣。"先主命黄忠乘高鼓噪攻之，大破渊军，渊等授首③，遂奄有梁汉。

时魏使夏侯楙④镇长安，蜀将魏延⑤就诸葛亮请兵从褒中出，循秦岭而东，当子午⑥而北，以袭长安，亮不许。

其后吴孙权袭关羽，取荆州。

先主怒吴，伐之败绩。还蜀，至永安⑦而崩。

后主禅即位。

先是，吴主孙权请和。

丞相诸葛亮虑权闻先主殂，有异计，乃遣邓芝修好于权。权果狐疑不时见芝，芝自表请见。权语芝曰："孤诚愿与蜀和亲，然恐蜀主幼弱，国小势逼，为魏所乘，不自保全。以此犹豫耳。"芝对曰："吴、蜀二国，四州之地，大王命世之英，诸葛亮一时之杰也。蜀有重关之固，吴有三江之阻，合此二长，共为唇齿，进可兼并天下，返可鼎足而立，此理势之自然也。大王今若委质于魏，魏必上望大王之入朝，下求太子之内侍。若其不从，则奉辞伐叛，蜀必顺流见可而进。如此，江南之地，非复大王之有也。"权默然良久曰："君言是也。"遂自绝魏，与蜀连和。

【注释】

①夏侯渊、张郃（hé）：二人都是曹操大将。

②阳平：即阳平关，在今陕西勉县老沔县。

③授首：被斩首。

④夏侯楙（mào）：曹操大将。

⑤魏延：蜀汉大将。

⑥子午：古道路名。从关中到汉中的南北通道。

⑦永安：即白帝城。蜀汉以此为防吴重地。

【译文】

后来曹操夺取了汉中之地。

法正劝刘备说："曹操一鼓作气平定了汉中，迫使张鲁投降，没有趁机图谋我国，却留下夏侯渊、张郃驻守汉中，自己立即回到北方。这并不是谋略和兵力不足，而是国内有后顾之忧啊！现在分析夏侯渊、张郃的才能谋略，比不上我国的将帅，如果我们率军征讨，一定会获胜。取得汉中后一边发展农业，积累财物，一边等待机会，一旦机会到手就能上灭亡魏国，复兴汉室，中可以逐渐拓展我们的国土，下可以坚守险要，作为长治久安的根本。这大概是上天要把它赐给我们，不能错过好机会啊。"刘备认为他的话很对，于是率领众将向汉中进军，法正也跟着去了。刘备从阳平关南边渡过沔水河，绕着山往前走不远，在定军山扎下营寨。夏侯渊领兵来争夺营地，法正说："可以出击了。"刘备命令黄忠凭高呐喊进兵，很快击败了对方，夏侯渊在战斗中被杀死。从此，刘备全部占领了梁州、汉中一带地区。

当时，曹操派夏侯茂镇守长安，蜀将魏延向诸葛亮请求率军从褒中出击，顺着秦岭向东，到子午谷后向北偷袭长安，诸葛亮不同意。

在此之后，东吴孙权偷袭荆州关羽，夺取了荆州。

刘备听到关羽被杀的消息，十分恼怒，亲率大军讨伐东吴，大败而回，病死在永安。

后主刘禅继承帝位。

起先是吴国君主孙权派张温前往蜀国，表示愿意交好。

蜀国丞相诸葛亮考虑到孙权听说刘备死后必然心存犹疑，持观望态度，就派遣邓芝出使东吴，与孙权交好。邓芝到了东吴，孙权果然犹豫不定，不及时接见邓芝，邓芝便主动上书求见。孙权对邓芝说："我很想和蜀国亲善和好，但是恐怕蜀主刘禅年龄小，国家不能安定，有被魏同吞并的可能，所以犹豫不决。"邓芝回答说："吴、蜀两国，不过只有四个州的地盘。大王你是盖世英雄，诸葛亮也是当代的豪杰。蜀国有十分稳固的地理条件，东吴有长江天险，把这些有利条件合起来，结为外援，进可以伺机统一天下，退可以形成三足鼎立的局面，这是理所应当的。大王现在如果把人质送到魏国，魏国必然会要求你去朝见，或者让太子去侍奉魏王，如果你不答应，魏国就会以此为名兴兵讨伐，蜀国看到有机可趁，也会顺势东下来攻取，那么江南就不再是你的了。"孙权默默地想了很长时间，说："你的话说得很有道理。"于是主动和魏国断绝关系，和蜀国联合。

【评析】

在群雄纷争的年代，发展是次要的，生存才是首要的。当时孙刘能够联合，完全是因为双方的单独实力都无法与曹操抗衡，而联合起来才能赢得生存。正是基于这样的共同利益，孙、刘才能再次联合，共同抵抗曹操。

6.亮辅政，蜀得立

【经文】

时司徒华歆、司空王朗①等与诸葛亮书，陈天命，欲使举国称藩②。亮不答书，作正议曰："昔在项羽，起不由德，虽处华夏，秉帝者之势，卒就汤镬③，为后来戒。魏不审鉴，今次之矣。免身为幸，戒在子孙。而二三子多逞苏、张诡靡之说，奉进欢兜④滔天之辞，欲以诬毁唐帝，讽解禹、稷，所以徒怀文藻，烦劳翰墨，大雅君子所不为也。又《军志》曰：'万人必死，横行天下'。昔轩辕氏挈卒⑤数万，制四帝，定海内，况以数十万之众，据正道而临有罪，可得干拟者哉！"亮死后，魏令邓艾伐蜀，蜀兵败。后主用谯周⑥策降魏。

晋时，李特⑦复据蜀。

晋桓温灭之。至宋义熙中，谯纵又杀益州刺史毛璩于成都，称成都王。

宋使朱龄石灭之，此蜀国形也。

【注释】

①华歆、王朗：二人皆为曹魏大将。

②称藩：称臣。

③汤镬（huò）：古代用来煮食物的大锅。

④欢兜：传说中的恶人，被舜放逐到崇山。

⑤挈卒：率军。

⑥谯周：蜀汉光禄大夫。

⑦李特：西晋时农民起义领袖。

【译文】

当时魏国的司徒华歆、司空王朗等人，写书信给诸葛亮，说魏国取代刘氏天下是上天的旨意，想让蜀国向魏主称臣。诸葛亮不答应，义正辞严地说：

"昔日西楚霸王项羽，不以仁德对待百姓，即使力量强大，有帝王的威势，最终还是身败名裂，成为千古遗恨。如今魏国不吸取项羽灭亡的教训，反而去追求效仿，即使曹操有幸不死，他的后代子孙也必然要灭亡的。你们这些人如同战国时的苏秦、张仪，到处摇唇鼓舌，颠倒是非，妄图诋毁圣明的君主，白白劳心费力，舞文弄墨，这种事是品德高尚的君子所不为的。《军志》中说：'如果一万名士卒，抱着必死的决心，那就可以天下无敌了。'昔日轩辕皇帝率领几万士卒，还能击败四位帝王，平定天下。何况我们有几十万兵马，是在替天行道，讨伐有罪的人，那谁还能够与我们匹敌呢？"诸葛亮死后，魏国派邓艾攻打蜀国，蜀兵战败，后主刘禅听从谯周的计策投降了魏国。

晋朝时，又有李特占据了蜀地。

后被晋国的大将桓温率军剿灭。到了南朝宋义熙年中，谯纵在成都杀死益州刺史毛璩，自立为成都王。

宋刘裕派大将朱龄石率军剿灭了谯纵。以上就是蜀国兴亡的历史情况。

【评析】

苍海横流，方显英雄本色。

汉室覆灭，诸侯纷起。成者王侯败者寇，谁有雄才伟略，抓住机遇，便可异军突起，跻身人主之列。蜀国由弱渐强，由分散到统一，最终与魏、吴鼎足而立。后主昏庸，面缚降晋，祖宗基业一朝断送。今人以古为镜，不可不深思明析。

7.审时势，定良谋

【经文】

丑为星纪，吴越之分，上应斗牛之宿，下当少阳之位。古人有言曰："大江之南，五湖之间，其人轻心，扬州保强，三代要服不及以正。国有道则后服，无道则先叛。"故《传》①曰："吴为封豕长蛇②，荐食上国。"为上国之患，非一日之积也。

汉高帝时，淮南王英布反。反书闻，上召诸将，问："布反，为之奈何？"汝阴侯滕公曰："臣客故楚令尹薛公，有筹策，可问。"上乃召见，问薛公。薛公对曰："布反，不足怪也。使布出于上计，山东非汉之有也；出于中计，胜败之数未可知也；出于下计，陛下安枕而卧矣。"上曰："何谓上、中、下计？"令尹曰："东取吴，西取楚，并齐取鲁，传檄燕、赵，固守其所，山东非汉之有也。何谓中计？东取吴，西取楚，并韩取魏，据敖仓之粟，塞成皋之口，胜败之数未可知也。何谓下计？东取吴，西取下蔡，归重于越，身归长沙，陛下安枕而卧，汉无事矣。"上曰："是计将安出？"令尹对曰："出下计。"上曰："何为废上、中计而出下计？"令尹曰："布故郦山之徒也，自致万乘之国，此皆为身不顾其后，为万世虑者。故曰出下计。"上曰："善。"果如策。

是后吴王刘濞以子故而反。初发也，其大将田禄伯曰："兵屯聚而西，无他奇道，难以就功。臣愿得奇兵五万人，别循江淮而上，收淮南、长沙，入武关，与大王会，此亦一奇也。"吴王太子谏曰："王以反为名，此兵难以藉人③，人亦且反王。"吴王不许。其少将桓将军复说吴王曰："吴多步兵，步兵利险阻；汉多车骑，车骑利平地。愿大王所过城邑，不下，宜弃去，疾西据洛阳武库，食敖仓之粟，阻山河之险，以令诸侯。虽无入关，天下固已定矣。即大王徐行，留下城邑，汉车骑至，驰入梁、楚之郊，事败矣。"王问诸老将，老将曰："此年少摧锋④之计耳，安知大虑？"吴王不从桓将军之计，乃自并将其兵。汉以太尉周亚夫击吴、楚，亚夫用其父客计，遂败吴。

【注释】

①《传》：即《左传》。
②封豕长蛇：正在发育的大猪和大蛇。
③藉人：令人信服。
④摧锋：文中指冒险的行为。

【译文】

丑为星纪之次，吴越的分野恰好同斗牛、少阳二星座遥相呼应。古人说："生活在长江以南及五湖之间的人比较分散，不易统一，只

能凭借扬州这一有利的政治经济要地，并以公正的态度对待子民方能统治三代。治国有道的最后归服，治国无道则率先背叛。"因此《左传》说："吴就如同正在生长的大猪和长蛇，不过是口中之食，早晚要被大国吞并。要想对强国构成威胁并不是一天可以做到的。"

汉高祖刘邦当政时期，淮南王英布谋反。高祖得知消息之后，便召集众将商议，问："英布谋反，该怎么对付他呢？"汝阴侯滕公说："我有一个门客是原楚国的令尹薛公，他有对付的办法，可以请来一问。"高祖于是召见了薛公并向其征求意见，薛公说："英布谋反不足为奇，如果英布使用上计，我汉朝就将失去崤山以东的地区；使用中计则胜败不定；若使用下计陛下您便可以高枕无忧了。"高祖说："这上、中、下计该如何解释？"令尹说："东取吴，西取楚，并齐取鲁，号令燕赵，安守现已取得的地区，这样崤山以东将归他所有。联合山东诸侯，是保证长久的办法，这是上策。什么是中计呢？东取吴，西取楚，吞并韩地，取得魏地，控制住敖仓的粮食，堵住成皋这一要塞，结果如何便不可预料了。什么是下计呢？东取吴，西取蔡，把注意力放在越地，固守长沙，那你就可高枕无忧了，汉朝便相安无事。"高祖说："他会选择哪一计呢？"令尹回答说："用下计。"高祖问："为什么不用上、中两计而选下计呢？"令尹说："英布本是郦山的一名苦役，发展到万乘之国的确很不易，他目光短浅，只会安于现状，根本不会作长远打算，因此说他必定使用下计。"高祖说："非常好。"结果事实确如薛公预料的那样。

这之后吴王刘濞因晁错而谋反。刚开始时，大将田禄伯说："招集兵马向西进发不是一个特别好的策略，事情不易办好。我愿带领五万人马沿江淮而上夺取淮南、长沙，进入武关，与大王会合。这是出人意料的一招。"太子却说："大王以谋反为名，这场战争难以令人信服，民众会起来反对大王。"于是吴王没有答应田禄伯的请求。后来小将桓将军又对吴王说："我们多是步兵，利于在崎岖不平的地方行军打仗，而汉朝多是车辆马匹，在平原地带占优势。希望大王经过那些城池，夺不下，便放弃它，迅速地向西占据洛阳的军备库，以敖仓的粮食为军粮，倚仗山河的险要向诸侯发号施令。虽然没有入关，天下就都属大王了。假如大王进兵很慢，停留于城市，汉朝的车马一到，进入梁楚一带，我们的事情就会失败。"吴王征求各位老将的意见，老将说："这是年轻人追求冒险罢了，哪里考虑得周全呢？"于是吴王没有听从桓将军的计策，亲自统率全部兵马。汉朝派太尉周亚夫阻击吴王兵马，周亚夫使用他父亲门客的计谋，结果击败了吴军。

【评析】

决策直接关系到事情的成败，而决策又不可盲目实施。高祖召众将讨论对付反臣英布的过程即是一个决策的过程。令尹薛公审时度势，不是从自身出发而是站在对方的角度先为对方拟定种种方案，推测其必然决策，然后以人推己，决策自然产生。这种"逆推法"可谓独辟蹊径，尤其是在情况复杂或存在多种可能性而不利于从己方决策时尤为适用。

生活中也是一样，倘若事事从自我利益出发，处处只考虑自身状况则会一叶障目，不见泰山。仅仅做到知己而不能知彼，往往会轻率下结论，易造成损失。因而决策亦可采取薛公的迂回之术。

8.吴基业，曹无力

【经文】

淮南王刘安怨望其父厉王长死，谋为叛逆，问伍被曰："吾举兵西向，诸侯必有应者，即无，奈何？"被曰："南收衡山以击庐江，有浔阳之船，守下雉①之城，结九江之浦，绝豫章之口，强弩临江而守，以禁南郡之下，东收江都②、会稽③，南通劲越，屈强江淮间，犹可一举得延岁月之寿。"王曰："善。"未得发，会事泄，诛至。

后汉灵、献时，阉人擅命，天下提契，政在家门。

时长沙太守孙坚杀南阳太守张咨，袁术得据其郡。坚与术合纵，欲袭夺刘表荆州，坚为流矢所中，死。

孙坚死，子策领其部曲，击扬州刺史刘繇，破之，因据江东。

策闻魏太祖与袁绍相持于官渡，将渡江袭许，未济，为许贡客所杀。

策死，弟权领其众。属曹公破袁绍，兵威日盛，乃下书责孙权，求质④。张昭等会议不决。权乃独将周瑜，诣其母前定议。瑜曰："昔楚国初封于荆山之侧，不满百里之地。继嗣贤能，广土开境，立基于郢，遂据荆、扬，至于南海，传业延祚九百余年。今将军乘父兄余资，兼六郡之众，兵精粮多，将士用命。铸山为铜，煮海为盐，境内富饶，人不思乱。泛舟举帆，朝发夕到，土风劲勇，所向无前。有何逼迫而欲送质？质子一入，不得不与曹氏，曹氏命召，不得不往，便见制于人也。岂与南面称孤同哉？不如勿与，徐观其变。若曹氏率义以正天下，将军事之未晚；若图为暴乱，兵犹火也，不戢，必将自焚。韬勇抗威，以待天命，何送质之有？"权母曰："公瑾议是也。"遂不送质。

【注释】

①下雉：县名，在今江夏县。

②江都：即扬州。

③会稽：越州。

④求质：索求人质。

【译文】

淮南王刘安怨恨其父厉王刘长犯罪早死，打算谋反。问伍被说："我向西发兵，诸侯一定会有起来响应的，就会令皇帝没有办法。"伍被说："占据南面的衡山，从那里进兵庐江，在浔阳布置船队，守住下雉，再把守住九江的入口和洪州，在江边设置弓箭手以做防备，这样可以防范南郡派兵而下。向东边攻取江都、会稽，连同浙江一带，这样不仅可制约江淮一带的强大兵力，而且还可以拖延时间。"淮南王说："好吧。"还没有发兵，事情便已败露招来杀身之祸。

后来汉灵帝、献帝当政之时，太监把持朝政，天下被他们控制，国家大权落在了乱臣贼子之手。

当时长沙太守孙坚杀了南阳太守张咨，袁术乘机占据了张咨的南阳郡。孙坚与袁术联合，准备夺取刘表的荆州，后来孙坚被乱箭所伤而死。

孙坚死后，其子孙策率领他的部队攻打扬州刺史刘繇，打败了他，并因此而占据了江东。

孙策听说曹操与袁绍对垒官渡，准备渡江袭取许昌，没有成功，被许贡的门客刺杀。

孙策死后，其弟孙权接替了他的地位。他跟从曹操打败了袁绍，兵力日益壮大，曹操下书责怪孙权并索要人质。张昭等人在一起讨论，始终拿不定主意。孙权于是请周瑜共去找母亲前来商议。周瑜说："以前楚国被封于荆山之下时，方圆不足百里。它的后代非常有才能，开拓疆土，并在郢（今湖北省）建立基业，后来又占据了荆州、扬州，到达南海，基业世代相传了九百多年。现在你凭借父兄的威望兼并了六郡，兵精粮足，将士个个可为你以死效力。可开山炼铜，煮海晒盐，境内土地富饶，民不思变。水路畅通，交通便利，百姓都英勇善战，所向无敌。有什么理由被逼迫而交纳人质呢？人质一交，便不得不服从曹操，他下令召见便不得不去，这样就受制于别人，哪里能与南面称王可比呢？不如不听从而静观其变。倘若曹操能遵循常理以公正见称于天下，将军再归顺于他也为时不晚。如果他企图以下乱上，战争犹如火势，轻举妄动，自会引火烧身。我们应保存实力抵抗外强，又何必送人质呢？"孙权的母亲说："公瑾说得对。"于是便没有送人质给曹操。

【评析】

曹操以人质相威胁，孙权慌了手脚，而听了周瑜的说理后，就完全镇定了下来。其实纵观三国历史，吴国能称霸一方，很大程度上是因为吴国有一批深谋远虑的人才，而古时就有"得人才者，得天下"的说法。这也给了我们一定的启示：不管你自己多么强，没有人才，你也是很难成就一番伟业的。

9.战赤壁，败曹操

【经文】

后曹公入荆州，刘琮举众降。

操得其水军船，步卒数十万，吴将士闻之皆恐。孙权延见群下，问以计策。议者咸曰："曹公豺虎也，托名汉相，挟天子征四方，动以朝廷为辞，今日拒之，事更不顺。且将军大势可以距操者，长江也。今操得荆州，奄有其地，刘表治水军，蒙冲①斗舰乃以千数，操悉浮以沿江，兼有步兵，水陆俱下，此为长江之险，已与我共之矣。而势力众寡又不可论。愚谓大计不如迎之。"周瑜曰："不然。操虽托名汉相，其实汉贼。将军以神武之雄才，兼仗父兄之烈，割据江东，地方数千里，精兵足用，英雄乐业，尚当横行天下，为汉家除残去秽。况操自送死，而可迎之耶？请为将军筹之：今使北土已安，操无内忧，能旷日持久，来争疆场，又能与我校胜负于舟楫可也；今北土既未安，马超、韩遂尚在关西，为操后患；且舍鞍马、仗舟楫，与吴越争衡，本非中国所长；又今盛寒，马无藁草，驱中国士众远涉江湖之间，不习水土，必生疾病。此数四者，用兵之患也，而操皆冒行之。将军擒操宜在今日。瑜请得精兵三万人，进住夏口。保为将军破之。"权曰："老贼欲废汉自立久矣，徒忌二袁、吕布、刘表与孤耳。今数雄已灭，唯孤尚存，孤与老贼势不两立。君言当击，甚与孤合，此天以君授孤也。"

周瑜等水军三万，与刘备并力距曹公，用黄盖火攻策，遂败曹公于赤壁。

曹公败，径北还，权遂虎视江表②。

初，周瑜荐鲁肃③才宜佐时，权即引肃对饮曰："今汉室倾危，四方云扰。孤承父兄遗业，思有桓、文之功，君既惠顾，何以佐之？"肃对曰："昔高帝区区欲尊事义帝而不获者，以项羽为害也。今之曹操犹昔项羽，将军何由得为桓、文乎？肃窃料之，汉室不可复兴，犹曹操不可卒除。将军为计，唯有鼎足江东，以观天下之衅。规模如此，亦自无嫌。然后建号帝王，以图天下，此高帝之业也。"及是平一江浒④，称尊号，临坛顾谓公卿曰："昔鲁子敬尝道此，可谓明于事势矣。"

黄武⑤元年。魏使大司马曹仁⑥步骑数万向濡须，濡须督朱桓破之。

七年，又使大司马曹休⑦骑十万至皖城，迎周鲂⑧。鲂欺之，无功而返。

至权薨，皓即位，穷极淫侈，割剥蒸人，崇信奸回，贼虐谏辅。晋世祖令杜预⑨等代吴，灭之。

至晋永嘉⑩中，中原丧乱，晋元帝复渡江，王江南。宋、齐、梁、陈皆都焉。此吴国形也。

【注释】

①蒙冲：用生牛皮遮盖的军用快艇。

②江表：指长江以南的地区。

③鲁肃：字子敬，东吴的谋臣。

④江浒：江东，长江沿岸。

⑤黄武：孙权的年号。

⑥曹仁：曹魏大将。

⑦曹休：曹魏大将。

⑧周鲂（fáng）：东吴鄱阳太守。

⑨杜预：西晋大将。

⑩永嘉：晋怀帝年号。

【译文】

后来曹操进入荆州，刘琮率众投降。

曹操获得了刘琮的水军步兵数十万人，东吴将士闻讯都很慌恐。孙权召见部下，询问计策。所有人都说："曹操本是个豺狼一样的人，然而他却托名汉朝的丞相，挟持天子以征伐四方，动辄以朝廷为借口，现在如果抗拒他，事情不会很顺利。况且对将军来说，可以借以抗拒曹操的，唯有长江，现在曹操已经夺得荆州，占领了它的全部土地，刘表所创建的水军，大小战船数以千计，曹操将其布置于江边，再调动步兵，水陆齐下，这便与我们共同占有了长江天险。至于双方兵力的多寡，又根本不可相提并论。所以依我们的愚见，最好还是归顺他。"周瑜说："不对。曹操虽然托名汉朝的丞相，其实是汉朝的乱贼。将军英武过人，才能卓越，又依仗父兄遗留的基业，割据江东，占地数千里，军队精悍，物资充足，英雄豪杰都愿跟随你干一番事业，所以应该立志横行天下，为汉朝扫除污秽。况且曹操是自己来送死，怎可归顺于他？诸将军允许我分析一下形势：现在假使北方已经稳定，曹操没有内患，他可以旷日持久地和我们在战场上较量，在此情况下，他才能够同我们一决胜负；而现在北方并未平定，况且还有马超、韩遂活跃在关西，是曹操的后患；再说舍下鞍马，操起舟楫与吴越的人争斗本来就不是中原人的特长；现在又正值寒冬，马无草料，驱使中原的战士跋山涉水来到江南水乡，他们不习水土，必生疾病。以上几个方面都是用兵的大忌，而曹操竟然都冒然做了。将军擒获曹操的机会就在今天。我请求带领精兵三万，进驻夏口，保证替将军打败曹操。"孙权说："这个老贼早就打算废汉自立了，只是顾忌袁绍、袁术、吕布、刘表和我。现在他们几位都已被消灭，只有我还在，我和老贼势不两立。你认为应当抗击他很合我意，这是上天把你送给我的呀！"

周瑜等统率水军三万和刘备合力对付曹操，他们采用了黄盖的火攻之计在赤壁战胜了曹操。

曹操失败之后回到北方，孙权便称霸于长江一带。

当初周瑜大力推荐鲁肃，认为他的才能可以担当辅佐君王之任。孙权当即召见鲁肃并与他对饮。孙权说："现在汉朝衰弱，天下大乱，我继承父兄的遗业，想建立齐桓公、晋文公那样的功绩。你既然屈驾来到我这里，将怎样帮助我实现这个愿望呢？"鲁肃回答说："从前汉高祖一心想拥戴义帝而不能如愿，原因在于项羽从中破坏。现在的曹操就像从前的项羽，将军怎么能成为当世的齐桓公、晋文公呢？我私下认为，汉朝不会再复兴，曹操也不能一下子除掉。我觉得对于将军，只可占据江东，静观天下的形势变化。然后打出帝王的旗号以谋取天下，这是汉高祖的功业啊！"等到现在，孙权平定了长江沿岸，建立了自己的尊号，他登上祭坛对众公卿说："从前鲁肃曾经谈到过现在的形势，他可以说是一位明于事势的人啊！"

黄武元年，魏国派大司马曹仁率步兵、骑兵数十万进军濡须，被濡须守将朱桓击败。

黄武七年，魏又派大司马曹休率兵十万到达皖城，吴鄱阳太守周鲂诱骗曹休，使他迎周鲂入皖城。后来曹休才知被骗，只好无功而返。

孙权死后，孙皓即位，他骄奢淫逸，残忍暴虐，崇信奸臣，致使贼人肆虐，左右朝政。晋世祖命杜预等发兵吴国，取而代之。

到了永嘉中年，中原发生战乱，司马睿又渡过长江在江南建立东晋。以后的宋、齐、梁、陈都建都于此。这便是吴国的概况。

【评析】

得天下难，失天下易。吴国最终还是亡于司马氏之手。纵观历史，各朝的灭亡几乎都是由于不能继承创业时期的励精图治，白白地坐享其成。可见，成功之后最大的敌人就是骄傲，一旦满足于现状而不思进取，形势便会急转直下，不可挽回。

10.汉禅魏，统宇内

【经文】

古者天子守在四夷，天子卑弱，守在诸侯。当汉之季，奸臣擅朝，九有不澄，四郊多垒。虽复诸侯释位，以闲王政，然包藏祸心，各图非冀。魏太祖略不世出，灵武冠时。值炎精①幽昧之期，逢风尘无妄之世，瞋目张胆，首建义旗。时韩暹、杨奉挟献帝自河东还洛阳。

太祖议迎都许，或以为山东未定，不可。荀彧劝太祖曰："昔晋文纳周襄王，而诸侯景从，高祖东伐，为义帝缟素②，天下归心。自天子播越，将军首唱义兵，以山东扰乱，未能远赴关右，然犹分遣将帅，蒙险通使，虽御外难，乃心无不在王室，是将军匡天下之素志也。今车驾旋轸，义士有存本之思，百姓感旧而增哀。诚因此时奉主上以从人望，大顺也；秉至公以服雄杰，大略也；扶弘义以致英俊，大德也。天下虽有逆节，不能为累，明矣。韩暹、杨奉其敢为害，若不时定，四方生心，后虽虑之，无及。"太祖至洛阳，奉天子都许。维其弛紊，纽其赘旒③，俾我汉家不失旧物矣。于是运筹演谋，鞭挞宇内，北破袁绍，南掳刘琮，东举公孙康，西夷张鲁。九州百郡，十并其八，志绩未究，中世而殒。

夫能扶天下之危者，则据天下之安；能除天下之忧者，则享天下之乐；能救天下之祸者，则得天下之福。

曹氏率义拨乱，代载其功，至文帝时，天人与能矣。遂受汉禅。

【注释】

①炎精：汉朝是火德之运，所以用来指汉朝。

②缟素：穿白挂孝。

③纽其赘旒（liú）：重振朝纲，整顿旧制。

【译文】

古时候的天子掌管国家，在边疆，他的影响力卑弱的地方就依靠诸侯实行统治。到了汉末，奸臣当道，天下不宁，而多战乱，虽然恢复了诸侯的职位以协理朝政，但他们都心怀不轨，各图所谋。魏太祖雄才大略，百年不遇，他以机智、勇武冠于当时。时值奸相佞臣擅权，天下动乱的时期，魏太祖瞋目张胆，首先竖起义旗。当时韩暹、杨奉挟持汉献帝自河东返回洛阳。

魏太祖建议迎献帝而定都在许昌。有人认为山东尚未平定，不能这样。荀彧劝太祖说："从前晋文帝挟持周襄王而诸侯都来归顺听命，汉高祖东伐，为义帝戴孝，天下归心。自天子东归，将军你首竖义旗，在山东平讨乱臣贼子的叛乱，虽未能远赴关外，还是分兵遣将，历艰险与外族通使，虽然抗御着外部的祸患，但你的心无时不在汉朝王室的安危上，这是将军匡正天下的一贯志向。如今军队突然转向，将士都有匡复汉室之心，百姓一想到过去，就会倍感悲伤和怨叹。因此顺从众人的愿望，这叫作大顺；按公平原则来臣服豪杰，这叫作大略；发扬仁义来招纳天下英雄，这叫作大德。天下纵有逆贼，也不足为患，这是很明了的事。韩暹、杨奉他们胆敢作乱，若不及时决定，四方社会都生反叛之心，天下大乱后再要想办法就很难办到了。"太祖到达洛阳，奉护天子迁都许昌。平定了叛乱，重振朝纲，使我汉室没有丢失一件旧物。接着又运用谋略，兴兵海内，北破袁绍，南掳刘琮。东收公孙康，西平张鲁。国内大部分领土，都已归复，可是志愿不竟，而中道身亡。

能够治理天下危机的人，就会拥有天下的安定；能够解除天下忧患的人，就会享受天下的快乐；能够解救天下灾难的人，就会得到天下的福分。

曹操率领三军将士平定战乱，世世代代记录着他的功绩，到魏文帝时，顺天应人，于是就接受了汉献帝的禅让，而自立为天子。

【评析】

历史是一面镜子，人们常以古鉴今，纵然在我国历来存在着褒刘贬曹的偏见，但曹操毕竟以其"大顺""大略""大德"，鞭挞宇内，威服天下，成为后人竞相效仿的兼具文韬武略的一代枭雄。他身上还是有许多值得我们学习的东西。

11.施奇计，灭蜀国

【经文】

王室虽靖，而二方未宾，乃问贾诩①曰："吾欲伐不从命，以一天下，吴、蜀何先？"对曰："攻取者先兵权，建本者尚德化。陛下应期受禅，抚临率土，若绥之以文德，而俟其变，则平之不难矣。吴、蜀虽蕞尔小国，依阻山水，刘备有雄才，诸葛亮善治国，孙权识虚实，陆逊见兵势，据险守要，泛舟江湖，皆难卒平也。用兵之道，先胜后战，量敌论将，故举无遗策。臣窃料群臣无权、备对，虽以天威临之，未见万全之势。昔舜舞干戚，而有苗服。臣以为，当今宜先文后武。"文帝不纳，后果无功。

至甘露②元年，始③以邓艾为镇西将军，距蜀将姜维。维军败，退守剑阁。钟会攻维不能克，乃上言曰："今贼摧折，宜遂乘之，从阴平由邪径经汉德阳亭趣涪，出剑阁西百里，去成都三百余里，奇兵冲其腹心，剑阁之守必还赴涪，则会方轨而进；剑阁之军不还，则应涪之兵寡矣。《军志》有之：攻其不备，出其不意。今掩其空虚，破之必矣。"冬十月，艾自阴平行无人之地七百余里，凿山通道，山高谷深，艾以毡自裹，推转而下。将士皆攀木缘崖，鱼贯而进。先登至江由④，蜀将诸葛瞻自涪还绵竹，列阵待艾，艾遣子忠等出战，大破之，斩瞻。进军到洛县⑤，刘禅遂降。

至晋末，谯纵复窃蜀。宋刘裕⑥使朱龄石伐蜀，声言从内水取成都，败衣羸老进水口。谯纵果疑其内水上也，悉军新城以待之。乃配朱龄石等精锐，径从外水，直至成都，不战而擒纵。此灭蜀形也。

【注释】

①贾诩（xǔ）：曹魏谋士。

②甘露：曹魏高贵乡公年号。

③始：才。

④江由：今四川江油县。

⑤洛县：古时县名。

⑥刘裕：宋武帝，南朝宋的建立者。

【译文】

朝廷内部虽然安定了，可是吴蜀二地还未归顺。魏文帝于是问贾诩说："我想讨伐不听从号令的逆臣，以统一天下，吴国和蜀国先伐哪一个呢？"贾诩回答说："攻城略地首重用兵权谋，建立基业崇尚道德教化。陛下应运登基，统治国家，假若抚之以礼乐教化而待其变乱，那么平定他们也就毫不困难了。吴、蜀虽然是小国，但是都有崇山巨川作屏障，而且刘备有雄才，诸葛亮善治国，孙权识虚实，陆逊会用兵，他们据险守要，战船往来于江湖，都很难一下子消灭掉。用兵之道是具备了必胜的条件然后出击，根据敌人情况选派将领，这样才能动无失策。我私下揣度，群臣中没有刘备、孙权的对手，尽管凭借朝廷的威严去对他们动武，仍然看不到万无一失的情势。从前舜动用武力而有苗臣服，我认为眼下还是先文后武为好。"文帝没有接受，后来果然兵败，没有成功。

到甘露元年（公元256年），才任命邓艾为镇西将军，抵御蜀国将军姜维的进攻。姜维军队失败，退守剑阁。钟会进攻姜维，可是未能取胜，于是就上书说："现在敌人受到了挫折，最好乘胜前进，从阴平抄小路经过汉德阳亭，离开剑阁向西一百里的涪县挺进，距离成都三百余里，然后发奇兵直捣其心脏，剑阁的守军必定回援涪县，那么我就识别其轨迹而用兵；剑阁守军如若不回去救援，那么救援涪县之兵就会很少。《军志》上说：攻其不备，击其不意。现在攻击他们的空虚之处，定能破敌。"冬十月，邓艾出阴平，踏上一条周围荒无人烟且长达七百余里的艰难征程，他们逢山开道，遇水架桥。一路山高水深，甚为艰险。邓艾面对陡坡，用毡子裹住身体，横起身子滚下去，众将士随后都攀着树藤，抠着石缝，一个接一个地走下山坡。队伍行进到江由，蜀国卫将诸葛瞻从涪县还守绵竹，摆好阵势等待邓艾来攻。邓艾派遣他的儿子邓忠等人出战，大败蜀军，并砍下了诸葛瞻的头。邓艾进军洛县，刘禅于是向邓艾投降。

到了晋朝末年，谯纵又立蜀国。宋主刘裕派遣朱龄石讨伐蜀国，声称从内水直取成都，却把老弱残兵派驻水口。谯纵果然怀疑是从内水发兵，结果把军队全部驻在新城待朱龄石来进攻。而刘裕却给朱龄石等人以精兵强将，经由外水（即涴江），直取成都，最终谯纵不战被擒。这就是蜀国被灭的情形。

【评析】

有时，时机决定着一件事的成败。曹丕想统一天下，可惜时机未到，所以只能是劳而无功。而司马懿在了解了蜀国的情况后，把握时机而出奇兵，结果一举成功。

不过时机虽然重要，但更重要的是明察秋毫，知己知彼，这样才能发现时机、把握时机。

12.乘机袭，静制动

【经文】

魏嘉平[①]中，孙权死，征南大将军王昶、征东大将军胡遵、镇南将军毋丘俭等表征吴。朝廷以三征计异，诏访尚书傅嘏。嘏对曰："昔夫差胜齐陵晋，威行中国，不能以免姑苏之祸；齐闵辟土兼国，开地千里，不足以救颠覆之败。有始不必善终，古事之明效也。孙权自破蜀兼荆州之后，志盈欲满，凶宄已极，相国宣、文王先识取乱侮亡之义，深达宏图大举之策。今权已死，托孤于诸葛恪，若矫权苛暴，蠲②其虐政，民免酷烈，偷安新惠，外内齐虑，有同舟之惧，虽不能终自保完，犹足以延期挺命于深江之外矣。今议者或欲泛舟径济，横行江表；或欲倍道并进，攻其城垒；或欲大佃疆场，观衅而动。此三者皆取贼之常计，然施之当机则功成；若苟不应节，必贻后患。自治兵已来，出入三载，非掩袭之军也。贼丧元帅，利存退守。若罗船津要，坚城清野，横行之计，其殆难捷也。贼之为寇几六十年，君臣伪立，吉凶同患。若恪蠲其弊，天夺之疾，崩溃之应，不可卒待也。今贼设罗落，又持重密，间谍不行，耳目无闻。夫军无耳目，校察未详，而举大众以临巨险，此为希幸微功，先战而后求胜，非全军之长策也。唯有大佃最差完牢，兵出民表，寇钞不犯，坐食积谷，不烦运士；乘衅讨袭，无远劳弊。此军之急务也。夫屯垒相逼，巧拙得用，策之而知得失之计，角之而知有余不足之处。情伪将焉所逃？夫以小敌大，则役烦力竭；以贫敌富，则敛重财匮。故敌逸能劳之，饱能饥之，此之谓也。然后盛众厉兵以振之，参惠倍赏以招之，多方广似以疑之。由不虞之道，以间其不戒。比及三年，左提右挈③，虏必冰散瓦解，安受其弊，可坐算而得也。昔汉氏历世常患匈奴，朝臣谋士早朝晏罢，介胄之将，则陈征伐。缙绅④之徒，咸言和亲；勇奋之士，思展搏噬。故樊哙愿以十万横行匈奴，季布面折其短；李信⑤求以二十万独举楚人，而果辱秦军。今诸将有陈越江陵险，独步虏庭，即亦向时之类也。以陛下圣德，辅相忠贤，法明士练，措计于全胜之地，振长策以御之，虏之崩溃，必然之数。故兵法曰：'屈人之兵而非战也，拔人之城而非攻也。'若释

庙胜⑥必然之理，而行万一不全之略，诚愚臣之所虑也。故谓大佃而逼之计最长。"时不从峻言，诏昶等征吴。吴将诸葛恪拒之，大败魏军于东关。魏后陵夷，禅晋，太祖即位。

【注释】

①嘉平：魏齐王曹芳年号。

②蠲（juān）：免除。

③左提右挈：骚乱的意思。

④缙绅：官员，此处指文官。

⑤李信：秦国大将。

⑥庙胜：指朝廷预先制定的克敌制胜的谋略。

【译文】

魏国嘉平年间，孙权去世。征南大将军王昶、征东大将军胡遵、镇南将军毌丘俭等人上书请求攻打吴国。因为三人攻打吴国的具体策略不同，朝廷下诏请尚书傅嘏商议。傅嘏说："从前吴王夫差战胜齐国，欺凌晋国，威震中原，最后却免不了姑苏败亡之祸；齐闵公开辟疆土，土地方圆千里，却不能挽救被颠覆的命运。事情有一个好的开始，不一定有好的结尾，古代的这些事例都是很鲜明的验证。自从打败蜀国，得到荆州之后，孙权志满意得，极度凶残堕落，相国宣王、文王最先认识到自取混乱必然亡国辱家的道理，精通国家能够大展宏图的策略。现在孙权已经死了，把国家大事托付给诸葛恪，假如能纠正孙权的严苛残暴除去他的虐政，使百姓免于苛政的苦难，在江东苟且偷安，享受新获得的好处，全国上下共同思考保全之策，有同舟共济的戒惧，即使最终不能自我保全，还足以延长在江东的寿命。现在有人想坐船渡江，在江面战斗；有人想从相反两路一齐进军，攻打敌军的城垒；有人想大军屯田疆场，观察动静，乘机行动。这三种想法都是攻打敌人的常用计策，但是只有施行得当，方能成功；如若计策使用不当，必定会有后患。自从治军以来，军队已经作战三年了，不适于偷袭作战。敌军没有统帅，利在撤退坚守。如果把战船列在重要渡口，实行坚壁清野，此时再纵横决战，这样的计策恐怕很难取胜。敌军在江东为寇近六十年了，私立君臣之位，上下齐心已能同患难。假如诸葛恪能消除孙权执政时的弊端，上天令其覆亡的隐患，吴国崩溃的趋势，还不可能马上等来。现在敌军设下罗网，又防守严密，间谍不能行动，探子也打听不到敌军情况。军队中没有探子，对敌情的侦察就不详细，轻率地率领大军兵临险地，这是希望侥幸成功得到封赏、不顾后果先战斗后寻求取胜的办法，并不是保全军队的好办法。只有大军屯田疆场是最为稳妥的办法，出兵按照百姓的意愿，秋毫无犯，坐等使用粮草，不烦劳运输的士兵；乘机偷袭作战，没有长途跋涉的劳苦，这样做能解决行军打仗中所有首要的事务。安营扎寨逼迫敌军，巧妙愚笨的计策都得以运用，计策出来知道是好是坏，战斗起来知道自己的长处和短处，敌情的伪诈可以得知。以寡敌众，战役频繁，士兵气力就会衰竭；以贫敌富，敛赋过重，国内财物就会匮乏。所以如果敌军安逸，我们就使它疲劳，粮草充足，就使它匮乏，说的就是这个意思。然后再派勇猛的大军威慑敌人，多施恩惠加倍行赏招降敌军，多方用计，广设疑军，让敌军产生怀疑，以出其不意的进军路线而攻其不备。等到三年，再左右攻击，敌军必然像水流一样分散瓦解，我军安坐等待敌军分崩离析，成功唾手可得。过去汉朝历代常以匈奴扰边为患，大臣谋士早朝宴罢，都在谈论这个问题，大将主张征战讨伐，豪门贵戚主张和亲联姻，奋勇的战士想上战场施展全力搏斗厮杀。所以樊哙愿意率军十万攻打匈奴，季布当面指出出军的短处；李信请求率二十万军队攻打楚国，果然被楚军打败。现在诸将要带兵渡过危险的江陵，孤军深入敌境，这也犯了樊哙、李信一样的错误。凭陛下你的圣明贤德，大臣的忠正贤良，法律分明，士兵精练，采用稳妥全胜的计策，施展长远的战略抵御敌军，敌军的崩溃失败，是必然的事。所以兵书说：'不靠战斗而使敌军屈服，不用攻打而攻克敌军的城池，这是打仗的妙策。'如果违背如何战胜敌国的通常规律，采用有漏洞的策略，这是我所忧虑的事情。所以说大军屯田疆场威逼敌军的计策最好。"当时朝廷不听傅嘏的话，命王昶等人征讨吴国。吴国将领诸葛恪率军抵抗，在东关大败魏军。魏国后来衰落，让位于晋朝，晋太祖即位。

【评析】

孙权在世时，曹魏几次伐吴之举都以失败告终。孙权死后，魏国朝臣以为时机已到，就上谏魏王再次伐吴。可是傅嘏却告诫不能急于求成，只能缓图。当时的情况确实如此，虽然吴国已经开始衰弱，但"百足之虫，死而不僵"，大举伐吴的时机还是不成熟。

我们在今天也要注意，任何事情都是处在发展变化之中的，想要成功，做事就要善于分析矛盾，抓住核心，这样才能抓住和利用时机。

13.成败否，在于道

【经文】

至世祖时，羊祜①上平吴表曰："先帝顺天应时，西平巴蜀，南和吴会，海内得以休息，兆庶有乐安之心。而吴复背信，使边事更兴。夫期运虽天所授，而功业必由人而成，不一大举扫灭，则众役无时得安。亦所以隆先帝之勋，成无为之化也。故尧有丹水之伐，舜有三苗之征，咸以宁静宇宙，戢兵和众者也。蜀平之时，天下皆谓吴当并亡。自此来十三年，是谓一周。平定之期，复在今日矣。议者常言吴、楚有道后服，无礼先强，此乃诸侯之时耳。当今一统，不得与古同谕②。夫适道之论，皆未应权，是故谋之虽多，而决之欲独。凡以险阻得存者，谓所敌者同力，足以自固。苟其轻重不齐，强弱异势，则智士不能谋，而险阻不可保也。蜀之地，非不险也，高山寻云霓，深谷肆无景，束马悬车，然后能济，皆言一夫荷戟，千人莫当。及进兵之日，曾无藩篱之限，斩将搴③旗，伏尸数万，乘胜席卷，径至成都，汉中诸城，皆鸟栖而不敢出。非皆无战心，诚力不足相抗。至刘禅降服，诸营堡者索然俱散。今江淮之难，不过剑阁；山川之险，不过岷汉。孙皓之暴，侈于刘禅；吴越之困，甚于巴蜀。而大晋兵众，多于前世；资储器械，盛于往时。今不于此平吴，而更阻兵相守，征夫苦役，日寻干戈，经历盛衰，不可长久，宜当时定，以一四海。今若引梁、益之兵，水陆俱下，荆、楚之众，进临江陵，平南豫州，直指夏口④，徐、扬、青、兖，并向秣陵⑤，鼓旆以疑之，多方以误之，以一隅之吴，当天下之众，势分形散，所备皆急。巴、汉奇兵，出其空虚，一处倾坏，则上下震荡。吴缘江为国，无有内外，东西数千里，以藩篱自持，所敌者大，无有宁息。孙皓恣情任意，与下多忌，名臣重将，不复自信，是以孙秀之徒，皆畏逼而至。臣疑于朝，士困于野，无有保世之计，一定之心；平常之日，犹怀去就，兵临之际，必有应者，终不能齐力致死，已可知也。其俗急速，不能持久，弓弩戟盾，不如中国，唯有水战是其所便。一入其地，则长江非复所固，还保城池，则去长入短，而官军悬进，人有致节之志。吴人战于其内，有凭城之心。如此，军不逾时，克可必矣。"帝深纳焉。乃令王濬等灭吴。天下书同文⑥，车同轨矣。

【注释】

①羊祜（hù）：西晋大臣。

②同谕：同日而语。

③搴：拔取。

④夏口：古城名，在今湖北武汉市黄鹄山上。

⑤秣（mò）陵：今江苏省南京市。

⑥书同文，车同轨：指国家统一。

【译文】

当晋世祖（即武帝司马炎）执政时，羊祜上表请求征讨吴国说："先帝顺应天时，向西平定了巴、蜀，向南与东吴讲和，使天下战火熄灭，百姓安居乐业。而吴国又背信弃义，使硝烟再次燃起。运气天数虽然是上天授予的，但是成就功业必须依靠人事，如果不一次大举消灭它，百姓们就一刻不得安宁。况且这也可借以光耀先帝的勋业，成就清静无为的德化政治。所以，尧攻打丹水，舜征伐三苗，都是为了天下安宁，百姓和乐。平定蜀国之后，天下人都说吴国也会一并灭亡。从那时到现在已经十三年了，世事循环更替，如今平定吴国的日子，就在眼前。议论的人常说吴、楚是因为政治清明才最后归顺，国家没有礼法的都迅速强大起来，这是春秋战国诸侯争霸时的事。现在一统天下，不能与古代同日而语。符合一般规律的说法，都不是顺应时宜采取变通措施，所以谋划虽然很多，而最后决定使用的只有一个。依靠地理位置的险峻得以生存的国家，只是在敌我力量相当时，才可以依险保存自己。假使双方势力不均，强弱发生变化，那么有智谋的人不能出谋划策，即使地理险峻，国家也不能保全。蜀地不可谓不险，高山耸立，直入云端，山谷幽深，只有弃掉马匹，悬起车辆，才能进入。都说一夫当关，万夫莫开。等到进兵攻打时，却连一点儿抵抗能力都没有。过关斩将，插旗蜀地，敌军死伤数万，我军乘胜席卷蜀地，直入成都。汉中各城池都按兵不动，不是都没有抵抗之心，而是力量不足。到刘禅投降归顺，各城守将全都离散。现在攻打江淮的难处，没有攻打剑阁之难；山川的险要，也无有岷山、汉水之险。孙皓残暴，甚于刘禅；东吴的困境过于蜀国。但是我大晋国的兵力比以前增多；粮食器械的储备超过以往。现在不举兵平定吴国，而是按兵不动，战士苦于兵役，就会渐渐寻衅闹事，军队的战斗力就会衰竭，不能长久征战。当务之急，应当早做决定，一统天下。现在如果率梁州、益州的军队，水陆并进，荆楚的军队兵临江陵，平定南豫州郡，直达夏口，徐、扬、青、兖各州的军队齐向秣陵，多方进军让吴军迷惑，产生误会。以一个小小的吴国，抵挡天下的军队，势力一定会分散，防御会全线吃紧，巴、汉的奇兵再乘机攻其虚弱，这样，一地失守，吴国上下就会混乱。吴国沿江建国，没有内地，东西几千里，靠篱笆为屏障，所要抵御的地区广大，全国各地一处也不会安宁。孙皓恣意残暴，为所欲为，猜忌下属，名臣大将不再有信心，所以像孙秀这样的人都会因害怕而归顺。在朝廷内大臣受到猜疑，朝廷外贤士困顿，不得提拔，没有保存国家的计策、安定的决心；平常还想离开所担任的职位，兵临城下时，必定会有投降的，吴国上下也最终不能齐心协力共同战斗，这是可以预见的。吴军的战斗风格在于迅速，不能够持续长久。他们的器械不如中原精良，只有水战是优势，如果我军一旦进入吴地，长江就不再是屏障，吴军就会转而保卫城池。这样他们去长取短，我军再慢慢前进，士兵有勇敢战斗的勇气。吴军在本土战斗，有凭借城池固守的想法，这样不用多久，必定大败吴国。"晋世祖采纳了羊祜的建议，下令王濬率军消灭吴国。这样就很快统一了天下。

【评析】

三国时期，中原的力量强于蜀、吴，蜀、吴政通人和，尚有逐鹿中原的野心。蜀国灭亡后，吴国孤立无援，并且羊祜还清晰地分析了平吴的有利条件。事实证明，羊祜的分析是正确的，吴最终被攻破。

可见，在竞争中，任何一方只要内部腐朽，上下不团结，是注定要失败的。

14.德者昌，无德亡

【经文】

至晋惠庸弱，胡乱中原，天子蒙尘，播迁江表，当时天下复分裂矣。出入五代，三百余年。隋文帝受图①，始谋伐陈矣。尝问高颎②取陈之策，颎曰："江北地寒，田收差晚；江南土热，水田早熟。量彼收获之际，微征士马，声言掩袭，贼必屯兵坚守，足以废其农时。彼既聚兵，我便解甲，再三如此，贼以为常。后更集兵，彼必不信，犹豫之顷，我乃济师登陆而战，兵气益倍。又江南土薄，舍多竹茅，所有储积，皆非地窖，密遣行人，因风纵火，待其修立，复更烧之。不出数年，自可财力俱尽。"上③行其策，陈人益弊。后发兵，以薛道衡④为淮南道行台尚书，兼掌文翰。及王师临江，高颎召道衡，夜坐幕下，因问曰："今师之举，克定江东与否？君试言之。"道衡答曰："凡论大事成败，先须以至理断之，《禹贡》所载九州，本是王者封域。后汉之季，群雄竞起，孙权兄弟遂有吴、楚之地。晋武受命，寻即吞并，永嘉南迁，重此分割。自尔已来，战争不息，否终斯泰，天道之恒。郭璞⑤有云：'江东偏王三百年，还与中国合。'今数将满矣。以运数而言，其必克一也。有德者昌，无德者亡，自古兴灭，皆由此道。主上躬履恭俭，忧劳庶政，叔宝峻宇雕墙，酖酒荒色，上下离心，人神同愤，其必克二也。为国之体，在于任寄，彼之公卿，备员而已。拔小人施文庆⑥，委以政事，尚书令江总，唯事诗酒，本非经略之才，萧摩诃、任蛮奴，是其大将，一夫之用耳，其必克三也。我有道而大，彼无德而小。量其甲士，不过十万，西自巫峡，东至沧海，分之则势悬而力弱，聚之则守此而失彼，其必克四也。席卷之兆，其在不疑。"颎忻然曰："君言成败，理甚分明，吾今豁然也。本以才学相期，不意筹略乃至此也。"遂进兵，虏叔宝。此灭吴形也。

【注释】

①受图：据记载，河伯曾以河图授大禹，后来因称王受命为受图。

②高颎（jiǒng）：隋朝大臣。

③上：即隋文帝。

④薛道衡：隋朝诗人。

⑤郭璞：字景纯，晋文学家、训诂学家。

⑥施文庆：南朝陈中书舍人。

【译文】

到晋惠帝时，惠帝平庸软弱，胡人骚扰中原，天子蒙受侮辱，逃到长江以南，这时天下再次分裂。五代历经三百多年。隋文帝得到图谶，才谋划攻伐陈朝。文帝曾经询问攻取陈朝的计策，高颎说："长江以北，土地寒冷，农田收割较晚；长江以南，土地温热，水田成熟较早。等到他们收获的季节，再稍微征兵买马，声言要偷袭，敌军必定会屯兵坚守防御，这样就错过收割的好时节。故军既然聚集军队，我军便解散，多次反复，故军必然习以为常，然后我们再聚集军队，这时故军必然不相信，在其犹豫之际，我军再渡江登陆作战，士兵的士气必然更加高涨。又因为江南土层浅，住的多是茅舍，所有的储蓄积聚，都不是放在地窖中。我们再秘密派人顺风放火，等到他们再修建好，就再放火，不用几年，他们的国内财力自然匮乏。"隋文帝采用高颎的计策，陈朝士兵益发疲弊。然后文帝发兵，派薛道衡为淮南道行台尚书，并掌握公文。等到文帝的军队兵临长江，高颎召见薛道衡，在大帐中夜坐，问道："现进军能够打败江东吗？你试着说一说。"薛道衡回答："凡是讨论大事的成败，必须用理论去推断。禹贡所居住的九州，本来是君王的疆土。后汉末期，豪杰举兵蜂起，孙权兄弟于是占据吴、楚的土地。晋武帝即位，立即吞并吴、楚，到永嘉南迁时，又分裂开来。从那时以来，战争不断，战争之后必然是和平，这是永恒的天理。郭璞曾说：'江东偏安三百年后，还要与中原合并。'现在运数将满。从运数来说，必然打败陈朝，这是一。有德的人昌盛，无德的人灭亡。自古以来兴衰盛败都没有脱离这个规律。皇上恭敬爱民，提倡节俭，整天为黎民百姓国家大事操劳，陈后主却修造官室，雕镂宫墙，沉迷于酒色，臣民不和他同心，百姓神灵都很愤怒，这是陈朝失败的第二条理由。建立国家的体制，必须任用可以托付大事的大臣，而陈朝的公卿大臣，只是充数而已。提拔小人施文庆，委以重任，尚书江总，只会吟诗喝酒，不是胸有韬略的人，萧摩诃任用野蛮落后的部族，这样的人不足以担当大任。这是能大败故军的第三条理由。我军有道，力量强大，故军无道，力量弱小。估计故军拥有士兵不过十万，西起巫峡，东到沧海，分兵把守，势力就孤弱，聚兵守一地，就会顾此失彼，这是能大败故军的第四条理由。大军席卷江南的先兆在于对形势不迷惑。"高颎高兴地说："你分析作战的成败，条理很分明，我现在豁然开朗了。我本来用才能学问的事来请教你，想不到你的筹谋韬略达到这样高的程度。"于是进兵江南，停虏了陈叔宝。这是与消灭吴国情况相类似的。

【评析】

诸侯纷争的乱世，谁能顺应历史的潮流，顺应历史发展的规律，谁就能在政治、经济、文化的斗争中立于不败之地。比如文中提到的陈国君，不但不体察民情，采取利民安邦的政策，反而让奸佞之辈当道，势必灭亡！

卷七

惧诚二十

天道无殃，不可以先倡；人道无灾，不可以先谋。必见天殃，又见人灾，乃可以谋。

1.欲立业，先修身

【经文】

《易》曰："汤武革命①，顺乎天而应乎人。"《书》曰："抚我则后，虐我则仇。"《尸子》曰："昔周公反政，孔子非之曰：'周公其不圣乎！以天下让，不为兆人也。'"董子曰："虽有继体守文②之君，不害圣人之受命。"古语曰："穷鼠啮狸，匹夫奔万乘。"故黄石公曰："君不可以无德，无德则臣叛。"孙卿曰："能除患则为福，不能则为贼。"

何以明之？昔文王在酆③，召太公曰："商王罪杀不辜，汝尚助余忧人，今我何如？"太公曰："王其修身、下贤、惠人，以观天道。天道无殃，不可以先倡；人道无灾，不可以先谋。必见天殃，又见人灾，乃可以谋。与民同利，同利相救，同情相成，同恶相助，同好相趋。无甲兵而胜，无衡机而攻，无渠堑而守。利人者天下启之，害人者天下闭之。天下非一人之天下也，取天下若逐野兽，得之而天下皆有分肉。若同舟而济，皆同其利；舟败，皆同其害。然则皆有启之，无有闭之者矣。无取于民者，取民者也；无取于国者，取国者也；无取于天下者，取天下者也。取民者民利之，取国者国利之，取天下者天下利之。故道在不可见，事在不可闻，胜在不可知。微哉！微哉！鸷鸟将击，卑身翕翼④；猛兽将搏，俯身俯伏；圣人将动，必有愚色。惟文惟德，谁为之式？弗观弗视，安知其极？今彼殷商，众口相惑。

吾观其野，茅草胜谷；吾观其群，众曲胜直；吾观其吏，暴虐残贼，败法乱利而上不觉，此亡国之则也。"文王曰："善。"

【注释】

①革命：古人认为"君命天授"，所以称一姓实施变革，推翻另一姓的统治而顺应天命的革命。

②继体守文：体，规矩；文，周文王。遵守文王的体制和法度。

③酆（fēng）：在今陕西省。

④卑身翕翼：俯下身子收缩翅膀。

【译文】

《周易》里说："商汤和周武王的革命，既顺合天意又适应人们的要求。"《书经》中说："抚慰我的，我就把他当作君王，残害我的，我就把他看作仇敌。"《尸子》说："从前周公归还统治权给周成王，孔子责备他说：'周公他还没有达到圣贤的标准呀！把统治天下的权利让给成王，不为民众着想。'董仲舒说："即使有即位遵守成法的君主，也不妨碍圣人接受使命。"古语说："逼急了的老鼠会咬狸猫，平常人走投无路时就会奋起反抗。"所以黄石公说："君主不可以没有道德品行，没有品行的君主，臣子就会背叛他。"孙卿说："能为国除患就使国有福祉，不能为国除患则会成为亡国之人。"

怎么可以证明呢？从前周文王在丰时，召见姜太公，说："商纣王捏造罪名杀害无辜的人，你还得帮助我为百姓操心，现在我该怎么办呢？"姜太公说："大王你要努力提高自己的品德修养，有礼貌地对待有德行的贤人，施加恩惠给百姓，同时观察上天的运行规律。上天的运行规律没有灾难，就不能先发动；人道没有灾难，也不可以图谋。必须等到看见天灾，又看到人祸，才可以谋动。大王应该和百姓有共同的利益，有共同的利益就可以互相救助，有共同的情感就可以互相成全，有共同憎恨的对象就可能互相协助，有共同的喜好就可能互相迎合。这样的话，没有强劲的军队也能胜利，没有好时机也能攻占，没有壕沟也可以防守。给百姓带来利益的人，天下人打开门来欢迎他；给百姓带来祸害的人，天下人都关紧门拒绝他。天下并不是一个人的，争夺天下好像追赶野兽，一旦得到，那么天下人都可以分到肉。又好像同坐一条船，如果大家同心协力，那么成功后，大家就可以一齐享有利益；如果不同心协力，失败后，大家都会受到损害。如果这样，到处都有打开大门的人，而没有关闭大门的人了。不从百姓那里获取财富的，就可以取得民心；不从国家获取利益的，就可以取得国家政权，成为诸侯；不从天下获取利益的，就可以取得天下，成为天子。取信百姓的人，白姓使他得利；取信国家的，国家使他得利；取信天下的，天下使他得利。所以，规律是见不到的，事情的变化是听不到的，胜败的苗头是无法感受到的。玄妙啊！玄妙啊！凶猛的老鹰要反击时，会伏低身子收缩翅膀；猛兽要搏击时，也会先低下身子；圣人将要有所动作时，必定先韬光养晦。说到美德，谁可以作为榜样呢？不仔细观察，怎么能知道它的穷尽呢？现在殷朝，谣言四起，人人疑惑。我观察它的田地，茅草长得比谷物还茂盛；我观察它的群臣，曲意逢迎纣王的奸佞压过了正直的人；我观察它的官吏，凶恶残酷，不仁不义，败坏法纪，收取暴利，可是皇上没有察觉，这是国家灭亡的规律啊。"周文王说："好。"

【评析】

姜太公说："天下并不是一个人的天下，是天下人的天下。同天下人共同享用利益的人，就能得到天下；独自享用天下的利益的人，就会失去天下。天有天时，地有地利，能够和人共有的，就是仁爱。有仁爱之心的人，天下人归顺他。免除别人的死罪，解除别人的困难，拯救别人的灾难，帮助别人摆脱急难。这就是有德行的人，天下人都归附他。和别人共同忧愁，共同欢乐，共同喜好，共同憎恶，这是正义。有正义的人，天下人归附他。人人都憎恨死亡，愿意活着；喜欢恩德，归附利益。能产生利益的就是道，拥有道义的人，天下人归附他。"

作为君王，虽有天下，但不知道诚慎，不懂得"水能载舟，亦能覆舟"的道理，最终会自取灭亡的。

2.明五利，知五难

【经文】

楚共王薨[①]，子灵王即位。群公子因群丧职之族，杀灵王，而立子干。立未定，弟弃疾又杀子干而自立。

初，子干之入也，韩宣子问于叔向曰："子干其济乎？"对曰："难。"宣子曰：“同恶相求，如市贾焉，何难？”对曰：“无与同好，谁与同恶？取国有五难：有宠而无人，一也；有人而无主，二也；有主而无谋，三也；有谋而无民，四也；有民而无德，五也。子干在晋，十三年矣。晋、楚之从，不闻达者，可谓无人；族尽亲叛，可谓无主；无衅而动，可谓无谋；为羁终世，可谓无人；亡无爱征，可谓无德。王虐而不忌，楚君子干，涉五难以杀旧君，谁能济之？有楚国者，其弃疾乎？君陈、蔡②，城外属焉。苟虑不作，盗贼伏隐，私欲不违，民无怨心。先神命之，国人信之。芈姓有乱，必季实立，楚之常也。获神，一也；有民，二也；命德，三也；宠贵，四也。居常，五也。有五利以去五难，谁能害之？子干之官，则右尹也；数其贵宠，则庶子也；以神所命，则又远之。其贵亡矣，其宠弃矣。民无怀焉，国无与焉，将何以立？”宣子曰：“齐桓、晋文不亦是乎？”对曰：“齐桓，卫姬之子也，有宠于僖③；有鲍叔牙、宾须无、隰朋以为辅佐；有莒④、卫以为外主；有国、高以为内主；从善如流，下善齐肃；不藏贿，不纵欲，施舍不倦，求善不厌。以是有国，不亦宜乎？我先君文公，狐季姬之子也，有宠于献公，好学不贰，生十七年，有士五人。有先大夫子余、子犯以为腹心，有魏犨、贾佗以为股肱⑤，有齐、宋、秦、楚以为外主，有栾、郤、狐、先以为内主，亡十九年，守志弥笃。惠、怀弃民，从而与之。献无异亲，民无异望。天方相晋，将何以代之？此二君者，异于子干。共有宠子，国有奥主；子干无施于民，无援于外；去晋晋不送，归楚楚不迎，何以冀国？”子干果不终。卒立弃疾，如叔向言。

【注释】

①薨（hōng）：古时指诸侯死亡。

②陈、蔡：前者即今河南淮阳，后者在今河南上蔡县西南。

③僖：即齐僖公。

④莒（jǔ）：西周时期诸侯国名，春秋时期被楚国兼并。

⑤股肱：比喻辅佐的大臣。

【译文】

楚共王去世，次子灵王即位。共王其他的儿子凭借着那些丧失职位的人的亲族杀害了灵王，又立共王三子子干为国君。子干当王没多久，子干的弟弟弃疾又杀了子干并且自立为国君。

起初，子干回国，韩宣子问叔向："子干他能成功吗？"叔向回答说："很难。"韩宣子说："人们有共同的憎恶而互相需求，好像商人一样，有什么难的？"叔向回答说："没有人和他有共同的喜好，谁会和他有共同的憎恶？得到国家有五条难处：有了尊贵的身份而没有贤人，这是一；有了贤人而没有一人主事，这是二；有了人内主而没有谋略，这是三；有了谋略而没有百姓，这是四；有了百姓可是没有德行，这是五。子干在晋国十二年了，晋国、楚国跟从他的人，没有谁是知名之士，可以说没有贤人；族人被消灭，亲人背叛，可以说没有主内之人；没有好时机而轻举妄动，可以说没有谋略；一辈子在外边流亡，可以说没有百姓；流亡在外没有怀念他的迹象，可以说没有德行。楚王暴虐无忌，楚国如果以子干为国君，关系到这五条难处而又杀死原来的国君，谁能帮助他成功？享有楚国的，恐怕是弃疾吧？统治着陈、蔡两地，没有发生烦杂和邪恶的事情，没有盗贼横行，虽然有私欲可是不违背礼义，因此百姓没有怨恨之心。神灵任命他，国内的百姓相信他。芈姓发生动乱，必然就是小儿子被立为国君，这是楚国的常例。得到神灵的保佑，这是一；有百姓，这是二；有美德，这是三；受宠而显贵，这是四；年纪最小合于常例，这是五。有五条利益来除掉五条难处，谁能够伤害他？子干的官职，不过是右尹；数他的地位，不过是庶子；论起神灵所命令的，他又远离了神佑。他的显贵丧失了，他的宠信丢掉了。百姓没有怀念他的，国内没有亲附他的，将要凭什么被立为国君？"韩宣子说："齐桓公、晋文公不也是这样吗？"叔向回答说："齐桓公，是卫姬的儿子，受到父亲齐僖公的宠爱；有鲍叔牙、宾须无、隰朋辅佐；有莒国、卫国作为外援；有国氏、高氏作为内应；能够愉快地接受别人的好意见，就像水从高处流到低处一样，行动迅速；不贪财，不放纵私欲，施舍不知疲倦，求善没有满足。由于这样而享有国家，不也是合适的吗？我们的先君晋文公，是狐季姬的儿子，受到父亲晋献公的宠爱，喜欢学习，专心一志，生下来十七年，得到了五个人才。有先大夫子余、子犯作为心腹，有魏犨、贾佗作为臂膀，有齐国、宋国、秦国、楚国作为外援，有栾氏、郤氏、狐氏、先氏作为内应，逃亡在外十九年，坚守自己的意志更加专一。晋惠公、晋怀公抛弃百姓，百姓成群集队追随文公。献公没有别的亲人，百姓没有别的可期待的人。上天正在保佑晋国，将会用谁来代替晋文公？这两个国君，和子干不一样。共王还有受宠的儿子，国内还有高深莫测的君主弃疾；子干对百姓没有施予，在外边没有援助；离开晋国没有人送行，回到楚国没有人迎接，凭什么希冀享有楚国？"子干果然没有善终而死。弃疾被立为国君，正如叔向所说的一样。

【评析】

传说尧年老的时候，因为儿子丹朱不贤德所以把王位禅让给舜。舜让给丹朱，可是诸侯都不拥戴丹朱，而拥立舜，于是舜才登上天子之位。这则传说说明了做君主的必须有德行，行仁义，以仁德来使大臣、百姓拥戴自己。否则即使当了君主，其君主地位也不能长久。舜代丹朱，商汤伐夏桀，周武王伐商纣王，楚平王代楚灵王和子干，均是这种情形。

3.子贡说，田常服

【经文】

鲁昭公薨于乾侯①。赵简子问于史墨曰："季氏出②其君，而民服焉，诸侯与之；君死于外而莫之或罪，何也？"对曰："物生有两、有三、有五、有陪贰。故天有三辰，地有五行，体有左右，各有妃耦③。王有公，诸侯有卿，皆其贰也。天生季氏，以贰鲁侯，为日久矣。民之服焉，不亦宜乎！鲁君世从其失，季氏世修其勤，民忘君矣。虽死于外，其谁矜之？社稷无常奉，君臣无常位，自古以然。"故《诗》曰："高岸为谷，深谷为陵。"三后之姓于今为庶，主所知也。在《易》卦，雷乘乾曰大壮，天之道也。政在季氏，于此君也四公矣。民不知君，何以得国？是以为君慎器与名，不可以假人。

孔子在卫，闻齐田常④将欲为乱，而惮鲍、晏，因移其兵以伐鲁。孔子会诸弟子曰："鲁，父母之国，不忍观其受敌，将欲屈节于田常以救鲁。二三子谁使？"子贡请使，夫子许之。遂如齐，说田常曰："今子欲取功于鲁实难，若移兵于吴则可也。夫鲁，难伐之国，其城薄以卑，地狭以泄；其君愚而不仁，大臣伪而无用，其士民又恶甲兵之事，此不可与战。夫吴，城高以厚，地广以深，甲坚以新，士选以饱，重器精兵尽在其中，又使明大夫守之，此易伐也。"田常忿然作色曰："子之所难，人之所易；子之所易，人之所难。而以教常，何也？"子贡曰："夫忧在内者攻强，忧在外者攻弱。今君忧在内矣。吾闻子三封而三不成，是则大臣不听也。今君破鲁以广齐，战胜以骄主，破国以尊臣，而子之功不与焉，则交日疏于主。是君上骄主心，下恣群臣，求以成大事，难矣。夫上骄则恣，臣骄则争，是君上与主有隙，下与大臣交争也。如此，则子之位危矣。故曰不如伐吴。伐吴而不胜，民人外死，大臣内空，是君上无强臣之敌，下无民人之过，孤主制齐者唯君也。"田常曰："善。然兵业已加鲁矣，不可更，如何？"子贡曰："子缓师。吾请救于吴，令救鲁而伐齐，子以兵迎之。"田常许诺。

【注释】

①乾侯：今直隶成安县东南。

②出：赶走。

③妃耦：即配偶。

④田常：春秋时期，陈国公子因内乱逃亡到齐国，改姓田氏。

【译文】

鲁昭公死在乾侯。赵简子问史墨说："季氏赶走他的国君，而百姓顺服，诸侯亲附他；国君死在外边而没有人去惩罚他，这是为什么？"史墨回答说："事情的存在有的成双、有的成三、有的成五、有的有辅助。所以天有三辰，地有五行，身体有左右，人各有配偶。王有公，诸侯有卿，都是有辅助的。天生了季氏，让他辅助鲁侯，时间已经很久了。百姓顺服他，不也是很合适吗？鲁国的国君世世代代放纵安逸，季氏世世代代勤勤恳恳，百姓已经忘记他们的国君了。因此即使鲁昭公死在国外，有谁可怜他？社稷没有固定不变的祭祀者，祭祀者没有固定不变的，人们认为只有有德行的人才可承担，君臣没有固定不变的地位，自古以来就是这样。"所以《诗经》说："高高的堤岸变成河谷，深深的河谷变成山陵。"三王的子孙在今天成了平民，这是君主所知道的。在《易》的卦象上，代表雷的震卦在乾卦之上，叫做大壮，这是上天的常道。政权到了季氏那里，到这一位国君已经是第四代了。百姓不知道谁是国君，怎么能得到国政？因此做国君的要谨慎地对待车马、服饰和爵号，不能随便拿来借给别人。

孔子在卫国，听说齐国田常将要作乱，可是他惧怕卿大夫鲍牧、晏圉从中作梗，因此移调他的士兵去讨伐鲁国。孔子召集众弟子说：我们的父母、亲人都住在鲁国，我不忍心看它受到敌人的入侵，想要田常放弃自己的节操来挽救鲁国。你们谁可出使齐国？"子贡请求出使，孔子答应了。子贡于是到了齐国，对田常说："现在你想攻打鲁国以取得功劳那就错了，不如移调兵力到吴国，那么就可成功。鲁国是不容易攻下的国家。因为他的城墙既薄又低，土地既小又浅；他的君主愚昧又不仁慈，朝中大臣只会作假又不中用，士兵百姓又怕打仗的事，因此你不能够跟他打。那吴国的城墙又高又厚，土地又广又深，兵器铠甲既坚锐又是新造的，士兵既经选训又吃得好，城里尽是宝物和精兵，又派了英明的大夫来守城，这就容易攻打了。"田常听了很生气，脸色一变，说道："你说难的，人家倒认为容易；你认为容易的，人家却说是难的。你对我说这些话，到底是什么用心？"子贡说："一个忧患在于朝廷的人，必去攻打强国，忧患者在于百姓，才去攻击弱国。我听说你三次受封都封不成，那是朝中大臣有反对你的了。现在你要攻下鲁国来扩充齐国的领地，如果战争胜利了，使你的君主更骄傲，要是攻破了敌国，更是使国中大臣尊贵，可是功劳却没你的份，你和君主的交情就一天天疏远了。这样的话，你对上使君主骄傲，对下使群臣放肆，想因此来成就大事，那是很难的。凡是主上骄傲了，他就会放肆；臣子骄傲了，他就会争夺。这样你上和君主有了嫌怨，下和群臣相互争夺。到这个地步，那你在齐国的地位就危险了。所以我说你不如去攻打吴国。打吴国打不赢，但人民在外战死，大臣率兵出战，朝廷也空虚了，这样你在上没有强臣的对抗，下面没有百姓的怪罪，孤立主上专职齐国的只有你了。"田常说："很好！但是我的军队已经到鲁国了，不可能再变更，怎么办好呢？"子贡说："你只要按兵不动，我去出使吴国，请求吴王救鲁国并且讨伐齐国，你趁机发兵迎击就是了。"田常答应了。

【评析】

做君主的如果缺乏御臣之术，就会出现重臣、权臣威胁主上的情形，严重的会被取而代之。历史上三国、两晋、南北朝时期，朝代的不断更迭，多数都是由于这个原因。

子贡出使，保全了鲁国，扰乱了齐国，破灭了吴国，强大了晋国，而越国也称霸了。所以说一言重于九鼎，有时十万大军用武力解决不了的问题，言辞可以做到。不烦寸铁，谈笑解围。历史上一策而转危为安，一语而巧退千军，一计而平定叛乱，数语而定国安邦的例子是很多的，这在今天也值得借鉴。不过，一方面要谨防一些人用美丽的谎言达到行骗的目的；另一方面，应充分发挥语言的功能，排难解纷。

4.赵高乱，改诏书

【经文】

秦始皇帝游会稽，至沙丘①，疾甚。始皇令赵高为书赐公子扶苏，未授使者，始皇崩。

赵高因留所赐扶苏玺书②，而谓公子胡亥曰："上崩，无诏封王诸子而独赐长子书。长子至，即位为皇帝，而子无尺寸之地，为之奈何？"胡亥曰："固然也。吾闻明君知臣，明父知子。父既捐命，不封诸子，何可言也！"赵高曰："不然。方今天下之权，存亡在子与高及丞相耳，愿子图之。且夫臣人与见臣于人，制人与见制于人，岂可同日而道哉！"胡亥曰："废兄而立弟，是不义也；不奉父诏而畏死，是不孝也；能薄而材谫③，强因人之功，是不能也。三者逆德，天下不服。"高曰："臣闻汤、武杀其主，天下称义焉，不为不忠。卫君杀其父，而卫国载其德，孔子著之，不为不孝。夫大行不细谨，大德不辞让，乡曲各有宜而百官不同功。故顾小而忘大，后必有害；狐疑犹豫，后必有悔。断而敢行，鬼神避之，后有成功。愿子遂之也。"胡亥喟然叹曰："今大行④未发，岂宜以此事干丞相哉！"高曰："时乎时乎，间不及谋。赢粮跃马，唯恐后时！"

胡亥既然高之言，乃谓丞相斯曰："上崩，赐长子书，与丧俱会咸阳而立为嗣。书未行，今上崩，未有知者。事将何如？"斯曰："安得亡国之言耶！"高曰："君自料才能孰与蒙恬？功高孰与蒙恬？谋远不失孰与蒙恬？无怨于天下孰与蒙恬？长子旧而信之孰与蒙恬？"斯曰："此五者皆不及蒙恬，而君责之何深也？"高曰："高故内官之厮役也，幸得以刀笔之吏⑤进入秦宫，管事二十余年，未尝见秦免罢丞相、功臣有封及二世者也，卒皆以诛亡。皇帝二十余子，皆君之所知。长子刚毅而武勇，信人而奋事，即位必用蒙恬为丞相，君侯终不怀通侯之印归于乡里，明矣。高受诏教习胡亥学法，仁慈笃厚，轻财重士，秦之诸子皆莫及也，可以为嗣。君计而定之。"斯曰："斯，上蔡闾巷⑥布衣也，上幸擢为丞相者，固将以存亡安危属臣也。岂可负哉！夫忠臣不避死而庶几，孝子不勤劳而见危，君其勿复言。"高曰："盖闻圣人迁徙无常，就变而从时，见末而知本，观指而睹归。物固有之，安得常法哉！方今天下之权悬命于胡亥，高能得志焉。且夫从外制中谓之惑，从下制上谓之贼。故秋霜降者草花落，水风摇者万物作，此必然之效也。君侯何见之晚也。"斯曰："吾闻晋易太子，三世不安；齐桓兄弟争位，身死为戮；纣残贼亲戚，不听谏者，国为丘墟。三者逆天，宗朝不血食，斯其犹人哉，安足与谋！"高曰："上下合同，可以长久；中外若一，事无表里。君听臣之计，则长有封侯，世世称孤，必有乔、松⑦之寿，孔、墨之智。今释此而不从，祸及子孙，足为寒心。善者因败为福，君何处焉？"斯乃仰天而叹，垂涕太息⑧曰："既已不能死，安托命哉！"乃听高立胡亥，改赐玺书，杀扶苏、蒙恬。

【注释】

①沙丘：在今河北广宗县境内。

②玺书：加盖玉玺的书。

③谫（jiǎn）：浅薄。

④大行：古称刚死去的皇帝为大行。

⑤刀笔之吏：主办文案的官吏。

⑥闾巷：指民间。

⑦乔、松：即王子乔、赤松子。

⑧太息：叹息。

【译文】

秦始皇巡行天下，出游会稽山，来到沙丘时，病得很严重，便叫赵高写遗诏赐给公子扶苏。遗诏写好后，还没来得及交给使者送去，秦始皇就去世了。

赵高因此扣留了赐给扶苏的玺印和遗诏，对公子胡亥说："皇上去世，没有遗命封立诸子为王，只赐给了长子扶苏遗诏，等长子来到，就会被立为皇帝，可是你却连一点儿土地也没有分封到，该怎么办呢？"胡亥说："事实是这样。我听说贤明的君王最了解他的属臣，聪睿的父亲最清楚他的儿子。我父亲他当然知道哪个儿子应该嗣位，哪个儿子不应受封。现在我父亲既然不下命令封赐诸子，那还有什么好说的呢？"赵高说："话可不是这么说。现在天下的大权，在你、我和丞相李斯手中，我们要谁生存谁就生存，要谁灭亡谁就灭亡，希望你能考虑一下。况且让别人向自己称臣和自己向别人称臣，控制别人和被别人控制，这两样怎么可以相提并论呢？"胡亥说："废弃长兄而拥立幼弟，是不合乎道义的；不遵从父亲的遗诏，妄想嗣位为帝，或者惟恐长兄嗣位以后，自己失去宠特，可能被杀，因而阴谋篡位，这都是不孝的；自己才能薄劣，勉强依靠别人出力帮忙，不能算是能干。这三件事都是违背道德，不让天下人所心服的。"赵高说："我听说商汤、周武王杀了他们的君王，全天下人都称赞他们行为符合道义，不算是不忠诚。卫出公杀了他的父亲，卫国人因而推重他的德望，孔子还在《春秋经》中特别记载，不算是不孝顺。做大事的人不可拘泥小节，隆盛的德行不必计较琐屑的礼节。乡里间日常的琐事，和朝廷百官所担负的工作，性质各不相同。因此凡事只顾细节而遗忘大体，必有祸患；犹疑不决，必招灾害。要是能勇敢果断，放手去做，连鬼神也会畏惧逃避，后来必能成功。但愿你依照我的意见去做。"胡亥长叹了口气，说："现在皇上刚去世，还没有发丧，丧礼还没有结束，怎么能拿这件事来打扰丞相呢？"赵高说："时机是很要紧的啊！稍一迟缓就不允许你再作任何打算了。就像携带干粮骑着快马赶路一样，最怕的是耽误时机了。"

胡亥同意了赵高的话。赵高对丞相李斯说："皇上去世，赐遗诏给长子，叫他赶来参与丧事，到咸阳会齐，准备嗣位为帝。可是遗诏还没来得及送出，皇上就先去世了。现在还没有人知道皇上去世的消息。你看这事情该怎么办？"李斯说："怎么可以说这种灭亡国家的话呢？"赵高说："你自己估量一下你的才能比蒙恬怎样？你对国家的功劳可比蒙恬高？你可曾比蒙恬更能深谋远虑不致失算？你果真比蒙恬更不会结怨于天下人？你比蒙恬更和长子扶苏有旧情且又深得信任？"李斯说："这五样我都比不上蒙恬，但你为什么对我如此苛求责备呢？"赵高说："我原本不过是宫禁里一个供人驱使的奴役，侥幸因为娴熟狱法，得以有机会进入秦朝宫廷，掌管事务，到今天已经二十多年了，从来没有看到被秦王所罢免的丞相或功臣，是曾经连封两代相继为官的，这些大臣最后都是被诛戮而死的。皇帝的二十几个儿子，他们的为人你都知道。长子扶苏刚强果断，威武勇敢，肯相信人，又善于鼓舞别人，让他们为自己出力。他继承皇帝位后，必定任命蒙恬当丞相，这样一来，你不可能带着通侯的印绶回家安享晚年，这是很明确的了。我接受皇上的命令，教胡亥学习法令诸事。胡亥慈祥仁爱，敦厚笃实，轻视财物，看重士人，秦国的那些公子都比不上他，所以他可以继承皇位。你不妨计划一下，确定他为太子。"李斯说："我李斯原不过是上蔡民间的一个普通百姓，皇上侥幸提拔我做丞相，原本是要把国家存亡安危的重担交托给我的。我怎能辜负皇帝对我的恩义呢？肝胆相酬的忠臣，不会因为怕死就存侥幸万一的心理，谨身侍亲的孝子，不做危险的事。所以请你不要再说了。"赵高说："我听说聪明人处世，凡事灵活变化，不会固执不通。他能够抓紧局势变化的关键，顺应潮流；看到事物的细微末节，就能知道它根本的方向；看到事物发展的动向，就能知道它最后的结果。事物的发展本来是有这种情况的，怎么能固执着永恒不变的准则呢？现在天下的权威和命运都掌握在胡亥手中，我有办法实现我的想法。再者说，依附外面的扶苏来挟制掌握中枢的胡亥，那是糊涂，以臣子的身份地位，挟制君上，就是乱臣贼子了。所以秋天天寒霜降，草木自然零落凋谢，春天天暖冰化，万物自然生长，这是必然的结果。你怎么到现在还不理解这种道理呢？"李斯说："我听说晋献公废太子申生改立庶子奚齐，结果召至三代政局的不安定；齐桓公和他的弟弟公子纠争夺王位，后来公子纠给杀了；商纣王杀了叔父比干，不听臣子劝谏，因此国都变成一片废墟，国家也灭亡了。这三件都是违背天理的例子，弄得宗庙没人祭祀。我和他们几个是一样的人，你又何必与我商量呢？"赵高说："如果上下同心协力，就可以保有长久的富贵；如果内外互相应和，事情自然顺手，不会有差错。你要是听我的计策，你就可以长久享有侯爵，还可以传给子孙万代。而且你也可以像王子乔和赤松子两位仙人那般的长寿，像孔子和墨子两位圣贤那样聪明智慧。现在你舍弃这个好计策不肯听从，那么连你的子孙都不免遭殃，我实在很替你担心。一个善于自处的人是能因祸而得福的，你打算把自己如何来安置呢？"李斯于是抬头望着天，流着泪叹息着说："既然不能自杀来报答皇帝，要向哪儿去寄托我的命运呢？"于是李斯就听从了赵高的计谋，改立胡亥为太子，篡改秦始皇所赐的遗诏，杀了扶苏和蒙恬。

【评析】

李斯出身布衣，行踪遍历诸侯各国，后来到了秦国，趁六国有机可乘的时候，辅佐秦始皇嬴政，终于成就了帝王之业。李斯也做了三公，可算是得到始皇的尊宠任用了。可是身为丞相，不力求修明政治，来纠正补救秦始皇的过失，而只是贪恋爵禄，为了一己私利，而置国家利益不顾，听从了赵高的邪说，废弃嫡子扶苏，立了庶子胡亥。不但使秦国丧失了天下，自己也受五刑而死，并且祸及父母、兄弟、妻子三家族的人。这一切是李斯咎由自取的啊！

5. 蒯通谋，新据谏

【经文】

秦二世末，陈涉起蕲①，兵至陈②。张耳、陈余说涉曰："大王兴梁、楚，务在入关，未及收河北也。臣尝游赵，知其豪杰，愿请奇兵略赵地。"于是陈王许之，与卒三千。从白马③渡河，至诸郡县，说其豪杰曰："秦为乱政虐刑，残灭天下。北为长城之役，南有五岭之戍，外内骚动，百姓罢敝，头会箕敛，以供军费，财匮力尽，重以苛法，使天下父子不相聊生。今陈王奋臂为天下倡始，莫不响应。家自为怒各报其怨，县杀其令丞，郡杀其守尉。今已张大楚，王陈，使吴广、周文将卒百万西击秦。于此时而不成封侯之业者，非人杰也。夫因天下之力而攻无道之君，报父兄之怨而成割地之业，此一时也。"豪杰皆然其言。乃行收兵，下赵十余城。

韩信既平齐，为齐王。项王恐，使盱眙④人武涉往说齐王，使三分天下。信不听。

武涉已去，蒯通⑤知天下权在韩信，欲为奇策而感动之，以相人说韩信曰："仆尝受相人之术。"韩信曰："先生相人何如？"对曰："贵贱在于骨法，忧喜在于容色，成败在于决断，以此参之，万不失一。"信曰："先生相寡人如何？"对曰："愿请间。"信曰："左右远。"蒯通曰："相君之面，不过封侯，又危不安。相君之背，贵乃不可言。"信曰："何谓也？"蒯通曰："天下初发难，俊雄豪杰建号一呼，天下之士云合雾集，鱼鳞杂沓，烟至风起。当此之时，忧在亡秦而已。今楚汉分争，使天下无罪之人肝胆涂地，父子暴骸、骨肉流离于中野，不可胜数。楚人起于彭城，转斗逐北，至于荥阳，乘利席卷，威振天下。然兵困于京、索⑥之间，迫西山而不能进者，三年于此矣。汉王将数十万之众，距巩、洛，阻山河之险，一日数战，无尺寸之功，折北不救，败荥阳，伤成皋，还走宛、叶之间，此所谓智勇俱困者也。夫锐气挫于险塞而粮食竭于内藏，百姓罢极怨望，无所依倚。以臣料之，其势非天下圣贤固不能息天下之祸。当今两主之命悬于足下。足下为汉则汉胜，与楚则楚胜。臣愿披腹心，输肝胆，效愚计，恐足下不用也。诚能听臣之计，莫若两利而俱存之，三分天下，鼎足而居，其势莫敢先动。夫以足下之贤圣，有甲兵之众，据强齐，从燕、赵出空虚之地而制其后，因民之欲，西向为百姓请命，则天下风起而响应矣，孰敢不听！割大弱强，以立诸侯，诸侯已立，天下服听而归德于齐。案齐之故，有胶、泗⑦之地，怀诸侯以德，深拱揖让，则天下之君王相率而朝于齐矣。盖闻天与不取，反受其咎；时至不行，反受其殃。愿足下熟虑之。"

韩信曰："汉王遇我厚，载我以其车，衣我以其衣，食我以其食。吾闻之：乘人之车者载人之患，衣人之衣者怀人之忧，食人之食者死人之事，吾岂可向利背义乎？"蒯生曰："足下自以为善汉王，欲建万世之业，臣窃以为误矣。始常山王、成安君为布衣时，相与为刎颈之交，后争张黡、陈泽之事，二人相怨。常山王奉项婴头鼠窜，归于汉王。汉王借兵东下，杀成安君泜水之南，头足异处，卒为天下笑。此二人相与，天下至欢。然而卒相擒者，何也？患生于多欲，人心难测也。今足下欲行忠信以交于汉王，必不能固于二君之相与也，而事多大于张黡、陈泽。故臣以为足下必汉王之不危己，亦误矣。大夫种、范蠡存亡越、伯勾践，立功成名而身死亡。谚曰：'野兽尽而猎狗烹，敌国破而谋臣亡。'夫以交友言之，则不如张耳之与成安君也；忠信言之，则不过大夫种之于勾践也。此二人者，足以观矣。愿足下深虑之。且臣闻勇略震主者身危，而功盖天下者不赏。臣请言大王功略：涉西河，虏魏王，擒夏说，引兵下井陉，诛成安君，徇赵、胁燕、定齐，南摧楚人之兵二十万，东杀龙且⑧，西向以报，此所谓功无二于天下，而略不世出者也。今足下载震主之威，挟不赏之功，以归楚，楚人不信；归汉，汉人震恐。足下欲持是安归乎？夫势在人臣之位而有震主之威，名高天下，窃为足下危之。"韩信谢曰："先生且休矣，我将念之。"

后数日，蒯通复说曰："夫听者事之候，计者事之机也，听过计失而能久安者，鲜矣。听不失一二者，不可乱以言；计不失本末者，不可纷以辞。夫随厮养之役者，失万乘之权；守儋石之禄者，缺卿相之位。故智者决之断也，疑者事之害也，审毫厘之小计，遗天下之大数，智诚知之，决不敢行者，百事之祸也。故猛虎之犹豫，不如蜂虿之致螫；骐骥之跼躅，不如驽马之安步；孟贲⑨之狐疑，不如庸夫之必至也；虽有舜、禹之智，沉吟而不言，不如喑聋之指麾也。夫功者难成而易败，时者难得而易失也。时不再来，愿足下详察之。"韩信犹豫不忍背汉，又自以为功多，汉王终不夺吾齐，遂谢蒯生。蒯生曰："夫迫于苟细者，不可与图大事；拘于臣虏者，固无君王之意。"说不听，因去，佯狂为巫。

【注释】

①蕲：今安淮宿州。

②陈：今河南淮阳。

③白马：白马津，今河南滑北县。

④盱眙（xū yí）：县名，在今江苏省。

⑤蒯（kuǎi）通：汉代范阳人，本名彻，历史书籍因避汉武帝刘彻名讳，改为通。

⑥京、索：地名，前者在今河南荥阳县一带，后者指索水流经的大索城南一带。

⑦胶、泗：地名，二者都在今山东省境内。

⑧龙且：项羽部将。

⑨孟贲（bēn）：齐国的勇士。

【译文】

秦二世末年，陈涉起兵靳州，攻入陈县，张耳、陈余对陈涉说："大王动员梁楚的军队，目标是要攻入关内，无暇收复河北，我们从前去过赵国，对那里的豪俊人才和地理形势非常熟悉，希望你能派遣一支军队，出人意料地向北攻取赵国的地方。"陈涉听从了他的话，拨给他们三千军队。张耳、陈余他们从白马津渡河，到了河北诸县，便向当地的豪杰游说："秦国的暴政酷刑残害天下已经几十年了，在北方征集很多的劳力修筑长城，在南方广召兵丁戍守五岭，弄得内外骚动，鸡犬不宁，百姓们疲惫不堪，而官吏们却经常到百姓家去按照人口的多少，聚敛财物，以供应军队的费用，财匮力尽，民不聊生，又以严刑酷法，使家人父子都不能相安。现在陈王奋臂而起，首举义旗，领导天下的百姓推翻暴政。楚国二千里地方，没有不起来响应的，家家奋起，人人参战，各自报复和攻杀他们的怨仇，县里的令丞被杀了，郡中的守尉也被杀了。现在已经建立了大楚国，在陈地为王，又派遣吴广、周文等率领百万大军西出攻秦。有这么一个大好的机会，还不能成就封侯的功业的人，那就不是人中的豪杰了。以天下人的力量，攻击无道的暴君，报父兄的怨仇，并能成就霸业，这是豪杰之士们最好的机会了。"当地的豪杰之士都认为这话很对，于是纷纷行动，军队的人数一下子增加到几万，占领了赵地十多个城。

韩信平定齐国后，被汉王刘邦立为齐王。项羽有些恐慌，就派盱眙人武涉去游说齐王韩信，让韩信和汉王、项王三分天下。韩信拒绝了。

说客武涉走了以后，齐国人蒯通也知道目前天下大势，举足轻重的关键是操在韩信手中，想要用一个特殊的计策来感动他，就用他曾经学过的相人术来劝说韩信，他说道："在下曾经学过相人术，懂得相法。"韩信说："先生相人术的方法如何？"蒯通回答说："一个人的贵或贱，在于看骨骼的表象；忧或喜，在于看脸上的气色；成与败，在于看他的性情对事情有无决断力。用这三

个条件来综合看相，保证万无一失！"韩信说："先生请相相我的命运究竟如何？"蒯通回答说："请屏退左右！"韩信说："身边的人都退下吧！"蒯通说："从你的面相看来，你将来最高不过封侯，而且还会遭到危险；从你的脊背看来，将军真是贵不可言。"韩信说："这话怎么说？"蒯通说："天下的英雄豪杰们，他们刚开始发动抗秦，只要有人自立为王，登高一呼，天下的有志之士，全都聚合到一处来了，多如云兴雾涌，鳞次栉比，快得像火乱飞，风疾起。在那段时间里，大家所忧虑的，是如何消灭暴秦罢了！现在的情况，是楚王项羽与汉王刘邦双方在争夺天下，使得天下那些无辜的老百姓，死伤遍野，父死子亡，尸骨抛弃在荒野，不计其数。楚国人从彭城起义，到处战斗，无往不利，以致把汉王围困在荥阳，乘军事上的得利，席卷大部分土地，使得天下震动。然而他的军队在京与索二地之间，无法动弹，阻于西部山区而不能向前推进，已经是三年了！汉王率领了几十万部队，占据了巩（今河南巩县）和洛阳，仗着山区和河谷的复杂地形，来抵抗楚兵，一天战斗好几次，不能进得尺寸之地。常常打败仗，无法挽救，以至有荥阳之败仗，成皋（今河南汜水县西北）的伤亡，就逃到宛城（今湖北荆门县南六十里）和叶县（今河南叶县南）之间，这就是智的一方无所用其智，勇的一方无所乘其勇的窘境了！至于乘胜的锐气，被山区的险隘所挫阻；而守险的一方，内部又粮食空虚。老百姓因为长期陷于战争，精疲力竭，所以十分怨恨，日夜盼望战争早日停止，因为他们已经到了无所归宿的地步。照我的估量，在这种情势下，如果不是天下最贤圣的人，就一定不能平定这天下的大祸患。目前刘、项两王的命运，就在你的手上。你如果替汉王出力，那就是汉王的胜利；如果帮助楚王，那就是楚王胜了。我现在愿意披心沥胆，以诚相告，可是唯恐你不能采纳。如能采纳我的意见，最好保持中立，不帮任何一方去消灭对方，让他们都存在下去，这样你便可以跟他们三分天下，像鼎的三足一样相互维持着，在这种形势下，刘、项双方谁都不敢先动手。以你的聪明才智，拥有最好的武装部队，占领着强大的齐国，牵制着燕国和赵国，再出兵去收复刘、项双方兵力不足的地方，牵制着他们的后方，顺着百姓们的愿望，出兵向西，去为百姓们讲话。阻止楚、汉的争斗，那天下百姓对你的反应，就会像风、像回声一样地快速传布，到了那个时候，谁敢不听从你的意见呢！把大国的地盘减缩，把强国的势力削弱，用来分封已经失去土地的各国诸侯，各诸侯都已分立，那天下诸侯没有不听命于你的，并且还会感念你对他们的恩德。根据从前的齐国故地，拥有胶河（今山东胶县西南）、泗水流域等地方，你现在用恩德来安抚诸侯，对他们礼遇谦让，那么天下的君王们，一定相率来齐国朝拜了！我听说'天赐给你你不取，反会受到祸咎；时机来了你不去实行，反会受到灾难'。希望您好好地考虑这件事。"

韩信说道："汉王待我十分恩重，把他的车给我乘坐，把他的衣服给我穿，把他的饭给我吃。我听古人说，乘过人家车子的人，要给人家分担患难；穿人家衣服的人，也该给人家分担忧虑；吃人家饭的人，就得为人家卖命。我怎么可以唯利是图而违背正义呢！"蒯通说道："你自以为和汉王刘邦友善，想要帮助他建立万世的功业，我私下认为你是错了！想当初常山王张耳和成安君陈余，二人的关系像生死兄弟一样，后来因为张黡、陈泽事件，两人就变成了仇敌一样。常山王背叛项王，捧着项王使者项婴的头逃走，投降到汉王麾下，汉王就借了他的部队，向东进军，在泜水（今河北无氏县四群山中）之南，杀掉了成安君，结果成安君身首异处。这样的交情，终于被天下人所耻笑。这两个人的感情，可以说是天下最深厚的了，然而到最后弄得你也想把我捉来杀了，我也想把你捉来杀了，这是什么原因呢？原因就出在彼此贪心不足，而且人心是变幻莫测的。现在你要用忠信之道来和汉王相交往，势必不可能比陈余、张耳二人的相交更巩固吧，而你们之间的事情，恐怕要比陈泽、张黡事件重大得多。所以我认为你过分相信刘邦不会加害到你，这也是错误的！以前大夫文种和范蠡把已亡的越国恢复，使勾践重新称霸于诸侯，结果等到功成名就，一个被杀死，一个逃亡湖上。谚语说得好：'野兽已经被捕捉完了，接着就会把猎狗给宰了！敌国已经攻破，那么谋臣就会被杀。'至于以交朋友的情感而言，那就不如张耳和陈余之间的深厚；拿忠与信的道德标准来说，最多也不过像大夫文种对于勾践那样。这两类人，可以供你看清人情世故了。希望你多多考虑。而且臣听说勇猛、谋略使得主子震动时那就有生命的危险，功劳、业绩超过天下所有的人，那就到达了顶点，无法赏赐了。现在我来报报你的功绩吧：你渡过西河（今陕西同州），掳了魏王，擒了夏说，带着兵通过井陉（在直隶井陉县东北井陉山上），杀了成安君陈余，攻打赵国，威胁了燕国，平定了齐国，向南摧毁了楚国二十万大军，又向东杀了楚将龙且，西向汉王报捷，这就是前面所说的功绩第一，天下没有第二个人可以比得上，而且再也没有一个人能够超过你了。现在你负有震动主子的威势，拥有无法赏赐的大功。你去归附楚，楚人不会信赖你；去助汉，汉人又怕你，你挟着这样的情势往哪儿去呢？至于从情势上看，你毕竟还居于臣子的地位，但你却有使君主感到压迫的威势，你的声誉，已经是天下第一，我真为你感到危险、不安。"韩信谢谢他的好意说道："先生请你别说了，让我考虑考虑吧！"

过了几天以后，蒯通又劝说韩信道："一个善于听取意见的人，定能预先见到征兆的，遇事能反复考虑，才能掌握成败的关键；听取错误的意见，或做了错误的决定却能够长久安全，不发生问题的，实在是少见的事！一个人如果听取十个意见，竟连一两次失败都没有，那真是个智者，如此旁人的闲言碎语是无法迷惑他的！一个人如果考虑问题，从来不会本末倒置，相反能轻重得宜，一定是个胸有成竹的人，如此旁人的花言巧语是无法去搅乱他的！如果一个人随遇而安，甘心情愿做人家的奴仆杂役，就会失去掌握君权的机会了！留恋满足于有限的俸禄，就会失掉为卿做相的地位。所以当机立断是聪明的人，遇事迟疑不决，一定坏事！对于鸡毛蒜皮的小事，精打细算，就遗忘了天下大事；如果一个人的智慧，足以预知事情的变化，却因为决心不够迟迟不做，这是导致一切事情失败的祸根。所以常言道：猛虎的利爪足以伤人，但因犹疑不用反被人擒获，还不如小小的蜜蜂，能以尾端的毒刺伤害人；千里马踟蹰不前，反不如劣马能够稳步前进；战国时的大力士孟贲，如果犹疑不前，倒不如一个平庸的人能够达到目的；即使有舜、禹一般的智慧，但却闭口一语不发，还不如又聋又哑的人打手势的效果好。这话最重要的意义就是要付诸行动。功业是不容易开创但却很容易失败，时机是很难遇到却又很容易错过的。机会错过了就不会再来，希望你仔细考虑它吧。"韩信犹疑不定，不忍心背叛汉王，又自认为自己有这么多的功勋，汉王终究不会把齐国夺去的，于是谢绝了蒯通的建议。蒯通说："凡是拘泥于细碎事情的人，不可以和他谋划重大的事情；凡是局限于给别人做臣子或奴仆的，本来就没有当君王的心愿啊。"蒯通看到劝说不被韩信采纳，就离开了，因为怕此事被人发觉有杀身之祸，就装疯冒充巫者来避祸。

【评析】

历史上，那些帮助别人成就帝王事业的人，常常下场悲惨。兔死狗烹，历史上不乏这样的先例，像勾践对范蠡、文种，宋太祖杯酒释兵权，明太祖族灭功臣等。所以刘邦当皇帝后，也开始清除异姓的有功之臣，如韩信、彭越诸人。但是，如果韩信懂得谦让之道，在事业成就之后，谨守自己的职责，不夸耀自己的功劳，不以自己的才能为骄傲，即使当初不背叛汉朝，凭他对汉朝的功勋，子子孙孙也是可以一直享受殊荣，获得祭祀的；可是韩信却不朝这方面努力，在天下大局已定的情况下，因为汉高祖对他的疑忌，而阴谋叛逆，导致全家被杀。这不也是他咎由自取吗？刘邦身边的萧何、曹参、张良、陈平这些有功之臣，不就得到善终了吗？

6. 七国反，终被诛

【经文】

吴王濞以子故不朝。及削地书①至，于是乃使中大夫应高诳胶西王②，无文书，口报曰："吴王不肖，有宿夕之忧，不敢自外，使喻其欢心。"王曰："何以教之？"高曰："今者主上兴于奸雄，饰于邪臣，好小善，听谗贼，擅变更律令，侵夺诸侯之地，征求滋多，诛罚良善，日以益甚。语有之曰：'舐糠及米③'。吴与胶西，知名诸侯也，一时见察，恐不得安肆矣。吴王身有内病，不能朝请二十余年，常患见疑，无以自白。今胁肩累足，犹惧不见释。窃闻大王以爵事有适，所闻诸侯削地，罪不至此，此恐不得削地而已。"王曰："然，有之。子将奈何？"高曰："同恶相助，同好相留，同情相成，同欲相趋，同利相死。今吴王自以为与大王同忧，愿因时循理，弃躯以除患害于天下，抑亦可乎？"王瞿然骇曰："寡人何敢如是？今主虽急，固有死耳，安得勿戴？"高曰："御史大夫晁错，荧惑④天子，侵夺诸侯，蔽忠塞贤，朝廷疾怨，诸侯皆有背叛之意，人事极矣。彗星夕出，蝗虫数起，此万世一时，而愁劳圣人之所起也。故吴王内欲以晁错为讨，外随大王后车，彷徉天下，所向者降，所指者下，天下莫敢不服。大王诚幸而许之一言，则吴王帅楚王略函谷关，守荥阳敖仓⑤之粟，距汉兵。治次舍，须大王有幸而临之，则天下可并，两主分割，不亦可乎？"王曰："善。"七国皆反，兵败伏诛。

【注释】

①削地书：晁错建议景帝削减诸侯土地，景帝下令实行。此令即为削

地书。

②胶西王：刘氏诸侯王。

③舐糠及米：意思是糠尽则至米，比喻削减土地后至于亡。

④荧惑：迷惑。

⑤敖仓：秦代所建仓名。

【译文】

吴王刘濞是汉高祖刘邦的哥哥刘仲的儿子，因为儿子吴太子被皇太子杀害的缘故，称病不入朝。等到汉王朝削除吴的土地的文书到达，吴王于是就派中大夫应高去挑拨胶西王刘卬。应高没有用文书通知，只是捎吴王的口信说："我们的吴王不才，他有旧日的愁忧，不敢离开本国到外地去，因此派我来告知他内心的心事。"胶西王说："有何指教？"应高说："现在皇上被奸臣所蒙蔽，好贪小便宜，听信谗邪之人的话，擅自改变法令，侵夺诸侯的土地，征求愈来愈多，诛杀处罚善良的人也一天比一天厉害。俗语说：'吃完了米糠，就会吃到米粒来。'吴与胶西是有名的诸侯，同时被验察，恐怕不得安宁了。吴王有心病，不能上朝请安已有二十多年之久，曾担心被猜疑，没有办法陈说事情的真相，即使现在敛起了肩膀，叠起双脚，表现出畏惧请罪、卑躬屈膝的样子，还是害怕不被谅解。我听说大王你因为卖官爵的事而有罪，听说诸侯被削土地，其罪不至于卖爵那么大，这件事不会因为削地就算了。"胶西王说："是的，有此事，那么你说将怎么办呢？"应高说："憎恶相同的互相帮助，兴趣相同的互相保留，情况相同的互相成全，欲望相同的互相趋附，利益相同的互相死难。现在吴王自认为与大王有同样的忧患，希望借着时机，顺着事理，牺牲身躯，为天下除去患害，你想这样可以吗？"胶西王很惊骇地说："本人怎敢如此呢？现在皇上虽然逼得很急，本来只有一死啊！怎么可以不去拥戴他呢？"应高说："御史大夫晁错一直迷惑天子，侵夺诸侯的土地，蔽塞忠贞贤良进取之路，朝廷之臣都有痛恨之心，诸侯也都有背叛之意，人事已到了困极的地步。流星的出现，蝗虫不断地发生，这是万世当中唯一的好机会，而且忧愁劳苦的时候是圣人所以产生的原因。所以吴王想对内以讨伐晁错为名，在外追随大王车乘之后，走遍天下，所到之地则都投降，所往之地则都克服，天下的人没有敢不顺服的。大王若真能答应一句话，那么吴王就率领楚王攻下函谷关，守住荥阳敖仓的米粟，来抗拒汉兵。修治军队驻扎的房舍，以等待大王的到来。大王若真的能够到来，那么天下就可以统一，两个君主来分割天下，不也是可以吗？"胶西王说："好。"于是吴、楚、赵、胶西、济南、淄川和胶东这七国的诸侯王起兵反叛，结果失败，全部被诛杀。

【评析】

太史公司马迁说："汉兴以来，孝文皇帝广施恩德，天下安宁。到了孝景皇帝刘启即位，不再担心异姓诸侯王的反叛。然而晁错削夺同姓诸侯王的封地，使得吴、楚七国都起兵反叛，联合向西进攻朝廷。这是由于诸侯王的势力强盛，而晁错又没有采取逐步削减的办法。等到主父偃提出准许诸侯王分封自己的子弟为侯的建议，诸侯国的势力才日益削弱。这样看来，国家安危的关键，难道不是在于谋略吗？"

时宜二一

"情"与"形"、"势"之异者也。随时变通，不可执一矣。

1. 事无常，随时变

【经文】

夫事有趋同而势异者，非事诡①也，时之变耳。何以明其然耶？昔秦末，陈涉起蕲②民至陈。陈豪杰说涉曰："将军披坚执锐，帅士卒以诛暴秦，复立楚社稷，功德宜为王。"陈涉问陈余、张耳两人，两人对曰："将军瞋目张胆，出万死不顾一生之计，为天下除残贼。今始至陈而王之，示天下以私。愿将军无王，急引兵而进，遣人立六国后，自为树党。如此野无交兵，诛暴秦、据咸阳，以令诸侯，则帝业成矣。今独王陈，恐天下解也！"

及楚汉时，郦食其为汉谋挠楚权，曰："昔汤伐桀，封其后于杞。武王伐纣，封其后于宋。今秦失德弃义，侵伐诸侯社稷，灭亡六国之后，使无立锥之地。陛下诚能复立六国后，此其君臣百姓必皆戴陛下德，莫不向风慕义，愿为臣妾。德义以行，陛下南面称霸，楚必敛衽而朝。"汉王曰："善。"张良曰："诚用客之谋，陛下事去矣。"汉王曰："何哉？"良因发八难，其略曰："昔者，汤伐桀，封其后于杞者，度能制桀之死命也。今陛下能制项籍之死命乎？其不可一也；武王入殷，表商容之间，释箕子之囚，封比干之墓。今陛下能封圣人之墓，褒贤者之间乎？其不可二也；发巨桥③之粟，散鹿台④之财，以赈贫民。今陛下能散府库以赐贫穷乎？其不可三也；殷事已毕，偃草为轩，倒载干戈，示天下不复用武。今陛下能偃武修文，不复用兵乎？其不可四也；放马华山之阳，示无所为。今陛下能放马不复用乎？其不可五也；休牛桃林之野，示天下不复输积。今陛下能乎？其不可六也；且天下游士，离亲戚，弃坟墓，去故旧，从陛下者，日夜望咫尺之地。今复六国，立韩、魏、燕、赵、齐、楚之后，余无复立者，天下游士各归事其主，从亲戚，反故旧，陛下与谁取天下乎？其不可七也；且楚惟无强，六国去者复挠而从之，陛下安得而臣之哉？其不可八也。诚用客之谋，则大事去矣。"时王方食，吐哺，骂郦生曰："竖儒！几败我事！"趣令销印，此异形者也。

【注释】

①诡：违反，变化。

②蕲：地名，今安徽宿县。

③巨桥：商纣王所修建的大粮仓。

④鹿台：商纣王所修建的大型金库。

【译文】

许多事情的趋向虽然很相似，但实际却迥然不同。这并不是事情本身奇特怪异，而是由于时势变化所造成的。用什么来说明这一原因呢？从前，秦朝末年陈胜发动蕲地民众起义，队伍攻占了陈地。陈地的豪杰们建议陈胜说："将军你披上坚固的铠甲，拿起锋利的武器，率领士卒讨伐无道的暴秦，重新恢复楚国的社稷，以将军你的功劳和德望应该成为帝王。"陈胜征求陈余、张耳两人的意见，他们两人回答说："将军你怒目张胆，义愤不平，挺身而出，多次历经生命危险却不为自己的生命安全考虑，替天下人清除残暴的君主。现在刚刚攻下陈地便要称王，这就向天下人显示出了自己追求富贵利益的私心。希望将军最好现在不要称王，迅速率兵前进，派人扶立齐、楚、燕、韩、赵、魏六国王室的后代，为自己树立朋党。如果能这样，就用不着在辽阔的原野进行大规模的战斗，讨伐残暴的秦皇，占据咸阳，来号令诸侯，那么你的帝王之业便能成就了。现在你就在陈地自立为王，恐怕天下人便涣散了。"

等到楚、汉相争的时候，郦食其为汉王刘邦谋划如何削弱楚国的势力，说道："从前商汤讨伐夏桀，推翻夏朝后封夏桀的后代在杞地。周武王讨伐殷纣，推翻商朝以后，封纣王的后代在宋地。现在秦皇丧失仁德，侵夺了诸侯各国的社稷，残害六国诸侯的后代，使得他们没有立锥之地。陛下你如果真能重新扶立六国诸侯的后代，那么六国君臣以及百姓一定感激陛下的恩德，都会闻风仰慕，愿做大王的臣民。你的恩德与仁义一旦得到推行，陛下就可以称霸诸侯，项羽也会恭恭敬敬地臣服了。"汉王说："好。"张良知道这件事情后，对汉王说道："如果真的采纳郦食其的计策，那么陛下的大事将会失败。"汉王说道："什么道理呢？"张良因此提出八条不可以扶立六国后人为王的理由，他说道："从前商汤讨伐夏桀，之所以把夏桀的后人封在杞地，是因为他预计能够制夏桀于死命。现在陛下能制项籍于死命吗？这是不可以的第一条；武王攻伐殷纣，马上用特殊的标志把商容的内门标示出来，以示对贤者的尊敬。又把箕子从囚徒队里放出来，整修比干的坟墓。现在陛下你能够去整修圣人的坟墓，到智者的门前去致敬吗？这是不可以的第二条；周武王把殷纣存积在巨桥仓的粮食，储积在鹿台库的钱货，赐给贫穷的百姓。现在陛下你能够把你府库里的粮食、钱财散给穷人吗？这是不可以的第三条；伐殷的战事业已结束，把战车改为普通官车，把兵器倒转，头朝下放置在仓库中，告示天下不再用兵动武去打仗了。现在陛下你能够放弃武装去从事文德化教，不再用兵发动战争了吗？这是不可以的第四条；把战马放到

华山的南坡下，告示天下人再不乘马打仗了。现在陛下你能够放马南山而再不用马打仗了吗？这是不可以的第五条；把牛群放归林野，向民众表示不再运输军需、屯聚粮草了。现在陛下你能够做到这一点吗？这是不可以的第六条；况且天下的谋臣说客，别离亲人，离开祖坟，告别朋友故人，来追随你的原因，不过早晚盼望获得一小块封地。现在如果恢复六国的旧秩序，立韩、魏、燕、赵、齐、楚六国的后代，那么天下四方的谋士说客，一定会各自归回老家去侍奉他们自己的主人，跟他们的亲人团聚，返回他们的朋友故人那里。这样，还有谁来帮你取天下呢？这是不可以的第七条；况且楚国目前是无敌于天下的，你立的六国又被它削弱而去附庸它。只有使楚国的力量弱小时才可如此，否则，楚国强大，六国一定会附庸它。陛下你又如何能使楚国来臣服你呢？这是不可以的第八条。因此，假如你真用了郦食其的计谋，那么你的大事就完了！"这时汉王正在进餐，听了张良的论谈，中止进食，把吃下去的食物喷了出来，大声骂郦食其："臭儒生，几乎坏了我的大事！"即刻下达命令，把那些准备为复立六国的印信销毁。这正是形势与陈涉之时不同所导致的。

【评析】

知己知彼，方能百战不殆。决策者运筹帷幄，决胜千里，是建立在对敌我情况分析对比的基础之上的。郦食其简单地效仿商汤、周武王分封亡国之后的历史故事，劝说刘邦扶立六国之后，说明他没有认识到由于时代的不同造成具体情况的差异，因而他的错误结论被张良正确细致的分析结果所否定。

单纯以历史上的经验教训为依据，不能根据事物发展的规律对事物现状进行详细研究和分析。这是郦食其所犯的错误。但有一点要注意，我们在总结他们的教训时，并不是否认前人的经验，而是要防止不分时间、地点、敌情、我情，一味照搬、复制前人的具体做法。

2. 事势异，不统一

【经文】

七国时，秦王谓陈轸曰："韩、魏相攻，期年不解。或曰救之便，或曰勿救之便①，寡人不能决，请为寡人决之。"轸曰："昔卜庄子②方制虎，管竖子止之，曰：'两虎方食牛，牛甘必争，争必斗，斗则大者伤、小者死。从伤刺之，一举必有两虎之名。'今韩、魏相攻，期年不解，必是大国伤，小国亡。从伤而伐之，一举必有两实。此卞庄刺虎之类也。"惠王曰："善。"果如其言。

初，诸侯之叛秦也，秦将军邯围赵王于钜鹿。楚怀王使项羽、宋义等北救赵。至安阳，留不进。羽谓义曰："今秦军围钜鹿，疾引兵渡河，楚击其外，赵应其内，破秦军必矣。"宋义曰："不然。夫搏牛之虻，不可以破虱。今秦攻赵，战胜则兵疲，我承其弊；不胜，则我引兵鼓行而西，必举义矣。故不如斗秦、赵。夫击轻锐，我不如公。坐运筹策，公不如我。"羽曰："将军戮力而攻秦，久留不行，今岁饥民贫，士卒半菽，军无见粮。乃饮酒高会，不引兵渡河因赵食，与并力击秦，乃曰'承其弊'。夫以秦之强，攻新造之赵，其势必举赵。赵举而秦强，何弊之承？且国兵新破，王不安席，扫境内而属将军。国家安危，在此一举。今不恤士卒而循私，非社稷臣也。"即夜入义帐中斩义。悉兵渡河，沉舟破釜，示士卒必死，无还心，大破秦军。此异势者也。

【注释】

①便：好处。

②卞（biàn）庄子：鲁国的大夫，以勇猛著称。

【译文】

战国时侯，秦惠王对陈轸说："韩国和魏国互相攻伐，战事已一年多了，还没有分出胜负。有人告诉我解救他们比较好，有人告诉我不管他们比较好。寡人不能决定，希望你为我出个主意。"陈轸回答说："从前卞庄子要刺杀猛虎，旅舍中有一位童子阻止他说：'那两只老虎正要吃牛，吃得痛快时必定会引起争夺。如果发生争夺，就必定会争斗。一争斗，那么大老虎便会被咬伤，小老虎便会被咬死。这时你再将那只受伤的老虎刺杀，这样一举必可得到刺杀双虎的名声。'如今，韩、魏两国互相攻伐，战事已连续一年还不停止。这样一定会使大国损伤，小国破灭。那时大王再讨伐受伤的国家，便可一举灭掉两国，这和卞庄刺老虎是一样的道理啊。"秦惠王说："好。"于是采纳了陈轸的意见，结果完全和陈轸预料的一样。

当时，诸侯们反叛秦王朝。秦朝的将军章邯率兵把赵王包围在钜鹿。楚怀王派遣项羽、宋义等人率兵到北方去解救赵王。出兵之后，行军到了安阳，停留不再前进。项羽对宋义说："现在秦军在钜鹿围住赵王，我们应该尽快带兵渡河，楚兵从外围攻打进去，赵兵在钜鹿城中作内应，内外夹攻，一定能击破秦军！"宋义说："不是这样，要拍死牛背上大的蛀虫，不可以杀牛身上小的虱子。现在秦军正在全力地围攻赵国，如果秦军取得胜利，那么就一定会疲惫不堪。我们就正好趁他们的疲惫之际来灭亡秦朝；如果秦军失败，那么我们就直引大军擂鼓长驱西进，这样就一定会实现我们灭秦的大业了！所以为今之计，不如先让秦赵相斗，我们等待取利。若论身披甲胄，手持兵器，冲锋陷阵，我宋义不如你。但坐下来运用谋略，你就不如我宋义了。"项羽说："您奉命率军全力攻秦，但却久久按兵不肯前进，而且今年收成又不好，百姓穷困，因此我们的士兵都吃丰豆半菜裹腹。军中没有半点存粮。尽管这样，您还要饮酒大会宾客，不肯引兵渡河去赵国取得食粮，和他们合力攻打秦军，却说：'等着趁秦军疲败'。像秦军那样的强盛，攻击新建立的赵国，由情势上看，一定能攻破赵国；赵国破亡而秦朝更加强盛，还有什么秦军疲败的机会可乘！况且我们楚军新近失败，楚怀王坐不安席，把境内全部的兵力全数交属上将军一人独自统领，国家的安危，就在此一举了。现在上将军不顾念国家，不体恤士卒，而竟徇私，你不是能够安定社稷的良将。"于是项羽当晚便闯入宋义的大帐杀了宋义，然后统领全部的军兵渡过漳河。军兵过河之后，便把船敲破，沉入水中，又把饭锅和蒸饭的瓦甑都打碎，用以向士兵表示，如果失败，就没有逃生的希望，因此军士都没有后退之心。于是项羽率军大破秦军。以上所说的是相类似的事情却具有不同的形势和时机。

【评析】

文中所提到的卞庄刺虎的故事，俗语又称"坐山观虎斗"，这一故事比喻对别人的相互斗争暂取旁观态度，等到他们两败俱伤的时候，再从中取利。其实，寓言本身有其局限性。二虎相斗，必然会出现一死一伤的结果，但在人事活动中，往往有时出现这样一种情况，即双方相互斗争的结果并非一死一伤，而是一方战胜并吞并或挟持了另一方，其实力得到加强，那么最初旁观的第三方将面临更加强大的敌人。秦末的势态已不同于战国时期，项羽透过事物的表象清楚地认识到事物的本质，秦军一旦战胜赵军，那么秦军的实力将更加强大，己方的处境将更加危险。因此，项羽果断地斩杀宋义，破釜沉舟，大败秦军，章邯归降项羽，项羽的实力进一步加强，从而为推翻秦王朝打下了基础。

3. 情有变，事亦变

【经文】

韩信伐赵，军①井陉，选轻骑二千人，人持一赤帜，从间道升②山而望赵军，诫曰："赵见我走，必空壁逐我，若疾入赵壁，拔赵帜，立汉赤帜。"信乃使万人先行，出，背水阵。平旦③，信建大将之旗鼓，行出井陉口。赵开壁击之，大战良久。于是信弃旗鼓，走水上军。水上军开入之，复疾战。赵空壁争汉旗鼓，逐韩信。韩信等已入水上军，军皆殊死战，不可败。信出奇兵二千骑，共候赵空壁逐利，则驰入赵壁，皆拔赵旗，立汉赤帜二千。赵军已不能得信等，欲还归壁，皆汉赤帜，而大惊，以为皆已得赵王将矣。遂乱，遁走，赵将虽斩之，不能禁也。于是汉兵乘击，大破之，虏赵军。诸将效首虏，皆贺信。因问曰："兵法背右山陵，前左水泽。今者反背水阵，然竟以胜，此何术也？"信曰："兵法不曰'陷之死地而后生，置之亡地而后存'？且信非得素拊循士大夫也，此所谓驱市人而战之，其势非置之死地，使人人自为战。今与之生地，皆走，宁尚可得而用乎？"

又高祖劫五诸侯兵入彭城。项羽闻之，乃引兵去齐，与汉大战睢水上，大破汉军，多杀士卒，睢水为之不流。此异情者也。

【注释】

①军：驻扎。

②升：攀登。

③平旦：清晨。

【译文】

韩信率兵攻打赵国，把军队驻扎在井陉。他挑选出两千轻骑精兵，每人拿着一面红色的汉军旗帜，从小路向前，到能够隐蔽埋伏起来窥视赵军动静的山坡上，并且特别叮嘱说："赵军看到我军败退逃走，一定会全巢出动来追击我军，到那时你们快速地冲入赵军的营地，把赵国的旗帜拔掉，换上我们汉军的旗帜。"韩信于是派遣一万人马先出发，开出营寨之后，背向着河水排开了阵势。等到天亮时分，韩信登上战车，插上大将旗号，设上战鼓，率领另一路人马开出井陉口的隘道。于是赵军打开营门前来迎击汉军，双方对峙交战了很久。韩信诈败，抛弃军旗和战鼓，快速退回到排在水边的军阵之中。排在水边的军队，打开阵势，把他们迎入阵中后，然后又回身与赵军疾战。赵军果然倾巢而出，大家争相掠夺汉军的军旗战鼓，追逐韩信等人。韩信等人已经与水边的队伍会合，军士们个个奋勇争先，拼命作战，一时赵军也不能获胜。韩信最先派出去的两千骑兵，正在等候赵军倾巢出动去追逐韩信，拾取战利品，看到赵军此举，他们于是冲入赵军营垒，把赵军的旗帜全部拔去，竖立起两千面汉军的旗帜。赵军此时无法击败韩信背水为战的军队，更不能俘获韩信等将官，想收兵回营，却看到营帐上全是汉军的红色旗帜，于是大为惶恐，以为汉军已经俘获了赵王和他们的将军了。于是赵军大乱，士兵们纷纷转身逃跑，赵将虽然竭力制止，连杀好多人，但仍然不能阻止他们。因此汉军乘机攻击，大破赵军，俘虏、活捉了不少赵国将领和士兵。汉军诸位将领分别把敌人的首级和俘虏等呈现给韩信，然后都向韩信称贺。有人问他：“兵法上说，排兵布阵，右边应背着山陵，左边应面对川泽，可是这一次将军你却反而背水为阵，并靠此打了胜仗，这是什么战术呢？”韩信回答说：“兵法上不是说‘必须把军队置之死地，士兵才能奋勇作战，然后才可以绝处逢生；把士兵放置在危险的境地才能力争存活，获得胜利’？况且我韩信并没有统领平素受我训练过而听我调度的将士，这正所谓‘驱赶着赶集市的人去打仗！’在这样的情势之下，如果不把军队安排在‘死地’，使每个人都为了存活而奋力作战，那么是无法取胜的。现在如果把这些将士们都放置在有可能逃生的地形，他们早就都逃跑了，哪里还能够使用他们呢？”

再举一个例子，汉高祖刘邦劫夺并统领五路诸侯的兵马攻入彭城（今江苏省铜山县，是西楚项羽的都城）。项羽得之这一消息后，便率领军队离开齐国，回师攻伐汉军，与汉军在睢水河边大战。楚军大破汉军，杀死很多汉兵，汉军士卒尸体沉入睢水河，河水都被堵塞而不能流动。以上说的是，由于当事者内心的情态不同而造成同类事情出现不同的结果。

【评析】

权谋是不可能预先设置周全的，机变也是不可能预先谋划出来的，只有做到根据时机的变化而变化，依据事情的发展来变通计划，这才是计策的关键所在。

卷八

钓情二二

喜，色洒然以出；怒，色鏖然以侮；欲，色炟然以愉；惧，色惮然以下；忧，色瞿然以静。

说之难，谨言语

【经文】

孔子曰："未见颜色而言谓之瞽"，又曰："未信则以为谤己。"孙卿曰："语而当，智也，默而当，智也。"尸子曰："听言，耳目不惧，视听不深，则善言不往焉。"是知将语者，必先钓于人情，自古然矣。

韩子曰："夫说之难也，在知所说之心可以吾说当之。说之以厚利，则见下节而遇卑贱，必弃远矣。说之以名高，则见无心而远事情，必不收矣。事以密成，语以泄败，未必其身泄之也，而说及其所匿之事，如是者身危。贵人有过端，而说者明言善议以推其恶者身危。贵人或得计而欲自己为功，说者与知焉则身危。强之以其所不为，止之以其所不能已者身危。"又曰："与之论大人，则以为间己；与之论细人，则以为粥权。论其所爱，则以为借资；论其所憎，则以为尝己。顺事陈意，则曰怯懦而不尽；虑事广肆，则曰草野而倨侮，此不可不知也。彼自智其计，则勿以其失当之，自勇其断，则勿以其敌怒之。"

荀悦曰："夫臣下之所以难言者，何也？言出乎身则咎悔及之矣。"故曰：举过揭非，则有干①忤②之咎，劝励教诲，则有刺上之讥。言而当，则耻其胜己也，言而不当，则贱其愚也。先己而同，则恶其夺己明也，后己而同，则以为从顺也。违下从上，则以为谄谀也，违上从下，则以为雷同也。与众共言，则以为顺负也，违众独言，则以为专美也。言而浅露，则简而薄之，深妙弘远，则不知而非之。特见独智，则众恶其盖己也，虽是而不见称，与众同智，则以为附随也，虽得之不以为功。谦让不争，则以为易容，言而不尽，则以为怀隐，进说竭情，则以为不知量。言而不效，则受其怨责，言而事效，则以为固当。利于上不利于下，或便于左则不便于右，或合于前而忤于后，此下情所以常不通。仲尼发愤，称"予欲无言"者，盖为语之难也。何以明其难也？

昔宋有富人，天雨坏墙，其子曰："不筑，且有盗。"其邻人亦云。暮而果大亡，其家智其子而疑邻人之父。郑武公欲伐胡，乃以其子妻之，因问群臣："吾欲用兵，谁可伐者？"关其思曰："胡可伐。"乃戮关其思，曰："胡，兄弟之国也，子言伐之，何也？"胡君闻之，以郑为亲己而不备郑，郑人袭胡，取之。此二说者，其智皆当矣，然而甚者为戮，薄者见疑，非智之难也，处智则难。

卫人迎新妇，妇上车，问："骖马③，谁马也？"御曰："借之。"新妇谓仆曰："拊骖，无苦服④。"车至门，拔教："逆母，灭橹，将失火。"入室，见臼，曰："徙牖下，妨往来者。"主人大笑之。此三言，皆要言也，然而不免为笑者，早晚之时失矣。此说之难也。

【注释】

①干：冒犯。

②忤：违抗，悖逆。

③骖马：车辕两边帮驾辕马拉车的马。

④服：驾辕的马。

【译文】

孔子说："不看对方脸色就冒然开口说话，就叫作瞎子。"他还说："还没有取得对方信任，就冒然提意见，就会被认为是毁谤。"（译者按：这是孔子弟子子夏的话。原文为："信而后谏，未信，则以为谤己也。"见《论语·子张》，著者记忆有误）荀子说："该讲话的时候，讲话恰到好处，这就是智慧；不该讲话的时候则保持沉默，这也是智慧。"尸子说："听别人讲话的时候，耳目不专注，精神不集中，这时候，就不要向他讲什么有价值的话。"从这些先贤的话中，我们可以明白，凡是要游说君主的人，一定要先摸清对方的态度，自古以来成功的游说者都是这样做的。

　　韩非子曾经说过："游说者的困难在于，要了解你所要游说对象的心理，然后才可以用话去顺应他。如果用厚利去游说他，就会被认为是志节卑下，那么他就会用卑贱的待遇对待你，你必然会被弃掷疏远了。如果你用清高的名声去游说他，就会被认为是心意不诚，离人情事理太远，必然不会采纳你的意见。事情因保守机密而成功，而游说者往往由于泄露了君主的机密而失败。这倒未必是他有意识地要泄露，而是由于无意中触及了君主隐秘的事，像这样就会有生命危险了。贵人有了过失，你却明白无误地用大道理来推究他的过错，这样也会有生命危险。贵人自认为有良谋善策，要独自建功，而游说者却预先知道了那个计谋，就会有生命危险。勉强君主做他不愿意做的事，企图制止君主正在做的事，也会有生命危险。"韩非子还说："如果与君主议论他的大臣，他就会认为你是在离间他们的君臣关系，如果向君主推荐他身边的亲信小人，他就会怀疑你出卖他的权势。称颂他所爱的人，会被认为要拿他本人做靠山，批评他所憎恶的人，则会被认为是试探他的态度。如果顺君主之意略述其事来陈说己见，会被认为畏怯懦弱，不敢坦诚进言而有所保留。但如果多方面地思考，放言直陈己见，毫不保留，则又被认为是粗野而傲慢。这也是不能不明白的。如果他自认为聪明，计谋高明，就不要指责他的失误，使他感到窘迫，如果他为自己的果断敢为而自负时，就不能指责他的过错而惹他发怒。"

　　荀悦说："臣下难以向君主进言的根本原因是什么呢？话一出口，便有生命之忧，灾祸也就跟着来了。"所以人们说指出君主的过失，就会有冒犯尊严、违逆君命之罪，劝戒勉励教诲君主，便会受到威逼君上的责难。你说得对，他就会因你强过他而感到耻辱，你说得不对，他就会认为你愚蠢而看不起你。相同的意见，你比他说得早，他会认为你有意显示比他聪明而忌恨你，而你若在他之后发表相同的看法，他又会认为你是顺风使舵，毫无主见。违背下级而顺从上级，会被认为是阿谀奉承，违背上级顺从下级，又会被认为随声附合。与大伙说一样的话，就会被看作是从俗，发表与众不同的独到之见，又会被认为是企图独占美名。话说得浅显直露，则被认为浅薄而受到轻视，而讲深妙宏远的大道理，则因听不懂而非难你。有独到见解，众人就会因你超过了他们而痛恨你，即使他们私下认为你讲得对也绝不会称赞你。与大家相同的见解又会被认为是随众从俗，即使有成效也不被承认。言语谦让不争则被认为智力贫乏，言而不尽被认为是有隐情，而你若言无不尽又被认为不识时务。说了不见成效，就会受到怨恨责难，说了之后见到成效，则又被认为本来就事该如此。有利于上的话必不利于下，有利于这一方面的必不利于那一方面，与前边的利益相附就会与后边的利益相违，这就是臣下之情难于上通君主的原因啊！孔子曾激愤地说："我打算不再说什么了。"就是针对游说者这种难处而发的。别人怎么知道这种难处呢？

过去宋国有一位有钱人家，由于连降大雨，冲倒了院墙，儿子说："不赶快把墙垒起来，就会有盗贼进来偷窃。"他家的邻居也这样说。夜里，家中果然被盗，失去了大量财产。有钱的人家认为他家的儿子聪明，却怀疑邻居的父亲是盗贼，偷走了他家的财产。郑武公要讨伐胡人，却把自己的女儿嫁给胡人首领，并故意问群臣："我想动用军队，你们说哪个国家该是讨伐的目标？"有个叫关其思的臣子说："胡人可以做我们讨伐的目标。"郑武公便杀掉关其思并声言："胡人，乃是兄弟般的邻邦，你却说可以讨伐，是什么意思？"胡人的国君听到后，认为郑国亲近自己而不再防备郑国，郑国的军队便对胡人发动突然袭击，攻取了他们的国家。富人的邻居与关其思的话都对，然而严重的结果是被杀，轻微的结果是受怀疑，可见使人感到为难的并不是聪明或不聪明，而是如何使用这种聪明。

卫国的一户人家娶新媳妇，新娘子上车后问仆人说："车辕两边的骏马，是谁家的？"赶车人回答说："是借来的。"新娘子便对仆人说："抽打那两边的骏马，不要累坏驾辕的服马。"车来到夫家的门口，就立即催促："接婆母出来，灭掉楼上灯火，防止发生火灾。"进入新房后，看到舂米石臼，就说："移放到窗子下边去，在这里会妨碍人们来往。"引得新郎家里的人大笑。新娘子的三句话都很中肯，却不免遭受嘲笑，其原因是说话的时机不当。这就是说话的难处。

【评析】

凡游说，须待旷日弥久，恩泽感情已经亲切深厚之后，讨论再深微也不会受到猜疑，互相争论也不会受到怪罪，这时才能明白地阐述利害关系，以达到成功的目的。

诡信二三

君能制命为义，臣能承命为信。信载义而行之为利，谋不失利，以卫社稷，民之主也。义无二信，信无二命。

义惟信，信惟命

【经文】

孔子曰："君子贞①而不谅②。"又曰："信近于义，言可复也。"由是言之，唯义所在，不必信也。何以明之？

叶公问孔子曰："吾党有直躬者，其父攘羊而其子证之。"孔子曰："吾党之直者异于是，父为子隐，子为父隐，直在其中矣。"

楚子围宋，宋求救于晋。晋侯使解扬如宋，使无降楚，曰："晋师悉起，将至矣。"郑人囚而献诸楚，楚子厚赂之，使反其言。许之。登诸楼车③，使呼宋人而告之，遂致其君命。楚子将杀之，使与之言曰："尔既许不谷④而反之，何故？非我无信，尔则弃之，速即尔刑！"对曰："臣闻之，君能制命为义，臣能承命为信。信载义而行之为利，谋不失利，以卫社稷，民之主也。义无二信，信无二命。君之赂臣，不知命也。受命以出，有死无殒，又何赂乎？臣之许君，以成命也。死而成命，臣之禄也！寡君有信臣，下臣获考，死又何求？"楚子舍之以归。

颜率⑤欲见公仲⑥，公仲不见。颜率谓公仲之谒者曰："公仲必以率为伪也，故不见率。公仲好内，率曰好士；公仲啬于财，率曰散施；公仲无行，率曰好义；今以来，率且正言之而已矣。"公仲之谒者以告公仲，公仲遽起而见之。

【注释】

①贞：言行一致。

②谅：讲信用而不讲原则。

③楼车：观望用的车辆。

④不谷：古代诸侯自称的谦词。

⑤颜率：战国时期周天子的臣子。

⑥公仲：战国时期韩国丞相。

【译文】

孔子说："君子讲大信，却不讲小信。"孔子还说："所守的诺言符合道义，就可以履行诺言。"（译者按，这是孔子的弟子有子的话，作者这里误记，原文见《论语·学而》）由此看来，应当只看是不是符合道义，不一定非要讲求信守诺言。怎么能说明这个道理呢？

叶公曾对孔子说："我的乡里有个坦白直率的人，他父亲偷了羊，他便告发。"孔子说："我的乡里的坦白直率和你的乡里不一样，父亲为儿子隐瞒，儿子替父亲隐瞒，这才是直率。"

楚国围攻宋国，宋国向晋国求救。晋国的国君派解扬出使宋国，让宋国不要投降楚国，告诉宋国说："晋国已全军出动，就要赶到了。"解扬途经郑国时被郑国俘获，献给了楚国，楚王用丰厚的财物收买解扬，让他对宋国传达与使命相反的话。解扬应允了。待到解扬登上攻城的楼车，唤出宋国的人，传告的却仍然是晋国国君命令他传告的话。楚王要杀他，并派使者对他说："你已经应许了我，却又背叛了你的许诺，这是什么原因？不是我不讲信用，是你背弃了诺言，因此我要立刻杀了你。"解扬回答说："我听说过这样的道理：君王制定并发布正确的命令就是义，臣子承担并贯彻执行君主的命令就是信。臣下的信用必须以负载君主之义为前提，以此行事才于国家有利。故臣子的一切谋划，都不能损害国家利益，以此来捍卫自己的国家，这是卿大夫的本分。国君发布的命令，不能互相矛盾，臣下也不能执行两种互相矛盾的命令。你用财物来收买我，证明你不懂这个道理。我从我的君主那里接受命令出使宋国，只有以死报国，决不会使君命毁在我的手里，岂能用财富收买呢？我所以假意应允你，是为了完成我们国君的命令，牺牲自己能完成君命，是做臣下的福份。我们君主能有诚信之臣，我作为臣下能够完成任务，是死得其所，此外还有什么可求的呢！"楚王便放他回归晋国。

颜率想谒见公仲，公仲不愿见他，颜率便对公仲的近侍说："公仲一定认为我是一个不诚实的人，所以才不见我。公仲好色，我却说他礼贤下士；公仲啬吝小气，我却说他仗义疏财；公仲品行不好，我却说他主持正义。从今以后，我将只好说真话了。"公仲的近侍把颜率这番话告诉公仲，公仲立刻站起来，接见了颜率。

【评析】

在特定的情况下，诡诈即是忠信。为什么这样说呢？首先信分大小，因而做事要弃小信而守大信。其次人分敌我，对敌守信就是对己不忠。要忠于自己的国家利益，就必须对敌方使用诡诈。

有这样一种说法："世上有一种诡诈，反而被认为是忠实诚信的。"这就是所谓通权达变的智慧。

忠疑二四

忠而见疑者，不可不察。

忠被疑，慎察之

【经文】

夫毁誉是非不可定矣。以汉高之略而陈平之谋，毁之则疏，誉之则亲。以文帝之明而魏尚①之忠，绳之以法则为罪，施之以德则为功。知世之听者多有所尤，多有所尤，即听必悖矣。何以知其然耶？

《吕氏春秋》云："人有亡斧者，意②其邻之子，视其行步、颜色、言语、动作、态度无为而不窃斧者也。窃掘其谷而得其斧，他日复见其邻之子，动作、态度无似窃斧者也。其邻子非变也，己则变之。变之者无他，有所尤矣。"

郈③之故，为甲裳以帛，公息忌④谓郈之君曰："不若以组。"郈君曰："善！"下令，令官为甲必以组。公息忌因令其家皆为组。人有伤之者曰："公息忌之所以欲用组者，其家为甲裳多以组也。"郈君不悦，于是乎止，无以组。郈君有所尤也。郈之故为甲以组而便也，公息忌虽多为组何伤？以组不便，公息忌虽无以为组亦何益？为组与不为组，不足以累公息忌之说也。凡听言不可不察。

楼缓曰："公父文伯仕于鲁，病而死，女子为自杀于房中者二人。其母闻之，勿哭。其相室曰："焉有子死而勿哭乎？"其母曰："孔子，贤人也，逐于鲁而是人弗随之。今死而妇人为自杀。若是者，必其于长者薄而于妇人厚。"故从母言之，是为贤母，从妻言之，是不免于妒妻也。故其言一也，言者异则人心变矣。

乐羊为魏将而攻中山，其子在中山，中山之君烹其子而遗之羹，乐羊尽啜之。文侯曰："乐羊以我故，食其子之肉。"堵师赞曰："其子且食之，其谁不食？"乐羊罢中山，文侯赏其功而疑其心。

《淮南子》曰："亲母为其子治秃，出血至耳，见者以为爱子之至也，使在于继母，则过者以为憎也。"事之情一也，所以观者异耳。从城上视牛如羊，视羊如豚，所居高也。窥面于盘水，则圆于亏，面形不变，其故有所圆有所亏者，所自窥之异也。今吾虽欲正身而待物，庸讵知世之所自窥于我者乎？是知天下是非无所定也。世各是其所是，非其所非。今吾欲择是而居之，择非而去之，不知世之所是非者，孰是孰非哉！

故有忠而见疑者，不可不察。

【注释】

①魏尚：汉文帝时在云中做太守，因成功抗击匈奴著称。

②意：怀疑。

③邾：邹国的别称，在今山东一带。

④公息忌：邹国的大臣。

【译文】

毁谤与赞誉，肯定与否定本来没有一个客观的标准。以汉高祖刘邦那样的雄才大略和汉丞相陈平那样的足智多谋，有人毁谤陈平时，汉高祖就疏远了他，而有人赞誉陈平时，汉高祖又亲近信任了他。以汉文帝那样的英明和云中太守魏尚那样的忠诚，由于呈报战绩时，多报了几颗首级，便被绳之以法，就地免职；经冯唐在文帝面前为他辩解之后，又被法外施恩，重新重用，建立了大功。由此可知，人们在做出判断时，往往出错误，一出错，结论必然相反。怎么能明白这道理呢？

《吕氏春秋》里有这样一个寓言："有一个丢了斧子的人，内心认为是邻居的儿子偷了他的斧子，因而看邻居的儿子走路的样子、脸上的颜色神态、说话以及一举一动，没有不像是偷斧子的。无意中挖坑，找到了自家的斧头，过几天再看到邻居的儿子，动作、态度，没有一点儿偷斧子的样子了。他邻居的儿子并没有什么改变，而是他自己的看法改变了。改变的原因不是别的，是当初的判断错了。

邾国过去缝制铠甲使用的是丝帛，公息忌对邾国的国君说："不如用丝带。"邾国的国君说："好吧。"于是下令制铠甲必须使用丝带。公息忌因此也命令自己家中制作铠甲时用丝带。有人在国君面前中伤他说："公息忌所以建议用丝带，是因为他家制铠甲都用丝带。"国君听后很不高兴，于是下令不准再用丝带制铠甲。这是邾君的判断有错误。如果过去邾国制铠甲用丝带有利，公息忌家中用丝带再多又有什么妨害呢？如果用丝带制铠甲无利而有害，公息忌即使不用丝带又有何益？无论是公息忌用丝带还是不用丝带，都不足以说明公息忌的建议有什么错。所以凡是听别人的话，不能不经思考就相信。

楼缓说："有一个叫公父文伯的人，在鲁国做官，病死之后，有二名侍妾为他在家中自杀。公父文伯的母亲听到这个消息后并不悲伤哭泣。随嫁的侍妾说："哪里有儿子死了，母亲不哭的？"公父文伯的母亲说："孔子是个非常贤明的人，被鲁国弃置不用，去周游列车，文伯却不去追随孔子。如今他死了，侍妾却为他自杀。可见他对有德的长者不亲近，而对待妾却过分宠爱。"这话出自母亲之口，人们就认为是贤明的母亲，可是如果出自妻子之口，人们就不免会认为他的妻子好吃醋。所以同样的话，出自不同人的口，人们评价的态度就不一样。

乐羊被任命为魏国大将，率军攻打中山国，而他的儿子此时正在中山国。中山国君把他儿子煮了，把肉做成羹汤，送给乐羊，乐羊毫不犹豫全吃光了。魏文侯知道后说："乐羊为了我的缘故，才吃自己儿子的肉。"而堵师赞却说："连自己儿子的肉都吃的人，又有谁的肉他不敢吃呢？"乐羊灭掉中山国后，魏文侯虽然奖赏了他，却从此怀疑他的忠心了。

《淮南子》说："亲生母亲为自己儿子治头疮，血流到耳朵上，看见的人都说这是疼爱儿子到极点了。如果是后母为前妻生的儿子治头疮，血也流到耳朵上，就会有人责备说："太暴虐了！"同样的事情，站在不同的角度，就会得出不同的结论。从城上看城下，往往把牛看成是羊，把羊看成是小猪，这是由于站得太高，因而看不清楚的缘故。在圆形的盘子里放上水，当做镜子，然后去照自己的面影，有时是圆脸，有时则不圆，自己的面型并无改变，而影像却时而圆，时而不圆，这是因为你照时的角度不同。现在，我想修养完善自己的品德来待人接物，可怎么能知道世上的人是站在什么角度来看我呢？因此才明白，天下的是与非本来无标准。世上的人实际上是各有其是非标准的，符合自己的标准就是对的，不符合就是不对的。如今我要选择对的一面立身行事，去掉不对的那一面，可是怎么知道世上所说的对与不对是哪个标准呢？

正是由于世间的事如此错综复杂，所以才会有忠心耿耿却被怀疑、不受重用的情况出现。这个道理，是不能不体察参详的。

【评析】

忠心受疑，史不绝书。圣如比干，贤如屈原，功如韩信，都难逃此厄运。这是由于在专制制度下，君主的喜怒决定着臣下的命运。无论多么英明的君主都有发昏的时候，可是又由于没有相应的制约机制，于是一幕幕人间悲剧就在中国历史上不断上演。要想杜绝这种悲剧，只有加强民主与法制建设，改变"一人说了算"的人治格局。

用无用二五

原其无用亦所以为用也。而惑者忽不践之地，赊无用之功，至乃诮诊远术，贱斥国华。

无有用，有无用

【经文】

古人有言曰："得鸟者，罗之一目。然张一目之罗，终不能得鸟矣。鸟之所以能远飞者，六翮①之力也，然无众毛之功，则飞不能远矣。"以是推之，无用之为用也大矣。故惠子谓庄子曰："子言无用矣。"庄子曰："知无用而始可与言用矣。夫天地非不广且大也，人之所用，容足耳。然则削足而垫之至黄泉，人尚有用乎？"惠子曰："无用。"庄子曰："然则无用之为用也，亦明矣。"

昔陈平智有余而见疑，周勃质朴，忠而见信。夫仁义不足相怀，则智者以有余见疑，而朴者以不足取信矣。汉征处士②樊英③、杨厚④，朝廷若待神明。至，竟无他异。李固、朱穆以为处士纯盗虚名，无益于用。然而后进希之以成器，世主礼之以得众。

原其无用亦所以为用也。而惑者忽不践之地，赊无用之功，至乃诮诊⑤远术，贱斥国华。不亦过乎？

【注释】

①翮：羽毛中的硬管。

②处士：不仕或尚未官仕的儒生。

③樊英：汉臣。

④杨厚：汉臣。

⑤诮诊：嘲笑。

【译文】

古人这样说过："捕获鸟的，只是罗网上的一个网眼，然而只张一个眼的网，是永远捕不到鸟的。鸟所以飞得远，是靠六根强健的羽毛，然而如果只有健羽而无其他的小羽毛，是飞不远的。"以此推论，看似无用的东西，却是有很大作用的。所以当惠子对庄子说"你的学问都是无用的空话"时，庄子说："明白无用的道理，才能跟他谈论有用无用的问题。大地不是不广大辽阔，可是人们占用其间的面积，不过能容下双脚就可以了。然而假如从脚下把看似无用的土都铲削掉，直到阴曹地府，那仅可容下双脚的地面还有用吗？"惠子说："没用了。"庄子说："那么，由此可见无用就是有用。这个道理不是很明白吗？"

从前陈平由于智谋有余而被刘邦疑忌，周勃因质朴却被认为忠诚而受到信任。在仁义不足以使人们互相信任的时候，聪明人因智谋有余而被疑忌，不聪明的人却因智谋不足取得了信任。东汉时，征召隐士樊英、杨厚入朝做官，朝廷盼他们俩就像盼神明一样。可是他们到了朝堂上后，并没有什么过人之处。李固、朱穆认为这种隐士纯属欺世盗名之辈，对国家一无用处。然而随后慕名而来的都以他们为榜样，使皇帝招揽了更多的人才。

推究起来，无用就是有用。不懂这个道理的人很容易忽视足下的无用之地，看不起无用之物的特殊作用，甚至于嘲笑这一理论是迂腐的空谈，轻视排斥国家的英才。这不是太过分了吗？

【点评】

有用与无用本来是对立统一、相辅相成的关系，没有无用也就无所谓有用。例如种庄稼必须留下足够的空隙，空隙不打粮，看似无用，但没有空隙也就不会长出庄稼来。所以世界上本没有绝对无用的东西，只看你如何运用它们罢了。这个道理虽然简单明白，但在实践中却往往被忽视。看到明显有用的就杀鸡取卵，竭泽而渔，结果使有用之物资源枯竭；看到似乎无用之物便弃掷一边，不屑一顾，结果许多有价值的东西白白浪费。现实生活中这样的现象比比皆是。运用有用之物，人们往往不感到困难，困难的是如何利用看似无用之物。本节则给我们不少启发。

恩生怨二六

怨也者，亲之也；恩也者，怨之所生也。不可不察。

怨因亲，恩生怨

【经文】

《传》称"谚曰：'非所怨，勿怨。'寡人怨矣。"是知凡怨者，不怨于所疏，必怨于亲密。何以明之？高子曰："《小弁》，小人之诗也。"孟子曰："何以言之？"高子曰："怨。"孟子曰："固①哉！高叟之为《诗》也。有越人于此，关弓射我，我则谈笑而道之。无他，疏之也。兄弟关弓而射我，我则泣涕而道之。无他，戚之也。然则《小弁》之怨，亲亲也。亲亲，仁也。"

晋使韩简子视秦师云："师少于我，斗士倍我。"公曰："何故？"对曰："出因其资，入用其宠②，饥食其粟，三施而不报，所以来也。"

杜邺说王音曰："邺闻人情恩深者，其养谨；爱至者，其求谨。夫戚而不见异，亲而不见殊，孰谓无怨？此《棠棣》《角弓》③之所作也。"由此观之，故知怨也者，亲之也；恩也者，怨之所生也。不可不察。

【注释】

①固：墨守成规。

②宠：护送，保护。

③《棠棣》《角弓》：《诗经》中的篇章，内容是写兄弟之间互相怨恨的。

【译文】

《左传》上引用了这样一句谚语："不该怨恨的不要怨恨。可是有的人我却禁不住要恨。"由此可以知道凡是有怨恨的人，不是恨他所疏远的人，就是恨他所亲近的人。怎么来证明这一道理呢？高子说："《诗经·小弁》一诗是小人作的。"孟子说："何以见得？"高子说："该诗充满怨恨情绪。"孟子说："真机械啊！高子竟是这样来研究《诗经》的。假如有一个越国人在这里，弯弓射我，我可以一边说笑一边谈论这件事。这没有别的原因，只为我和他素不相识。可是假如是我的兄弟用箭射我，我就会哭着诉说这件事，这也没别的原因，只为他和我是亲人。《小弁》这首诗里的怨恨情绪，正是热爱亲人的表现。热爱亲人，这是仁啊！"

秦晋之战，晋惠公命韩简子察看秦国军容。韩简子说："秦军在人数上少于我军，可斗士却比我们多一倍。"晋惠公问："这是为什么？"韩简子回答说："我们出外流亡时，得到了秦国的资助；回国时受到秦国的护送；发生饥荒时，又得到秦国的粮食救济。三次受人家的恩惠却不报答，所以秦军才来攻打我们。"

杜邺在游说王音时说：

"我听说过这样的道理，人之常情一般是对恩情深的，其供养反而少；对最亲爱的人，要求也少。关系亲近却显不出与关系疏远的人有何不同，怎么能没有怨气呢？这就是《诗经》中为什么会有《棠棣》《角弓》二诗的原因。那就是写兄弟之间互相怨恨的。"由此即可明白，为什么关系亲近的反而要生怨恨，所以说，恩情恰恰是产生怨恨的根源。这道理不可不弄明白。

【评析】

恩可生怨，看似冷酷，然而却具有普遍性。假如东郭先生没有救过狼的命，自认对狼有恩，那么狼要吃他时就不会有该不该吃的问题。

不要把人际关系搞得过亲密，要善于保持适当的距离，所谓"君子之交淡如水"就是讲这个道理的。

再者，保持平和的心态，既不要把自己对别人的帮助看作是施恩，期望回报，也不要对别人的允诺期望太高，正如鲁迅先生临终所言："别人应允的事物不可当真。"这样就可以不致因失望而产生怨恨。总之处理人际关系是一门学问，但归根结底是要学会宽容。只有这样，我们才会有一个和谐温馨的社会环境。

诡顺二七

夫云雷世屯，瞻乌未定，当此时也，在君为君，委质事人，各为其主用，职耳。

1. 臣做事，各有主

【经文】

赵子曰：夫云雷世屯，瞻乌未定，当此时也，在君为君，委质①事人，各为其主用，职耳。故高祖赏季布之罪，晋文嘉寺人之过，虽前窘莫之怨也，可谓通于大体矣。昔晋文公初出亡，献公使寺人②披攻之蒲城，披斩其袪③。及反国，郤、吕④畏逼，将焚公宫而杀之。寺人披请见，公使让之曰："蒲城之役，君命一宿，汝即至。其后余从狄君以田渭滨，汝为惠公来，求杀余，命汝三宿，汝中宿至。虽有君命，何其速也？"对曰："臣谓君之入也，其知之矣。若犹未也，又将及难。君命无二，古之制也。除君之恶，惟力是视。蒲人、狄人，余何有焉？今君即位，其无蒲、狄乎？齐桓公置射钩而使管仲相，君若易之，何辱命焉？行者甚众，岂惟刑臣！"

公见之，以难告，得免吕、郤之难。

【注释】

①委质：在君王手下称臣。

②寺人：太监。

③袪：衣袖。

④郤（xì）、吕：郤芮、吕甥，是晋惠公的旧臣。

【译文】

赵子说：在天下未定之时，在哪位帝王属下，就为哪位帝王服务，用自己的生命作抵押，各为自己的君主服务效力，这乃是臣子的职责、本分。所以汉高祖刘邦能够赦免原为项羽部将的季布之罪，晋文公重耳能够原谅太监们的过错，尽管过去遭受过他们的困辱，也不怨他们。这可以说，他们都是明白这个大道理的人。过去，晋文公重耳刚刚从晋国逃出来，他父亲晋献公命令太监前往蒲城攻击他，结果斩去重耳的一只衣袖。待到重耳结束流亡生活，返回晋国成为晋国国君的时候，郤芮、吕甥等晋惠公的旧臣，怕重耳报复他们，谋划焚毁重耳居住的宫室来除掉重耳。一个叫披的太监得知这一阴谋后，请求重耳接见他，晋文公派人斥责他说："蒲城那一战，献公命令你一夜之后赶到，你当即便到了。这之后，我和狄国的国君在渭水边打猎，你为惠公来杀我，惠公命令你三夜之后赶到，你第二夜就赶到了。虽然有国君的命令，可是你为什么那么急迫地要杀我呢？"披回答说："我原以为，你这次返国，对如何做国君的道理该明白了。如果还未弄明白如何做国君，就仍会遇到危险。执行国君的命令，是不能怀有二心的，这是上古流传下来的法则。除掉国君所痛恨仇视的人，只看自己有多大的能力，至于对方是蒲城人还是狄国人，那与我有什么关系呢？如今，你登上了国君的宝座了，难道就没有所痛恨仇视的人了吗？齐桓公把管仲曾为公子纠效力而射中他衣带钩的仇恨都能放置一边，不再提起，反而任用管仲为相国，如果你改变齐桓公的作法，又何劳你派人责骂呢？要逃走的人太多了，岂止我这刑余之小臣呢？"

晋文公便接见了他，披把郤芮、吕甥即将发难的事告诉晋文公，才使他免于受谋害。

【评析】

齐桓公能重用管仲的才能而把他射中自己衣带钩的仇恨放置一边；晋文公能听信太监披的话而不再追究斩去自己衣袖的罪过，这是桓公、文公有能宽容管仲和太监披的度量和才略。后世的君主，英明不及桓公、文公，后世的臣子，忠诚、才能不及管仲和太监披。以不忠之臣来侍奉平庸的君主，主不知臣不忠，就会有田常弑齐简公、子罕弑宋君那样的劫难。假如知道他们不忠，他们就会以管仲、太监披为先例为自己辩解，而国君一定不会杀他们而自认为有齐桓公、晋文公那样的品德和才能。这就是以仇人为臣子的君主有齐桓公和晋文公。而后世不及齐桓公、晋文公英明的君主，却要效法这样的国君，让仇敌做其臣子不但不以为自己愚蠢，反而以为自己很明察，最终导致灭亡，不是理所当然的吗？

2. 忠见弃，轸奔楚

【经文】

陈轸与张仪俱事①秦惠王，惠王皆重之。二人争宠，仪恶②轸于王曰："轸重币轻使秦、楚之间，将为交也。今楚不善于秦而善于轸，轸为楚厚而为秦薄也。轸欲去秦之楚，王何不听之？"王乃召轸而问之。轸曰："臣愿之楚。臣出必故之楚，且明臣为楚与否也。昔楚有两妻者，王闻之乎？"王曰："弗闻。"轸曰："楚有两妻者，人挑其长者，长者骂之；挑其少者，少者复挑之。居无何，有两妻者死，客为挑者曰：'为汝娶少者乎？娶长者乎？'挑者曰：'娶长者。'客曰：'长者骂汝，少者复挑汝。汝何故娶长者？'挑者曰：'居人之所，则欲其挑我。为我之妻，则欲其骂人。'今楚王，明主，昭阳，贤相。使轸为臣常以国情输楚，楚王将不留臣，昭阳将不与臣从事矣。臣何故之楚？臣出必故之楚，足以明臣为楚与否也。"轸出，仪入问王曰：

"轸果欲之楚否？"王曰："然。"仪曰："轸不为楚，楚王何为欲之？"王复以仪言谓轸，轸曰："然。"王曰："仪之言果信矣。"轸曰："非独仪知之，行道之人尽知之矣。子胥忠于君而天下皆争以为臣，曾参、孝己爱于亲，而天下皆愿以为子。故卖仆妾不出闾巷③售者，良仆妾也。出妇嫁于乡曲者，必善妇也。今轸若不忠于君，楚亦何以为臣乎？忠且见弃，轸不之楚将何归乎？"

王以其言为然，遂厚待之。惠王终相张仪，轸遂奔楚。

【注释】

① 事：侍奉，跟随。

② 恶：说坏话。

③ 闾巷：此处指胡同。

【译文】

陈轸和张仪共同侍奉秦惠王，秦惠王对两个人都很重用。二人暗中在秦惠王面前争宠，张仪便在惠王面前说陈轸的坏话："陈轸带着重金，驾着轻车，往来出使秦楚两国之间，本为秦楚两国的友好关系。而如今，楚国对秦并不友好，而对陈轸个人却很友好，这说明陈轸为楚国的利益考虑的多而为秦国利益考虑的少啊！陈轸打算离开秦国前往楚国。你何以不随他去呢？"秦惠王于是召见陈轸，询问他是否要离开秦国，前往楚国，陈轸说："我愿意到楚国去。我离开秦国一定去楚国，是为表明我是不是私下投靠了楚国。过去楚国有一个人娶了两个妻子，您听过他的故事吗？"秦惠王说："没听说过。"陈轸说："楚国有人娶了两个妻子，有个人去勾引那位年纪较大的，结果被骂了一顿。又去勾引那个年纪小的，她也反过来勾引他。过了不久，那个做丈夫的死了，有人问曾引逗过他妻子的人：'要是让你挑选其中一个的话，你要娶哪一位呢？'那人说：'要年纪较大的。'问话的人有些不解：'大老婆不是骂过你，小老婆不是勾引过你吗？为何反而要娶骂你的呢？'那人回答说：'如果作为一个外人，我当然希望她来勾引我；但要作我的妻子，我就希望她能拒绝并责骂其他挑逗她的人。'楚王是明君，昭阳是贤相。假如我作为秦的臣子却经常把秦国的机密情报交给楚国，楚王将不会收留我，昭阳也不会任用我为属官。我又何必前往楚国呢？"陈轸出去后，张仪进来了，问秦惠王说："陈轸是不是真的要往楚国了？"秦惠王说："是这样。"张仪说："如果陈轸没有为楚国效力，楚王凭什么想接纳他呢？"秦惠王便又把张仪的话对陈轸讲了，陈轸说："是这样的。"秦惠王说："那么张仪说的话都是可信的了。"陈轸说："不仅仅是张仪明白，随便从路上拉个人都明白这个道理。伍子胥忠于君主，天下的所有君主都争着接纳他为自己的臣子；曾参、孝己都是孝子，都很爱自己的双亲，而天下所有当父母的，都愿意有曾参、孝己那样的儿子。所以，假如要卖婢妾，没有出胡同就卖出去了，那一定是非常好的婢妾。被休弃的媳妇如果又嫁给了本乡本土的人家，那一定是个好媳妇。如今我假如对秦国国君不忠，楚王又怎么会把我当作忠实的臣子呢？忠心耿耿反而被抛弃不用，我不往楚国又该到哪里去找归宿呢？"

秦惠王认为他说的有道理，于是重新厚待陈轸。但最终秦惠王还是任命张仪为相，陈轸便投奔了楚国。

【评析】

忠心却得不到赏识，是为人臣子最大的悲剧吧。然而智慧的人会另择明主，只有那些愚忠的人才会守着"忠君"的信念不放。

现实生活中，我们又何尝不是这样呢？死守着固有的观念不愿改变，在最终尝到苦果之后才懂得变通的重要。

3. 我为主，有何罪

【经文】

韩信初为齐王时，蒯通说信，使三分天下，信不听。后知汉畏其能，乃与豨①谋反。事泄，吕太后以计擒之。方斩，曰："吾悔不听蒯通之计，乃为儿女子所诈。岂非天哉！"

高祖归，乃诏齐捕通。通至，上曰："若教淮阴侯反耶？"曰："然。臣固教之。竖子不用臣之策，故今自夷如此。如彼竖子用臣之计，陛下安得而夷之乎？"上怒曰："烹之！"通曰："嗟乎！冤哉烹也。"上曰："若教韩信反，何冤？"对曰："秦之纲弛而维绝，山东大忧，异姓并起，英俊乌聚。秦失其鹿，天下共逐之，于是高材疾足者先得焉。跖之犬吠尧，尧非不仁，狗固吠非其主，当是时，臣独知韩信，非知陛下也。且天下锐精持锋，欲为陛下所为者甚众，固力不能耳，又可尽烹耶？"高帝曰："置②之！"乃释通之

236

罪也。

【注释】

①豨（xī）：陈豨。

②置：释放。

【译文】

韩信最初被封为齐王时，蒯通劝说他与西楚项羽、汉王刘邦三分天下，韩信不听蒯通劝告。后来听说汉王刘邦畏惧他的才能，于是便与陈豨合谋叛乱。事不机密，泄露了出去，吕后用计谋擒住了韩信，将斩之际，韩信叹道："我后悔不听蒯通的话，才被小人女子所欺骗，这难道不是天意吗？"

高祖回到朝廷后，下令齐国逮捕蒯通。蒯通被押到长安后，高祖说："是你教唆韩信谋反吗？"蒯通回答说："是的！我本来是那样教导他的，只是这小子不用我的计策，才使他自己落到被夷灭下场。如果他听我的计划，你怎么能夷灭他呢！"高祖大怒说："煮了他！"蒯通说："唉呀，冤枉啊！"高祖说："你教唆韩信谋反，冤枉什么？"蒯通回答说："秦朝崩溃了，崤山以东大乱，各家同时而起，英雄豪杰就像乌鸦聚集时那么多。就像秦国走失了一头鹿，天下的人都去追赶，只有身材高大，跑得快的人才能先捉到它。盗跖的狗朝着尧狂吠，并不是尧不仁的缘故，只是因为尧不是它的主人罢了。我为韩信出谋划策之时，只知道有韩信，并不知道有你。再者说，天下手持锋利的武器，打算做你所做的事的人太多了，只是力量达不到罢了，你能把他们全都煮了吗？"高祖说："放了他吧。"于是赦免了蒯通的罪行。

【评析】

愚忠固不可取，但忠贞是无论在什么时候都会被人称赞的。比如文中的蒯通，是由于忠于韩信才会向韩信提出造反的建议。"狗吠非其主"是常理，也是定论。而刘邦是不可能不明白这个道理的，所以蒯通得以免罪。

4.蒯巧辩，其主生

【经文】

初，吴王濞与七国谋反，及发，济北王欲自杀。齐人公孙玃谓济北王曰："臣请试为大王明说梁王，通意天子。说而不用，死未晚也。"公孙玃遂见梁王，曰："夫济北之地，东接强齐，南牵吴越，北胁燕赵，此四分五裂之国。权不足以自守，劲不足以捍寇，又非有奇佐之士以待难也。虽坠言于吴，非其正计也。昔郑祭仲许宋人立公子突，以活其君，非义也。《春秋》记之，为其以生易死，以存易亡也。向使济北见情，实示不从之端，吴必先历齐，军济北，招燕赵而总之，如此则山东之纵结而无隙矣。今吴楚之王练①诸侯之兵，驱白徒②之众，西与天子争衡，济北独抵节坚守不下，使吴失与而无助，跬步独进，瓦解土崩，破败而不救者，未必非济北之力也。夫以区区之济北，而与诸侯争强，是以羔犊之弱而捍虎狼之敌也。守职不挠③，可谓诚一矣。功义如此，尚见疑于上，胁肩低首，累足抚襟，使有自悔不前之心，非社稷之利也，臣恐藩臣守职者疑之。臣窃料之，能历西山，径长乐，抵未央，攘袂而正议者，独大王耳。上有全亡之功，下有安百姓之名，德沦于骨髓，恩加于无穷，愿大王留意详维之。"孝王大说，使人驰以闻，济北王得不坐，徒封于菑川。

【注释】

①练：指挥。

②白徒：未经训练的士兵。

③挠：放弃。

【译文】

当初，汉朝的吴王刘濞，与七国共谋叛乱，待到内幕被揭发出来后，济北王打算自杀。大夫公孙玃对济北王说："请你允许我替你去游说梁王，请梁王向皇帝陈述我们的隐衷。假如梁王不答应，再自杀也不迟。"于是公孙玃便去求见梁王，说："济北这个地方，东边临着强大的齐国，南边连着吴、越诸国，北边受燕、赵等大国胁迫，这是个四分五裂

的国家，其势根本不能够自守，力量也难以抵御强敌，又没有奇谋之士来辅佐准备对付吴楚七国的发难。尽管曾对吴王说了不该说的话，但那不是济北王真正的意图。过去郑国的祭仲被宋国逼迫，答应立宋女所生的公子突为国君，目的是保护郑昭公的生命。尽管这种做法不合臣子之义，但是《春秋》一书还是把他记载下来，就是因为这样做使郑昭公保全了性命，使郑国没有灭亡。假如当初济北王露出自己的真实想法，明确表示不服从吴王刘濞的意思，那么吴王必定会途经齐国，将大军屯在济北，招燕、赵两国的军队归他统一指挥。这样一来，崤山以东各诸侯国的合纵联盟便会结成，而且无懈可击了。而如今吴、楚二王指挥七国诸侯的军队，驱赶未经训练的乌合之众，向西进攻与皇帝争夺天下，济北国则拼死坚守不降，使吴兵失去援助，只能缓慢地单独进兵，最终土崩瓦解，遭到无可挽回的失败，未必不是济北王的贡献。当初，如果以微不足道的济北小国挺身而出与吴楚七国诸侯争强斗胜，那是用羊羔和牛犊般的弱力，去对抗猛虎和豺狼般凶狠的敌人啊。济北王已经做到了守职不失，可以称得上是忠诚不二了。有这样的功劳和忠义，尚且被皇上所猜疑，只能缩着肩膀，低着脑袋，叠着双脚，抚弄着衣襟，畏畏缩缩等着处分，那就会后悔原先为什么不与吴越结盟，以求一逞了。这对国家是没有益处的，而且我怕其他作为国家屏藩之臣的诸侯王们也会怀疑自己守职不失是否也会受到猜疑而起二心。我私下忖度，能够路过首阳山，到达长安，通过太后而向皇帝慷慨激昂发表公正议论的人，只有大王你了。对上有保全天下、免于亡国之功，对下有使百姓安居乐业的好名声，你的恩德使人刻骨铭心，永远不能忘记。希望大王你把这事放在心里，仔细想一想。"梁孝王非常高兴，派人骑上快马赴长安报告给皇帝，济北王才得以不被牵连治罪，改封为菑川王。

【评析】

济北王本打算自杀，可由于自己有公孙玃这样的忠臣和能臣，所以得以重新拥有生的希望，并且被认为是功臣，这不能不说是济北王的幸运。同时，这也给我们以很好的启示，有时一个人能改变我们的一生，所以我们在选择交往的人时，一定要选择那些正直、善良并且聪慧的人。

难必二八

以权利合者，权利尽而交疏。以色事人者，色衰而爱绝。王不可以无德，无德则臣民叛。

恃人念，不可存

【经文】

夫人主莫不欲其臣之忠，而忠未必信，故伍员①沉于江，苌弘②死于蜀，其血三年而化为碧。凡人亲莫不欲其子之孝，而孝未必爱，故孝己忧而曾参悲。此难必者也。何以言之？魏文侯问狐卷子曰："父子、君臣之贤足恃乎？"对曰："不足恃也。何者？父贤不过尧而丹朱放；子贤不过舜而瞽叟拘；兄贤不过舜而象傲；弟贤不过周公而管蔡诛；臣贤不过汤武而桀纣伐。望人者不至，恃人者不久。君欲理，亦从身始，人何可恃乎！"

汉时，梁孝王藏匿羊胜、公孙诡，韩安国泣说梁孝王曰："大王自度于皇帝，孰与太上皇之与高皇帝及皇帝之与临江王亲？"孝王曰："弗如也。"安国曰："夫太上、临江，亲父子间，然而高帝曰：'提三尺剑取天下者，朕也！'故太上终不得制事，居栎阳。临江王，嫡长太子也，以言过废王临江。用宫垣事，卒自杀中尉府。何者？治天下终不以私害公。语曰：虽有亲父，安知其不为虎？虽有亲兄，安知其不为狼？今大王列在诸侯，悦一邪臣浮说③，犯上禁，挠④明法。天子以太后故，不忍致法于王。太后日夜泣涕，幸大王自改，大王终不觉悟。又如太后车即晏驾，大王尚谁攀乎？"语未卒，孝王出羊胜等。

由是观之，安在其可必哉？语曰："以权利合者，权利尽而交疏。"又曰：

"以色事人者，色衰而爱绝。"此言财色不可必也。墨子曰："虽有慈父，不爱无益之子。"黄石公曰："王不可以无德，无德则臣民叛。"此言臣子不可必也。《诗》云："自求伊祜。"有旨哉！有旨哉！

卷八

【注释】

①伍员（yún）：即伍子胥。

②苌弘：周灵王时期的忠臣。

③浮说：不负责任的话。

④挠：违背。

【译文】

作为君主，没有不希望他的臣子忠诚的，可是臣子忠诚未必能获得信任。所以忠于吴王阖闾的伍子胥却被沉入钱塘江；苌弘忠于周灵王，却被流放蜀地，刳肠而死，其血藏之三年，化为碧玉。凡是做父母的，没有不希望儿子孝顺的，然而孝子却未必能获得父母的喜爱，所以孝己尽管对父亲殷高宗非常孝敬，却由于后母的谗害而忧虑，曾参对父母非常孝敬，却不被父母喜爱而悲泣。这就是事物难以有定准的道理。为什么这样说呢？魏文侯问狐卷子说："父子、君臣之间，可以依赖对方的贤德吗？"狐卷子回答说："不可以。为什么呢？父亲贤德，大约比不过尧了，可是尧的儿子丹朱却被尧放逐；儿子贤德，谁也比不上舜，可是舜的父亲瞽叟却把他囚拘起来；哥哥贤德，谁也比不上舜，可是舜的弟弟象却傲慢无礼；弟弟贤德，谁也比不过周公，可是周公的哥哥管公、蔡公却被周公杀掉；臣子贤德，谁也比不上商汤和周武王，可是夏桀、商纣这两位君主正是被商汤和周武王这两位臣子伐灭的。所以盼望别人时，人偏偏不来，依赖别人是不可能长久的。你要治理天下，就得从依赖自身开始，别人又怎么能依赖呢？"

汉代，梁孝王把朝廷通缉的罪犯羊胜、公孙诡窝藏在自己的王宫里，内史韩安国哭泣着劝说梁孝王道："大王你自己忖度，和当今皇帝的关系与当年太上皇与高祖皇帝的关系以及当今皇帝与临江王的关系相比，哪种关系更亲呢？"梁孝王说："我与当今皇帝的关系是兄弟关系，所以比不上太上皇与高祖皇帝以及当今皇帝与临江王的父子关系。"韩安国说："太上皇与高祖皇帝，当今皇帝与临江王，是亲父子关系，然而高祖皇帝却说，'手提三尺宝剑，夺取了天下的是我。'所以太上皇最终不能当朝治理天下，只能闲住在栋阳的宫殿里；临江王是当今皇帝的嫡亲长子，由于说话不谨慎，由于宫廷内部的家事而在中尉府中自杀。为什么这样？治理天下的君主，不因家事妨害天下国家的根本利益。所以才有这样的古语：虽有亲父，怎么能知道他不是凶残的猛虎？虽有亲哥哥，怎么能知道他不是凶残的豺狼？如今大王你位列诸侯，喜欢听奸佞之臣不负责任的话，冒犯皇帝，违背法度。当今皇帝因为你有太后宠爱的缘故，不忍心动用法律手段制裁你。而太后日夜哭泣，盼望你能自我悔过，可是你却毫不觉悟。假如有一天太后逝世，你又能依赖谁呢？"话还没有说完，梁孝王便把羊胜等人交了出来。

由此看来，事情哪里有个定准可依赖呢？有这样一句古话说："因为权势和利益的需要而结合的，一旦失去了权势和利益，交情随之疏远；靠美丽的容貌侍奉别人的，一旦容貌衰退，宠爱随之断绝。"这就是说钱财和美色由于没定准而不可依赖。墨子说："尽管父亲很慈爱，但他决不会疼爱没用的儿子。"黄石公说："国君不能没有仁德，没有仁德，臣民就会叛离。"这是说臣下和子女不可依赖。《诗经》上说："求自己保佑自己吧！"值得品味啊！

【评析】

忠诚，是臣子侍奉君主的首要道德标准，可是忠于夏桀的关龙逢却被杀害，忠于商纣的比干被剖心。对父母行孝道，是衡量一个人道德品行最重要的标准，可是殷高宗的儿子孝己尽管事父至孝，还是担心后母的谗害。曾参是有名的孝子，可还是因得不到母亲信任而悲泣。生逢爱好文学的汉文帝之时，以文著称的贾谊却被流贬到长沙。正当抗击匈奴的用武之时，英勇善战的李广却终生未得封侯。所以，又有这样的说法：意气相投，本不属同类的人之间也会产生友爱；心思不合，最亲近的父子兄弟也会刀兵相见。

这个世界上唯一能依靠的就是自己，不能依赖别人。任何成功都必须依靠自己的努力。有权有势的人为子女谋个好位置自然不费吹灰之力，但却不能使子女有出息。一旦失去靠山，子女恐怕连自我生存的能力都没有。因此无论做什么，都要牢牢竖立这样一个信念：求人不如求己。

运命二九

人有不教化而自成者，有待教化而后成者，有虽加教化而终不成者。

尽己力，致于命

【经文】

夫天道性命，圣人所希①言也。虽有其旨，难得而详。然校之古今，错综其纪，乘乎三势，亦可以仿佛其略。何以言之？荀悦云："凡三光②、精气变异，此皆阴阳之精也，其本在地而上发于天。政失于此，而变现于彼，不其然乎？"

今称《洪范》③咎征，则有尧、汤水旱之灾。消灾复异，则有周宣《云汉》，宁莫我听！《易》称"积善余庆"，则有颜、冉④短折之凶。善恶之报，类变万端，不可齐一，故视听者惑焉。

尝试言之：孔子曰"死生有命"，又曰"不得其死"，又曰"幸而免"者。夫死生有命，其正理也。不得其死，未可以死而死也。幸而免者，可以死而不死也。此皆性命三势之理也。

推此以及教化，则亦如之。人有不教化而自成者，有待教化而后成者，有虽加教化而终不成者。故上智与下愚不移，至于中人则可上可下。推此以及天道，则亦如之。

灾祥之应，无所疑焉。故尧、汤水旱，天数也。

《洪范》咎征，人事也。

鲁僖淫雨，可救之应也。周宣旱甚，难变之势也。

颜、冉之凶，性命之本也。

《易》曰："有天道焉，有地道焉，有人道焉。"言其弄也。"兼三才⑤而两之。"言其同也。故天地之道，有同有异。据其所以异而责其所以同，斯则惑矣。守其所以同而求其所以异，则取弊矣。迟速、深浅，变化错乎其中，是故参差难得而均也。天、地、人、物之理莫不同之。故君子尽心焉，尽力焉，以邀命也。

《易》曰："穷理尽性以致于命。"此之谓也。

【注释】

①希：通"稀"，少。

②三光：日、月、星辰之光。

③《洪范》：《尚书》里的一篇。

④颜、冉：颜回、冉有，两人都是孔子的弟子。

⑤三才：指天、地、人。

【译文】

天道、性、命等问题，孔子很少谈论它们。孔子不是不明白这些道理，但他也很难说得清楚。然而考察古往今来错综复杂的记载，凭借"三势"，也可以获知大概。为什么这样说呢？东汉末史学家荀悦曾说："凡日、月、星辰与精气的变异，这都是阴阳之气的精华，它的根原本是在地，向上生发而达于天。国家政治有所缺失，就会在大地间显现出异变，难道不是这样吗？"

现在人们说到《尚书·洪范》篇，讲到恶行之验，就有帝尧和商汤时水旱之灾。消灾时却又与此不同，周宣王祈求降雨，夜望银河，慨叹："银河听不到我的祷告。"《易经》说："积善之家，必有余庆。"可是孔子的弟子颜回、冉有却短寿而死。善恶的报应千变万化，无法用统一的规律去考察，所以无论是自己观察还是听别人讲的都感到迷惑不解。

对此，我们是否可以这样说：孔子曾说"死生有命"，还说"不得其死"，又说"可以侥幸获免"。这是什么意思呢？"死生有命"是正理；"不得其死"是本不该死却死了；"侥幸获免"是本该死却没有死，这就是性命的三种态势。

把这个道理，加以类推到教化百姓的问题上，也是如此。人有不待教化而自然成为良善的人的；有必经教化才能成为良善之人的；也有虽经教化，却最终不能成为良善之人的。所以孔子才说唯有上智和下愚两种人是不能改变的，而普通人则是既可经教化而向善，也可能因教化的错误而向恶。把这个道理加以类推，引到天道的问题上，也同样如此。

灾害和吉祥的报应，是不应怀疑的。帝尧和商汤时的水旱灾害，可以说是自然规律。

《洪范》所说的行恶必报之验，指的是人事。

鲁僖公时，阴雨连绵经祈祷而止，说明灾害可救；周宣王时的大旱祈祷无效，说明那灾难本来是难以改变的。

颜回、冉有的短命，那是性命之理的根本所在。

《易经》上说："有天道，有地道，有人道。"这是讲道的不同。又说："兼天、地、人三道的规律，都是对立的两方面。即天有阴阳，地有刚柔，人有仁义。"这是讲道的相通之处。如果根据道的不同性质而否定道的相通之处，那就是糊涂；如果固守道的相通之处而否定道的差别，那也是取其弊端。快慢、深浅种种变化错综复杂地存在于大

道之中，所以表现为参差不齐，很难表现得那么均衡、那么明显。天、地、人三道莫不如此。所以君子尽心尽力去积德行善，是去追求获取善命而已。

《易经》上说："要穷究天下道理，尽自己之所能，来实现最好的命运。"说的就是这个意思啊。

【评析】

《易经》上说："人的精神元气是实有之物，所谓游魂是精神的变现。"人自受命为人，相貌各异，声音不同，苦乐不均，愚智悬殊，或尊贵或卑贱，或长寿或短命。这都是三世所作之业决定的啊！

不少人都把命运看得十分神秘。其实，所谓命，就是规律；所谓运，就是势的推移。它们本身并无神秘之处，既然是规律，就是可以认识，可以把握的。人常说事在人为，讲的就是不要消极地接受命运的安排，而要积极地去创造成功的条件。既然是势的推移，就是可以改变的。因而成功了也不要沾沾自喜，得意忘形，而要准备迎接新的挑战；失败了也不要垂头丧气，心灰意冷，而要勇敢地面对现实，分析情况，总结教训。

大私三十

知与之为取，政之宝也。将欲取之，必故与之。

欲取之，先与之

【经文】

《管子》曰："知与之为取，政之宝也。"《周书》曰："将欲取之，必故与之。"何以征其然耶？黄石公曰："得而勿有，立而勿取，为者则已，有者则士，焉知利之所在？彼为诸侯，己为天子，使城自保，令士自取。"王者之道也。《尸子》曰："尧养无告，禹爱辜人①，此先王之所以安危而怀远也。"圣人于大私之中也为无私。汤曰："朕身有罪，无及万方；万方有罪，朕身受之。"汤不私其身而私万方。文王曰："苟有仁人，何必周亲！"文王不私其亲而私万国。先王非无私也，所私者与人不同，此知大私者也。由是言之，夫唯不私，故能成其私；不利而利之，乃利之大者矣。

【注释】

①辜人：罪人。

【译文】

《管子》上说："明白给予就是获取的道理，那是为政的法宝啊。"《周书》上说："将要从哪里求取，所以才一定要先行给予。"怎样才能证明这个道理是对的呢？黄石公说："得到的东西却不要占有它。即使是君主建立的功业，也不要占取功名。定谋决策在自己，占取功名是士大夫的事，君主何必要了解功名利禄在哪里可以得到呢？他们是诸侯，自己是皇帝，要让城中的人自己保卫自己的城池，要让攻城的将士自己攻下敌人的城池。"这才是打天下、坐天下的人的办法。《尸子》中说："尧抚养那些连状都告不起的穷人，禹爱罪人。这是古代的圣君能够使处在危难中的人安居乐业，安抚边疆的原因。"圣明的皇帝在最大的私情里表现出的却是无私。商汤向上天祷告说："我一个人有罪，不要对天下百姓进行报复；天下百姓有了罪恶，请让我一个人来承担。"商汤不偏爱一己之身而爱天下百姓。周文王说："假如有仁人，又何必非得是周族的亲属不可呢？"周文王不偏爱他的亲族而爱万国的人民。古代的圣王不是无私的，只是他的私心与一般人不同，这才是明白大私的道理。由此说来，只有不存小私之心，才能成就最大的私；只有以不贪图小利为利，才会获取大利啊。

【评析】

"将欲取之，必先与之。"这并不是阴谋手段，而是讲没有投入，便不会有回报的道理。贪图小利只能坏大事，而要获大利就必须舍弃小私。

但文中所讲的取与之道，还是可以为我们所借鉴的。因为无论何时，不付出努力而想得到回报是完全不可能的。

败功三一

智者之举事也，因祸为福，转败为功，自古然矣。

败变成，祸转福

【经文】

《文子》曰："有功，离仁义者必见疑；有罪，不失人心者必见信。故仁义者，天下之尊爵也。"何以言之？昔者楚共王有疾，召其大夫曰："不谷不德，少主社稷，失先君之绪，覆楚国之师，不谷之罪也。若以宗庙之灵，得保首领以没，请为灵若厉①，大夫许诸？"及其卒也，子囊曰："不然！夫事君者，从其善不从其过。赫赫楚国而君临之，抚征南海，训及诸夏，其宠大矣。有是宠也，而知其过，可不谓之共②乎？"大夫从之。此因过以为恭者也。

魏将王昶、陈泰兵败，大将军以为己过。习凿齿论曰："司马大将军引二败以为己过，过销而业昌，可谓智矣。"夫忘其败而下思其报，虽欲勿康，其可得乎？若乃讳败推过，归咎万物，上下离心，贤愚释体，是楚再败而晋再克，谬之甚矣。夫人君苟统斯理，行虽失而名扬，兵虽挫而战胜，百败犹可，况再败乎！此固败以成功者也。故知智者之举事也，因祸为福，转败为功，自古然矣。

【注释】

①厉：滥杀无辜的意思。

②共：通"恭"，知过能改的意思。

【译文】

《文子》上说："即使有功，如果失去了仁义，也一定会被疑忌；即使有罪，假如不失民心，也一定会受到信任。"所以说，仁义是天下最尊贵的东西。为什么这样说呢？过去楚共王患病的时候，把大夫们召集到身边，说："我缺乏德行，从年纪很小的时候便开始主持国政，却不能继承前代君主的余绪，使楚国的军队连吃败仗，这是我的罪过啊。假若由于祖宗的保佑，使我能寿终正寝，我请求你们给我加上'灵'或者'厉'的谥号，不知大夫们同意吗？"待到楚共王死了之后，大夫子囊说："不能按大王的遗命来加谥号。因为侍奉国君的原则是，听从他正确的命令而不服从他不正确的命令。楚国是威名赫赫的大国，自从他君临朝政之后，对南方诸国或安抚或征伐，使之归顺，对于中原华夏诸国也加以教训，可见受上天的恩宠非常大。有这么大的恩宠，却能自知其过，难道不可以谥为'共'吗？"大夫们采纳了子囊的意见。这就是由于有了过错反而尊谥为"恭"的例子。

三国时曹魏的将军王昶、陈泰先后打了败仗，大将军司马懿却把责任自己承担起来。习凿齿在《汉晋春秋》上说："司马大将军把两次失败的责任都自己承担起来，实际上不仅消除了过错，而且使功业更加昌盛起来，这可以说是明智的人了。"人民不计较他的失败却想为他效力，即使并未想让事业昌盛，又怎么能昌盛不起来呢？假如他们讳言失败，推托责任，找借口把错误归咎于种种因素，就会使上下离心离德，统治者和被统治者的关系解体，走向对立，这样就会使楚国再次失败，晋国也会再次被敌人打垮，那样的话，错误就更大了。假如国君能够明白这个道理，即使行动失败了，但美名却可扬遍天下，军事上虽受了挫折，但战略上却取得了胜利，即使打了多次败仗也关系不大，何况只打了两次败仗呢？这就是由于失败反而成功的道理。由此可知明智的人办事，往往因祸而得福，转败而为胜，这是自古以来就有的道理啊。

【评析】

失败乃成功之母，这是人们常说的一句话。失败并不可怕，只要善于总结教训，纠正失误，是可以转败为胜的。但是转败为胜是有前提条件的：首先要有勇气承认失败，不能怨天尤人，推卸责任；二要善于总结教训；三要有不屈不挠的毅力。具备这三个基本前提，才有可能转败为胜，因祸得福。

昏智三二

神者，智之渊也，神清则智明。智者，心之符也，智公则心平。

名利色，昏智所

【经文】

夫神者，智之渊也，神清则智明。智者，心之符也，智公则心平。今士有神清智明而暗于成败者，非愚也，以声色、货利、怒爱昏其智矣。何以言之？昔孔子摄①鲁相，齐景公闻而惧，曰："孔子为政，鲁必霸。霸则吾地近焉，我之为先并矣。"犁且曰："去仲尼犹吹毛耳。君何不延之以重禄，遗②哀公以女乐？哀公亲乐之，必怠于政，仲尼必谏。谏不听必轻绝鲁。"于是选齐国中女子好者八十人，皆衣文绣之衣而舞康乐。遗鲁君，鲁君受齐女乐，怠于事，三日不听政。孔子曰："彼妇之口，可以出走。"遂适卫。此昏于声色者也。

太史公曰："平原君翩翩浊代之佳公子也。然不睹大体。语曰：'利令智昏。'平原君贪冯亭邪说，使赵陷长平四十余万，邯郸几亡。"此昏于利者也。

《后汉书·班固传》评曰："昔班固伤司马迁云：'迁博物洽闻，不能以智免极刑。'然固身亦自陷大戮，可谓智及之而不能守。古人所以致论于目睫耶？"此皆昏于势者也。

尸子曰："夫吴越之国，以臣妾为殉。中国闻而非之。及怒，则以亲戚殉一言。夫智在公则爱吴越之臣妾，在私则忘其亲戚。非智损也，怒夺之也。"

好亦然矣。语曰：莫知其子之恶。非智损也，爱夺之也。

是故论贵贱，辨是非者，必且自公心言之，自公心听之，而后可知也。故范晔曰："夫利不在身，以之谋事，则智；虑不私已，以之断义，则厉。诚能回观物之智而为反身之察，则能恕而自鉴。"

【注释】

①摄：担任。

②遗：送给。

【译文】

精神是智慧的源泉，精神清爽智慧就会明朗。智慧是心志的标志，智慧公正就表明心志正直。现在却有精神清爽、智慧明朗而偏偏不明白成败道理的人，这不是因为他愚蠢，而是因为音乐、美色、财物、利益、发怒或偏爱使其智慧昏暗不明了。为什么这样说呢？过去孔子曾代理鲁国的国相，齐景公听到这件事后很害怕，说："孔子当政，鲁国必然成为霸主。鲁国一旦称霸，我国离它最近，必然被它先吞并掉了。"犁且说："除去孔子就像吹动一根羽毛那么容易。你何不用重金聘请孔子来齐国，送美女和乐舞给鲁哀公？鲁哀公喜欢美女和乐舞，必然荒于国事，荒于国事孔子必定劝谏，哀公不听劝谏，孔子必然离开鲁国。"于是齐景公便选了齐国八十多名美女，都穿上漂亮的锦绣衣服，并教会她们康乐之舞，然后送给鲁哀公。哀公接受齐国的女乐之后果然荒于国事，三天没有听政。孔子说："有了那些妇人在那里唱歌，我可以离开鲁国了。"于是便前往卫国。这就是昏于声乐女色的例证。

司马迁说："平原君真是乱世中风度翩翩的富家子弟啊。但是他不懂得大道理。有人曾说：'利益会使人智昏。'由

于惑于冯亭邪说，使赵国失陷长平，四十余万士卒被秦国坑杀，首都邯郸险些被攻克。这是见利而智昏的例子。"

《后汉书·班固传》评论说："过去班固慨叹司马迁知识渊博，却不能运用智慧避免腐刑。"可是班固自己也身犯大罪，这可以说是智力已经够了，但在行动上却不能恪守所明白的道理。古人常以"人能明察秋毫，却看不到自己的眼睛和睫毛"来比喻这种事情。司马迁和班固都是因为被权势弄昏了自己的智慧。

《尸子》中说："吴越等国的风俗，用臣妾为君主殉葬，中原地区的国君听了很不以为然，认为这样很野蛮。但一旦发怒，却因一句话，杀自己的亲戚。智在公道，可以爱及吴越等国的臣妾，由于私心则忘了被杀者是自己亲戚。这并不是不够聪明，而是愤怒导致的啊。

爱好也是如此。有这样的说法："不知道自己儿子的过恶。"这并不是智力不够，而是被爱夺去了智慧。

所以评论贵贱，明辨是非时，必须出自公心来说话，出自公心来倾听，然后才可知道正确的答案。所以范晔说："与自身没有利害关系时，和他商量事情，他考虑问题就没有私心，判断是非时就果断正确。如果能遍观别人的智慧受到各种因素影响的情形，然后反观自己，就能宽容别人，也就能正确认识自己了。

【评析】

许多事情办糟了，并不是办事人智慧不足，而是由于一时发昏造成的。如三国时的曹操，曾自负地声称："曹公多智。"官渡之战，是中国战争史上有名的战例，曹操以明显的劣势战胜了绝对优势的袁绍。可在赤壁之战中，却以绝对优势输给了明显处于劣势的周瑜，这并不是因为周瑜比他更聪明，而是曹操被自以为即将到来的胜利冲昏了头脑。

一个并不愚笨的人，为什么会在非常明显的是非面前失去理智和公正呢？因为各种因素在影响着人们的正常判断，其中主要是私欲和偏见。私欲主要是声色财货；偏见主要是喜怒哀乐。所以判断是非时，排除这些因素，才能真正明是非。

卑政三三

任道以通其险，立法以理其差。使贤愚不相异，能鄙不相遗，此至理之术。

明俗务，不贵奇

【经文】

《淮南子》曰："济溺人以金玉，不如寻常之纆①。"韩子曰："百日不食以待粱肉，饿者不肯。"此言政贵卑以济事者也。何以言之？韩非曰："所谓智者微妙之言，上智之所难也，今为众人法而以为上智之所难也，则人无从识之矣。故糟糠不厌者，不待粱肉而饱；短褐②不完者，不须文绣而好。以是言之，夫治世之事，急者不得而缓者非务也。今所治之政，人间之事。夫妇之所明知者不用，而慕上智之所难论，则其于人过远矣。是知微妙之言，非人务也。"故《尹文子》曰："凡有理而无益于治者，君子不言，有能而无益于事者，君子不为。"故君子所言者，不出于名法、权术；所为者不出于农稼、军阵，周务而已。

今世之人，行欲独贤，事欲独能，辩欲出群，勇欲绝众。夫独行之贤，不足以成化；独能之事，不足以周务；出群之辩，不可为户说；绝众之勇，不可与征阵。凡此四者，乱之所由生也。

故圣人任道以通其险，立法以理其差。

使贤愚不相异，能鄙不相遗，此至理之术。

故叔孙通欲起礼，汉高帝曰："得无难乎？"对曰："夫礼者，因时世人情而为之节文者也。"张释之言便宜事，文帝曰："卑之！无甚高论，令今可施行。"由是言之，夫理者，不因时俗之务而贵奇异，是饿者百日以待粱肉，假人金玉以救溺子之说矣。

【注释】

①繣（mò）：绳子。

②短褐：指粗劣的衣服。

【译文】

《淮南子》上说："救助溺水的人，给他金玉等珍宝，不如给他一根平常的绳子。"韩非子说："很多天吃不上饭的人，让他等有了黄粱米饭和肉食之后再吃，饿着的人一定不同意。"这就是说，治理国家以浅近易行为贵，才能把事情办好。为什么这样说呢？韩非子说："人们所说的智谋之人讲的微妙高深的道理，即使是智力较高的人也是感到难以理解的。现在为普通人立法，却尽讲智力较高的人也难以明白的道理，那么普通人也就更无法弄明白了。所以糟糠都吃不饱的人，是不会等有了黄粱米饭和肉食后再去吃饭的；连粗麻织的短衣都穿不上的人，是不须有了绣花的绸衣才喜欢穿的。由此说来，治理国家的事，急迫的事解决不了，可以缓一步的事情就用不着去做。所以《尹文子》说："凡是虽有些道理却对于治国没有帮助的，君子不去谈论它；虽然有能力但于具体事情上没有好处的，君子不必去做。"所以君子所说的道理，不越出名法和权术的范围；君子所做的事情，不超出种田务农，行军布阵的事情。这就是说，合于急用的才努力去做。

现在世上有些人，品行想要比所有的人高，办事要比所有的人强，能言善辩想要出群，勇力想要超众。但是，出众的品行却并不能教化人民；超众的办事能力并不能合于急用；杰出的口才也不能挨门挨户地去游说；过人之勇，却不一定能和大家一起去行军打仗。总之，这四种超众之处，不过是产生祸乱的根源而已。

所以古代圣明之君随顺大道来通过险阻，树立法度来理顺各种差别。

使聪明的人和愚笨的人不互相轻视，能巧的和粗俗的不互相抛弃，这是最好的治理国家的办法。

所以叔孙通要制定礼仪，汉高祖说："不会很难吧！"叔孙通回答说："礼这种东西，是随着时世人情而制定用来节制虚文的。"张释之对文帝讲论治国的道理，文帝说："讲得浅近些，不要有太高深的道理，只要现在可以施行的就好。"由此看来，如果治理国家不依从时俗急需的事去做，而以奇异为贵，那就是犯了饿了多日的人让他等待黄粱米饭和肉食，借给别人金玉珍宝去拯救溺水者一样的错误理论。

【评析】

《卑政》一文给我们的启迪是：无论做什么事，量力而行，实事求是是最重要的。如果你要当科学家，不要立即就去搞哥德巴赫猜想，梦想短期摘取数学王冠上的明珠，而首先要学好最基本的数、理、化。荀子曾说："不积跬步，无以致千里；不积小流，无以成江海。"此言虽小，可以喻大也。

善亡三四

积善之家必有余庆。善不积不足以成名。仁之胜不仁也，犹水之胜火也。

善者也，在所积

【经文】

《易》曰："积善之家必有余庆。"又曰："善不积不足以成名。"何以征其然耶？孟子曰："仁之胜不仁也，犹水之胜火也。今之为仁者，犹以一杯水救一车薪之火也。火不熄则谓水不胜火，此又与于不仁之甚者也。又，五谷种之美者，苟①为不熟，不如稊稗②。夫仁亦在熟之而已矣。"尸子曰："食所以为肥也，一饭而问人曰：'奚若？'则皆笑之。夫治天下大事也，譬今人皆以一饭而问人'奚若'者也。"

由是观之，故知善也者，在积而已。今人见徐偃亡国，谓仁义不足仗也；见承桑失统，谓文德不足恃也。是犹杯水救火、一饭问肥之说，惑亦甚矣。

【注释】

①苟：如果。

②稗（bài）：野草。

《易经》上说："积善之家，必然会有善报。"又说："不积善就不能成名。"怎么能证明这种说法呢？孟子说："仁者战胜不仁者，就像水能灭火一样。如今为仁的人就像用一杯水去熄灭一车干柴燃起的烈火，火不灭就说水不能灭火，这和用一点仁爱之心去消除极端不仁义的社会现象是同样的道理。又如五谷的品种再好，假如没有成熟，那还不如稗的种子。所以，仁爱也在于是否成熟啊！"尸佼说："吃饭是为了长得肥胖，假如只吃一顿饭，就问别人说：'怎么样，我胖了吗？'那么大家都会耻笑他。而治理天下，是最大的事情，不是一朝一夕可以看到成效的，现在人们往往急功近利，就像吃了一顿饭就问别人'我胖了吗？'一样。"

由此看来，善德在于一点一滴的积累。如果有人看到历史上徐偃王讲仁义却亡了国，就认为仁义不值得依恃；看到古代承桑国国君讲文德而国家灭亡，就认为文德不值得依恃，这就像用一杯水救火，吃一顿饭就问人"我胖了吗"一样糊涂啊！

荀子说："积水成渊，积土成山，积善成德。"他还说："不积跬步，无以致千里；不积小流，无以成江海。"古人早就认识到，任何伟大的事情都是从细微起步，坚持不懈，逐渐积累的结果。同理，那些巨恶元凶，也不是生下来就穷凶极恶，也是从小事情积累，小环境促成的。

善有善报，恶有恶报，是天下必然的规律，但这必须从长远来看才行。有时做善事未得善报甚至还得了恶报，相反有人做恶却未得恶报反而有善报。这都是因为善或恶的积累还未达到一定程度，一旦时机成熟，都会得到应有的报应。

诡俗三五

事有顺之而失义，有爱之而为害，有恶于己而为美，有利于身而损于国者。

理情背，事愿违

【经文】

夫事有顺之而失义，有爱之而为害，有恶于己而为美，有利于身而损于国者。何以言之？刘梁曰："昔楚灵王骄淫暴虐无度，芊尹、申亥从王之欲以殡于乾溪，殉之以二女。此顺之而失义者也。鄢陵之役，晋、楚对战，谷阳献酒，子反以毙，此爱之而害者也。"臧武仲曰："孟孙之恶我，药石也；季孙之爱我，美疢①也。疢毒滋厚，药石犹生我。"此恶之而为美者也。韩子曰："为故人行私，谓之不弃；以公财分施，谓之仁人；轻禄重身，谓之君子；枉法曲亲，谓之有行；弃官宠交，谓之有侠；离俗遁世，谓之高愿②；交争③逆令，谓之刚材；行惠取众，谓之得人。不弃者，吏有奸也；仁人者，公财损也；君子者，人难使也；有行者，法制毁也；有侠者，官职旷也；高愿者，人不事也；刚材者，令不行也；得人者，君上孤也。此八者，匹夫之私誉，而人主之大败也。"

由是观之，夫俗之好恶与事相诡④，唯明者能察之。

【注释】

①疢（chèn）：一种热病，此处泛指疾病。

②愿（què）：诚实、谨慎。

③交争：争夺权力。

④诡：违背，相反。

【译文】

事情有顺着行事却不合道义的，有本为爱他却反害了他的，有讨厌自己却是于自己有好处的，有利于自己却有损于国家的。为什么这样说呢？刘梁说："过去楚灵活王骄奢淫欲，暴虐无度，芊尹、申亥按照灵王的意愿，把他埋葬在乾溪，并用两个女子殉葬。这是顺着行事反而违背道义的。鄢陵之战，晋楚两国交兵，楚国统帅子反的仆人谷阳给子反敬酒，子反醉，楚军大败，楚王逼令子反自杀，这就是因为爱他，反而害了他。"臧武仲说："孟孙讨厌我，那是良药和针石啊；季孙喜欢我，那是美丽的病毒啊。病毒再厉害，良药和针石还能把我救活。"这就是厌恶他却对他反而有益的道理。韩非子说："为老朋友徇私舞弊的，称之为不抛弃朋友；把公家财产分给别人的，称之为有爱心；看不起官职俸禄而看重自己生命的，称之为君子；不顾法律规定而庇护亲人的，称之为有品德；抛弃职务包庇朋友的，称之为有侠肝义胆；避世隐居的称之为诚谨；互相争斗，违抗命令的，称之为刚烈；施些小恩小惠以收买人心的，称之为得人。所谓不抛弃老朋友的官吏，一定有奸私；所谓爱人的，公家的财物却受到了损失；所谓的君子，国家难以使令他；所谓的有品德，法制就会被毁掉；所谓的有侠肝义胆，就会使官位出现空缺；所谓的诚谨，就是使人别干事；所谓的刚烈，就会使上级的命令没人执行；所谓得人，就会使君主处于孤立的地位。这八种称誉实际上是老百姓的私誉，是对君主利益的极大破坏。"

由此看来，世俗的好恶往往与事理相反，只有明智的人才能看清楚这一点。

【评析】

事与愿违，理与情悖，往往使人困惑，然而明白了其中的道理，就会给我们以有益的启示：一，对子女不可溺爱，否则轻则使子女养成依赖习惯，重则会走上邪路。二，别人对自己的批评乃至成见，往往能督促自己改正缺点，不断进取。三，正确分辨是非，不被私下的评论所左右，而应以大局为准。

息辩三六

行有本，事有迹。审观其体，则无所窜情。

明准则，辨善恶

【经文】

《中论》①曰："水之寒也，火之热也，金石之坚刚也，彼数物未尝有言，人莫不知其然者，信著乎其体。"故知行有本，事有迹。审观其体，则无所窜情。

何谓行本？孔子曰："立身有义矣，而孝为本；丧纪有礼矣，而哀为本；战阵有列矣，而勇为本。"太公曰："人不尽力，非吾人也；吏不平洁爱人，非吾吏也。宰相不能富国强兵，调和阴阳，安万乘之主，简练群臣，定其名实，明其令罚，非吾宰相。"此行本者也。

何为事迹？昔齐威王召即墨大夫而语之曰："自子之居即墨也，毁日至，然吾使人视即墨，田野辟，人民给，官无留事，东方以宁。是子不事我左右以求誉也。"封之万家。召阿②大夫而语之曰："自夫子之守阿也，誉日闻。然吾使人视阿，田野不辟，人贫苦。赵攻甄，子不能救。卫取薛陵，子不能知。是子常以币事吾左右，以求誉也。"是日烹阿大夫及左右常誉之者，齐国大理。

汉元帝时，石显专权。京房③晏见，问上曰："幽、厉之君何以危？所任者何人也？"上曰："君不明而所任巧佞。"房曰："知其巧佞而用之也，将以为贤？"上曰："贤之。"房曰："然则今何以知其不贤也？"上曰："以其时乱而君危知之。"此事迹者也。

由此言之，夫立身从政，皆有本矣；理乱能否，皆有迹矣。若操其本行，以事迹绳之，譬如水之寒、火之热，则善恶无所逃矣。

【注释】

①《中论》：作者是徐幹，内容主要是儒家经义。

②阿：地方名，在今山东省境内。

③京房：人名，西汉今文易学开创者。

【译文】

《中论》上说："水是凉的，火是热的，金石是坚硬的，这几种东西并未自己标榜，可是人们没有不了解它们这些固有的性质的。这是什么原因呢？它的标记就附在它本身上面。"由此即可明白，立身有根本可察，做事有迹象可循，只要仔细观察，那就谁也无法掩饰真相了。

什么叫立身根本呢？孔子说："立身处世有一定的准则，而孝敬父母是根本；丧葬有一定的礼仪，哀痛是根本；战阵有一定的排列方式，但以勇敢为根本。"姜太公说："人民不尽力务家，不是我的人民；官吏不公平廉洁、爱护百姓，就不是我的官吏；宰相不能富国强兵，调合阴阳四时，使国君安居王位，不能选拔训练群臣，使其名实相符，法令彰明、赏罚得当，就不是我的宰相。"这就是立身的根本。

　　什么是做事的迹象？过去齐威王召见即墨大夫，对他说："自从你到了即墨任职以后，说你坏话的每天都有。可是我派人去巡视即墨，看到荒地都开垦出来了，人民丰衣足食，官府没有积压的公事，东方一带因此宁静安定。这是因为你不花钱收买我身边的亲信以求荣誉啊。"因而又把一万户人家分封给他。又召见东阿大夫，对他说："自从先生做东阿太守后，每天都能听到人说你的好话。然而我派人巡视东阿，只见到处荒芜，百姓贫困。赵国攻打甄城，你不能救助；卫国攻取薛陵，你竟然不知道。这是你常用钱收买我身边的亲信，以求得荣誉啊。"当天，便烹杀了东阿大夫和身边亲信中说东阿大夫好话的人。齐国因此而治理得井井有条。

　　汉元帝时，石显专权，京房私下进见皇帝，问汉元帝说："周幽王和周厉王时，国家怎么陷入危机的呢？他们信任的是些什么人呢？"元帝说："君主不英明，信任的都是些投机取巧、善于奉承的人。"京房说："是明知他们投机取巧、善于奉承还要任用他们呢？还是认为他们有才能才用他们呢？"元帝说："是认为他们有才能。"京房说："那么如今怎么知道他们不贤呢？"元帝说："根据当时社会混乱，君主的地位受到危胁的情况知道的。"这就是凡事必有迹象表现出来的道理。

　　由此说来，立身也好，从政也好，都有一个最根本的准则。政治清明或昏乱，人是否有才能也都有迹象表现出来。如果能把持住根本，以办事的迹象作为考核的依据，那么就像水是凉的、火是热的一样，人的善恶就无法掩饰了。

【评析】

　　对人的认识，比对物的认识难得多。因为物不会作假，不会演戏，而人，由于种种原因，往往戴着一副面具。然而人的品行都会在言行迹象显示出来，根据一个人的根本品质并参验他办事的迹象，那么是善是恶就无法掩饰了。

卷九

出军四一

无天于上，无地于下，无敌于前，无君于后，乃可成大业矣。

择兵将，诛暴乱

【经文】

夫兵者，凶器也。战者，危事也。兵战之场，立尸之所。帝王不得已而用之矣。故曰：救乱诛暴，谓之义兵，兵义者王。敌加于己，不得已而用之，谓之应兵，兵应者胜。争恨小故，不胜愤怒者，谓之忿兵，兵忿者败。利人土地宝货①者，谓之贪兵，兵贪者破。恃国之大，矜②人之众，欲见威于敌，谓之骄兵，兵骄者灭。

是知圣人之用兵也，非好乐之，将以诛暴讨乱。夫以义而诛不义，若决江河而溉萤火③。临不测之渊而欲堕之，其克之必也。所以必优游恬泊者何？重伤人物。故曰："远人不服，则修文德以来之。"不以德来，然后命将出师矣。

夫将者，国之辅也，人之司④命也。故曰：将不知兵，以其主与敌也；君不择将，以其国与敌也。将既知兵，主既择将，天子居正殿而召之，曰："社稷安危一在将军，今某国不臣，愿烦将军应之。"乃使太史卜斋择日，授以斧钺。君入太庙，西面而立，将军北面而立。君亲操钺，持其首，授其柄，曰："从是以上至天者，将军制之。"乃复操柄，授与刃，曰："从是以下至渊者，将军制之。"将既受命，拜而报曰："臣闻国不可从外理，军不可从中御。二心不可以事君，疑志不可以应敌。臣既受命，专斧钺之威，臣不敢还诸。"乃辞而行，凿凶门而出。故《司马法》曰："进退唯时，无曰寡人。"孙子曰："将在军，君命有所不受。"古语曰："阃以内，寡人制之；阃以外，将军制之。"《汉书》曰："唯闻将军之命，不闻天子之诏。"

故知合军聚众，任于阃外，受推毂之寄⑤，当秉旄之重。无天于上，无地于下，无敌于前，无君于后，乃可成大业矣。故曰：将能而君不御者胜，此之谓也。

【译文】

兵械，是凶器；战争，是危险之事；战场，是尸体横列的地方。因此帝王不得已才通过战争解决纷争。所以说，拯救纷乱，诛伐暴虐的，称之为"义兵"，统帅正义者可以称王。敌人侵犯我，不得已起而抗争的称之为"应兵"，这种反抗侵略、保卫家园的军队一定获胜。如愤争之意、愤恨之情不足，则不能取胜。因愤怒而发动战争的，称之为"忿兵"，士兵心怀怨恨则要失败。贪图他国土地，看重别人财物的，称之为"贪兵"，士兵贪婪，必然要被攻破。依仗国大人多，想向敌人显示威风的，称之为"骄兵"，士兵骄傲自得，就会被消灭。

由此可知，圣人用兵打仗，不是自己有什么偏好，而是以此来诛杀暴虐、讨伐逆乱。以仁义之师讨伐不义，就如同放开江河水浇灭萤火一样。自己占据有利地形，在下有不测深渊的悬崖边上将敌手推下去，那是一定会成功的。所以圣人一定要优游恬适是什么原因呢？是不愿损伤生灵万物。因此说，荒居远处的人如不顺服，那么就要完善文教德化使他们归来。如果完善了文教德化，还不能使他们归顺，那就要命令将军出兵，用武力使他们归顺。

将帅，是国君的辅佐，负有保护人命的职责。所以说，为将的不了解兵，无异于把自己的君主交给了敌人；为君的不懂得选择将，等于是把自己的国家交给了敌人。将帅既已知兵，君主既已选好了大将，那么天子就该去正殿上召见军队的统帅，告诉他说："国家的安危都寄托在了将军身上，现在某国不愿臣服，希望将军前去讨伐。"于是命令太史准备占卜。太史先斋戒三日，选择吉日，把斧钺授给将军。国君进入太庙正殿的大门，站在东侧，面向西，进入君位。将军随后跟入，面向北而立，居于臣位。这时，国君亲手捧着钺，持着斧钺的首端，而将柄端交给将军，说："从这里往上直到天宇，都由将军全权管理。"接着又拿起斧，拿着斧柄而将斧刃授予将军，说："从这里往下直到大海的深渊，也由将军全权管理。"将军接受了任命，向君主拜谢说："臣听说国家大事，处理决断都必须依靠君王，不能受外面的干预，军队中的事，变化多端，处理决断都必须依靠将领，君王不能遥控作战。如果臣下不是忠心耿耿，便不能报效君王；如果臣下犹疑不决，便不能迎敌应战。臣既然接受任命，负责指挥战争，臣不敢活着回来。"于是辞别国君而行，通过象征必死决心的凶门出发。所以《司马法》中说："进攻退守唯看时机，不能考虑国君的意见如何。"孙子说："将在外，君主的错误命令可以不听。"古语说："城门以内，由国王控制；城门以外，由将帅控制。"《汉书》说："只听将军的命令，不闻天子的圣旨。"

由此可知，集结军队，在城后接受命令，即使接受的是推动车轮的任务，也应当把它看作和持掌军旗一样重要。全军将士都要做到上不受天时的限制，下不受地形的阻隔，前边敌人不敢阻挡，后面没有君王的牵制，唯军令是从，这样，才可以成就伟大的功业。所以说，将军自由发挥自己的才能，而国君不去随意干预，才能取得胜利。这些名言说的都是这个意思。

【评析】

救乱诛暴，平定天下，是用兵的目的。然而兵有各种，如"义兵""应兵""忿兵""贪兵""骄兵"，要懂得根据其不同的性质，采取不同的应对办法。用兵必然要择将，将既已择，那就要赋予威权，放手使用，决不能轻易干涉。这是"出师"的第一步，也是胜利的基础。

练士四二

兵众孰强，士卒孰练，知之者胜，不知之者不胜。

军强者，必胜之

【经文】

夫王者帅师，必简炼；英雄知士高下，因能授职。各取所长，为其股肱羽翼，以成神威，然后万事毕矣。

腹心一人，谋士五人，天文三人，地形三人，兵法九人，通粮四人，奋威四人，鼓旗三人，股肱①四人，通材三人，权士三人，耳目七人，爪牙五人，羽翼四人，游士八人，伟士二，法算二人，方士二人。

军中有大勇、敢死、乐伤者，聚为一卒。有勃气、壮勇、暴强者，聚为一卒。有学于奇正、长剑、㛋弧，接武齐列者，聚为一卒。有破格舒钩，强梁多力，能溃破金鼓，绝灭旌旗者，聚为一卒。有能逾高超远，轻足善走者，聚为一卒。有故王臣失势，欲复见其功者，聚为一卒。有死罪之人，昆弟为其将报仇者，聚为一卒。有贫穷忿怒，将快其志者，聚为一卒。有故赘婿人虏，欲昭迹扬名者，聚为一卒。有辩言巧辞，善毁誉者，聚为一卒。有故胥靡免罪之人，欲逃其耻者，聚为一卒。有材伎过人，能负重行数百里者，聚为一卒。

夫卒强将弱曰"弛"，吏强卒弱曰"陷"，兵无选锋曰"北"。必然之数矣。故曰：兵众孰强，士卒孰练，知之者胜，不知之者不胜。不可忽也。

【注释】

①股肱：指大腿、胳膊，引伸为辅佐得力的人。

【译文】

有帝王德行的人统帅军队，一定是精心训练士兵。英明的将帅善于了解人才，并按其才能高下授予职位。取人之所长，让他成为自己的有力辅佐，以成就神威。这样，其他一切事情就都好办了。

军中要选心腹一人，谋士选五人，管天文气象的三人，懂地理的三人，通晓兵法的九人，管理粮草的四人，振奋军威的四人，执掌鼓旗的三人，得力干将选四人，学识渊博的三人，懂得权谋的三人，侦探选七人，爪牙选五人，羽翼选四人，间谍选八人，伟士选二人，管财务的二人，方士选二人。

要把军中有超人勇气、不畏冒死负伤的，编为一队。把善于鼓舞士气，强壮勇敢，敢于面对强敌的士兵，编为一队。把熟悉兵书、剑法、箭法和能使队列齐整的，编为一队。把善于跳跃，善于使用挠钩能打破常规作战，强悍有力，击破敌人金鼓，拔取敌人旌旗的，编为一队。把能越高涉远，善于长途奔走的，编为一队。把王臣中失去往日威势，想再次建立功业的，编为一队。把阵亡将士的兄弟要杀敌报仇的，编为一队。把有因贫穷而愤怒，内心抑郁，想使心志痛快的，编为一队。把有的因家中男子被虏为人质，招婿入门，想掩盖耻辱、远扬名声的，编为一队。把能说会道，善于诋毁他人、赞誉亲近的，编为一队。把被免罪的囚徒想洗刷耻辱的，编为一队。有才技过人，能背负重物，行走数百里的，编为一队。

士卒强健，将军怯弱的军队叫"弛军"，将军强健，士卒怯弱的叫"陷军"，没有精锐部队做骨干，叫"败军"，这三类军队都会失败，那是必然的。所以说，士卒中哪些人强健，哪些人干练，了解的人胜利，不了解的就失败。这是千万不可忽视的。

【评析】

精干简练，各取所长，因能授职，是择士的要旨。要想成就大业，就必须懂得选择人才，使用人才，让各种人都能最大限度地发挥自己的优势，施展自己的才干，让其真正成为自己事业的辅佐之人。

结营四三

不饮死水，不居死地，不居地柱，不居地狱，无休天灶，无当龙首。

安营六，物莫害

【经文】

太公曰："出军征战，安营置阵，以六①为法。"将军身居九天之上。竟一旬复徙，开牙门，常背建向破，不饮死水，不居死地，不居地柱②，不居地狱③，无休天灶④，无当龙首⑤。故曰：凡结营安阵，将军居青龙，军鼓居逢星，士卒居明堂，伏兵于太阴，军门居天门，小将居地户，斩断居天狱，治罪居天庭，军粮居天牢，军器居天藏。此谓法天结营，物莫能害者也。

【注释】

①六：指六百步或六十步。

②地柱：洼地里高的地方。

③地狱：高处凹下去的地方。

④天灶：谷口。

⑤龙首：山头。

【译文】

姜太公说："出军征战，安顿营寨，布置阵法，应当以六为法度。"将军身居九天之上。满一旬要迁徙，敞开牙门，一般门口要背向破位建营帐。不能喝不流动的水，不能宿营在墓地，不能在洼地里的高处屯留，不能在高地上的凹处驻扎，不能在谷口处休息，不能在山头结营。所以说，凡是结营布阵，将军居于青龙，军鼓居于逢星，士卒居于明堂，伏兵设在太阴，军门设在天门，小将居于地户，斩断设在天狱，治罪设在天庭，军粮放在天牢，军械放在天藏。这是效法天道安营扎寨，只要这样做了，外部自然条件就不能威胁军队。

【评析】

在古代，出色的军事家都懂得妙用地形，发挥有限兵力的优势作战，使固有的地形成为组织防御与实施进攻的天然有利因素。

在行军打仗中，安营扎寨也有很大的学问，地势选得好就等于占据了地利，所以每个将领都必须重视。

道德四四

道者，令民与上同意者也。故可与之死，可与之生，而人不畏危。

将存道，士誓死

【经文】

夫兵不可出者三：不和于国，不可以出军；不和于军，不可以出阵；不和于阵，不可以出战。故孙子曰：一曰道。道者，令民与上同意者也。故可与之死，可与之生，而人不畏危。

黄石公曰："军井未达，将不言渴；军幕①未办，将不言倦。冬不服裘，夏不操扇，是谓礼。将与之安，与之危，故其众可合而不可离，可用而不可疲。接之以礼，厉之以辞，则士死之。是以含蓼问疾，越王伯于诸侯；吮疽恤士，吴起凌于敌国。阳门恸哭，胜三晋之兵；单醪②投河，感一军之士。勇者为之斗，智者为之忧。视死若归，计不旋踵③者，以其恩养素畜④，策谋和同也。故曰：畜恩不倦，以一取万。语曰：积恩不已，天下可使。此道德之略也。

【注释】

①幕：帐篷。

②醪（láo）：酒。

③踵：脚跟。

④畜：通"蓄"，积攒。

【译文】

兵不可以出动有三种原因：国中不和，不可以出军；军中不和，不可以出阵；阵中不和，不可以出战。所以孙子说：放在第一位的是"道"。所谓"道"，是使民众与国君的意愿相一致，这样，民众在战争中就可以为国君出生入死而不怕危险。

黄石公说："军井还没有凿成，将帅不说口渴；军中幕帐还未安置好，将帅不说疲劳。冬天不穿皮衣，夏天不用扇子，这就是将帅的礼法。只要将帅与士卒同苦乐、共安危，士卒就会团结一心，不可离异，这支队伍就不怕苦，不怕累，特别能战斗。将帅如果以礼对待，以言辞激励，那么士卒就愿意报知遇之恩而万死不辞。因此，越王勾践为了报仇，口含辛辣的蓼，问伤养死，抚慰百姓，最终称雄于诸侯；吴起为生病的士兵吸吮浓疮，体恤士卒，最终凌驾在敌国之上。看守宋国国门阳门的士卒死了，子罕入城痛哭，感动全城百姓，晋国因此不敢讨伐；楚庄王有酒不独饮，而把它投在河中，令军士迎流共饮，三军为之感动。这样，勇敢者愿为之战斗，智慧者愿为之忧虑。在战场上视死如归，决计不退缩，就是因为上级平日里有恩德于己，计策和谋略与自己心愿相一致。所以说，平日里对士卒不断地积畜恩德，就可以在战场上得到"以一破万"的功效。有俗语说：不断地积畜恩德，整个天下都会为你所驱使。这就是对"道德"一词的简明概括。

【评析】

身先士卒，德高为范，是为将者最可贵的品格。将领虽有威权，却不能时时靠权威压人，更多的时候应以礼待人，以诚感人，以德服人。这样才会真正地赢得士兵，进而赢得民众，从而为胜利奠定最坚实的基础。

禁令四五

法令孰行，赏罚孰明，以此知胜。

赏罚明，令不违

【经文】

孙子曰："卒未专亲而罚之，则不服。不服，则难用。卒已专亲而罚不得，则不可用矣。"故曰：视卒如婴儿，故可与之赴深溪；视卒如爱子，故可与之俱死。厚而不能使，爱而不能令，乱而不能治，譬若骄子，不可用也。《经》曰："兵以赏为表，以罚为里。"又曰："令之以文，齐之以武，是谓必取。"故武侯之军禁有七：一曰轻，二曰慢，三曰盗，四曰欺，五曰背，六曰乱，七曰误，此治军之禁也。

若期会不到，闻鼓不行，乘宽自留，回避务止，初近而后远，唤名而不应，军甲不具，兵器不备，此谓"轻军"。受令不传，传之不审，以惑吏士。金鼓不闻，旌旗不睹，此谓"慢军"。食不廪粮，军不部兵，赋赐不均，阿私所亲，取非其物，借贷不还，夺人头首，以获功名，此谓"盗军"。若变易姓名，衣服不鲜，金鼓不具，兵刃不磨，器仗不坚，矢不著羽，弓弩无弦，主者吏士，法令不从，此谓"欺军"。闻鼓不行，叩金不止，按旗不伏，举旗不起，指麾不随，避前在后，纵发乱行，折兵弩之势，却退不斗。或左或右，扶伤舆死，因托归还，此谓"背军"。出军行将，士卒争先，纷纷扰扰，军骑相连，咽塞道路，后不得前，呼唤喧哗，无所听闻，失行乱次，兵刃中伤，长将不理，上下纵横，此谓"乱军"。屯营所止，问其乡里，亲近相随，共食相保，呼召他位，越入他位，干误次第，不可呵止。度营出入，不由门户，不自启白。奸邪所起，知者不告，罪同一等。合人饮食，呵私所受，大言惊语，疑惑吏士，此谓"误军"。

斩断之后，万事乃理。所以乡人盗笠，吕蒙先涕而后斩。马逸犯麦，曹公割发而自刑。故太公曰："刑上极，赏下通。"孙子曰："法令孰行，赏罚孰明，以此知胜。"此之谓也。

【译文】

孙子说："士卒没有亲近依附之前就处罚他，士卒就不服气。不服气，就难以使用。士卒既已亲近依附了将帅，仍不执行军纪军法，这种士卒也不能使用。"所以说，将帅对士卒能像对待婴儿一样体贴，士卒就可以跟随将帅一起赴汤蹈火；将帅对士卒能像对待自己的爱子一样，士卒就可以与将帅同生共死。但是，如果对士卒过分厚养而不使用他们，一味溺爱而不以军纪军法约束他们，违犯了军法也不严肃处理，这样的军队，就好比"骄子"一样，是不能用来打仗的。《经》说："士卒以奖赏为表，以惩罚为里。"又说："要用恩惠来命令他，以法令来约束他，这样就一定能取胜。"所以武侯治军有七条禁令：一是"轻"，二是"慢"，三是"盗"，四是"欺"，五是"背"，六是"乱"，七是"误"。这七种情况是治军必须禁止的。

如果有期约而不到，听到鼓声不进攻，趁机滞留，有避忌就止步不前。开始时靠前，后来便落后，呼唤姓名不答应，盔甲没有，兵器不准备，这叫做"轻军"。接受命令不去传达，传达时又不细心，致使吏士疑惑。不听金鼓的号令，不看旌旗的指示，这叫做"慢军"。吃饭却不储存粮食，驻扎却不部署士兵，赏赐、分配不公平，袒护亲信，夺取不属于自己的东西，借贷不还，抢夺他人割取的首级，用以邀功，这叫作"盗军"。又如改名换姓，衣冠不整，金鼓不备，兵刃不磨，武器不修整，箭不插羽毛，弓弩没有弓弦，从上到下不听法令，这叫做"欺军"。听到击鼓不进攻，鸣金不收兵，按下旗帜不倒伏，举起旗帜不起立，帅旗所指却不跟随，躲在后面向前，随意放箭，胡乱行进，损折兵弩的威势，退却不斗。有时借着扶助伤者、运送死者的机会，趁机逃跑，这叫做"背军"。兵行将出之时，士卒却争着向前，纷纷扰扰，一片混乱。骑兵相互勾连，堵塞道路，后面的部队不能向前，呼唤喧哗，嘈杂之声四起，没有行列，次序混乱，兵刃误伤他人，军官也不去管理，上下纵横纷乱，这叫做"乱军"。屯兵宿营，就四处打听同乡，亲近的彼此相随，一起进食，相互担保，呼召别人，侵占他人的位置，破坏秩序，不听别人的制止。不从门户出入军营，不向上级请假。奸邪之事发生，知情者不报告，罪责是相同的。和人一同饮食，呵斥他人，故意发出惊人之语，使吏士疑惑，这叫做"误军"。

斩杀决断之后，诸多事情才会有条理。所以同乡人偷盗斗笠，吕蒙悲涕之后将他斩杀；马惊踏坏了麦田，曹操割下头发表示自罚。所以姜太公说："刑罚、奖赏对上对下一视同仁，一切就都通畅了。"孙子说："只要看法令谁执行得好，谁赏罚分明，就能知谁能取得胜利。"说的就是这个道理！

【评析】

有令则行，有禁则止，是治军的关键。但这一切的真正实施还有待于将领平时的所做所为。如能体贴下情，殷切地关心士卒，士卒就会赴汤蹈火，在所不辞。如放纵士卒如骄子，那就会难以驾驭，无法使用。所以，在关键时刻，为将者要果敢行事，要有快刀斩乱麻的决心和勇气。

教战四六

大战之法，为其校阵，各有其道。左校青龙，右校白虎，前校朱雀，后校玄武，中校轩辕。

精锐兵，平素练

【经文】

孔子曰："不教人战，是谓弃之。"故知卒不服习，起居不精，前击后解，与金鼓之音相失，百不当一，此弃之者也。故领三军教之战者，必有金鼓①约令，所以整齐士卒也。

教令操兵起居，旌旗指麾之变。故教使一人学战，教成合之十人。十人学战，教成合之百人。渐至三军之众。

大战之法，为其校阵，各有其道。左校青龙，右校白虎，前校朱雀，后校玄武，中校轩辕。大将之所处，左锋右戟，前盾后弩，中央鼓旗，兴动俱起。闻鼓则进，闻金则止。随其指麾，五阵乃理。

故曰：治众如治寡，分数是也；斗众如斗少，形名②是也。言不相闻，故为鼓铎；视不相见，故为旌旗。

夫金鼓旌旗，所以一人耳目也。于是气厉青云，虽赴汤蹈火，可也。此教战之法也。

【注释】

①金鼓：铜锣、战鼓。前者是用来命令部队收兵回营，后者是命令部队冲锋前进的。

②形名：形指旌旗，名指金鼓。

【译文】

孔子说："不教人学习打仗，这就等于把他丢弃了一样。"由此知道士卒不练兵，对战斗时的饮食起居之事不熟悉，前面一遭到攻击后面便会瓦解，行动与金鼓之声不协调，一百人也抵不上一个人，这就是"丢弃"的意思。所以率领三军教导他们习武打仗，一定要有金鼓约定命令，统一行动。

教练、命令部队的起居行动，用旌旗来指挥他们变化。一个人学会了作战技能和方法，就可以再教另外十个人。十个人学会，就可以再教一百人。由此渐渐扩展到三军。

大战的方法，首先要懂得布阵，布阵各有其道。左边的校官的青龙旗指示东方，右校的白虎旗指示西方，前校的朱雀旗指示南方，后校的玄武旗指示北方，中校的轩辕旗居于中央。大将的所处之地，左面有矛，右面有戟，前面有盾，后面有弩，中央处是鼓与旗，一有行动，一齐高举。士兵听到击鼓就进攻，听到鸣金就收兵。只有跟随着大将的指挥，五阵才能有条不紊。

所以，治理百万雄兵和治理少量部队的原则相同，只要把部队以五为基数分开就可以了；与大部队的敌军作战与小股部队相遇的战斗原则也是相同的，只要有旌旗和金鼓作号令就可以。战场上，前后言语不能相闻，所以要有鼓铎来传令；首尾不能相顾，所以要用旌旗为信号。

金鼓旌旗，就是士兵的耳朵和眼睛。于是，将士同仇敌忾，气冲云天，即使是赴汤蹈火，也没有做不到的。这就是军训的方法。

【评析】

要想取得战场上的胜利，就要注意平时的严格训练。平时的训练越过硬，越井然有序，在战场上取胜的可能性也就越大。"工欲善其事必先利其器"说的就是这个道理，因为即使再优秀的将领也是不可能率领一群乌合之众去赢得战争的胜利。

天时四七

避以日耗，背以月刑。以王击困，以生击死，是知用天之道。

知天地，胜可求

【经文】

孙子曰："二曰天时。天时者，阴阳、寒暑、时节制也。"司马法曰："冬夏不兴师，所以兼爱。"吾人太公曰："天文三人，主占风气，知天心去就。"故《经》曰："能知三生，临刃勿惊，从孤击虚，一女当五丈夫。"故行军必背太阴、向太阳，察五纬①之光芒，观二曜②之薄蚀，必当以太白为主，辰星为候。合宿有必斗之期，格出明不战之势。避以日耗，背以月刑。以王击困，以生击死，是知用天之道，顺天行诛，非一日也。

若细雨沐军，临机必有捷；回风相触，道还而无功。云类群羊，必走之道；气如惊鹿，必败之势。黑云出垒，赤气临军，六穷起风，三刑起雾，此皆见师之出而不见其入也。若烟非烟，此庆云也；若星非星，此归邪也；若雾非雾，此泣军也；若雷非雷，此天鼓也。庆云开，有德；归邪，有降人；泣军，多杀将；天鼓，多败军。是知风云之占，岁月之候，其来久矣。

故古者初立将，始出门，首建牙③之时，必观风云之气。

若风不旁勃，旌旗晕晕，顺风而扬举，或向敌终日，军行有功，胜候也。

若逆风来应，气旁勃，牙杠折，阴不见日，旌幡激扬，败候也。

若下轻其将，妖怪并作，众口相惑，当修德审令，缮砺锋甲，勤诚誓士，以避天怒。然后复择吉日，祭牙旗，具太牢之馔④，震鼓铎之音，诚心启请⑤，以备天问，观其祥应，以占吉凶。若人马喜跃，旌旗皆前指高陵，金铎之声扬以清，鼙鼓之音宛以鸣，此得神明之助，持以安于众心，乃可用矣。

虽云任贤使能，则不占而事利；令明法审，则不筮而计成；封功赏劳，则不祷而福从；共苦同甘，则犯逆而功就。然而，临机制用有五助焉：一曰助谋，二曰助势，三曰助怯，四曰助疑，五曰助地。此五者，助胜之术。故曰：知地知天，胜乃可全。不可不审察也。

【注释】

①五纬：指金、木、水、火、土五大行星。

②二曜（yào）：太阳和月亮。

③牙：帅旗。

④太牢之馔：指用全猪、全牛、全羊祭礼。

⑤请：请求。

【译文】

孙子说："第二要看天时。所谓天时，是指阴阳、寒暑等气候情况。"司马法说："寒冬盛夏不兴师动众，是因为'兼爱'。"我的乡人姜太公说："天文方面要选三人，负责观察气候，掌握气候变化规律。"所以《经》上说："能明了前生、今生、来生的联系，即使面对刀刃也不会惊惧，跟着孤儿抗击外侮，一女能顶五个男子。"所以行军一定要背向太阴、面向太阳，详察金、木、水、火、土五纬的光芒，细观日食、月食，一定要以太白星为主，辰星为候。在暗夜里必定有战斗，如果天色明亮，就是不战的预兆。作战要躲避太阳下的消耗，月亮下的刑戮，以旺盛攻击困乏，以生气攻击衰朽。由此知道用天道、顺天意去诛伐，并非是一日之间就能成功的事情。

如果细雨濛濛，临战必能获胜；有回旋之风相触，军队将在中途返回，劳而无功。天上云如群羊，是逃跑的预示；云气如惊鹿，是必败的预示。黑云从营垒上升起，赤色云气临降军队的上空，狂风怒起，大雾弥漫，这都是只见军队出发，而不见军队回来的征兆。像烟又不是烟，叫"庆云"；像星星又不是星星，叫"归邪"；像雾又不是雾，叫"泣军"；像雷声又不是雷声，叫"天鼓"。"庆云"开，是有德的标志；出现了"归邪"，预示有投降之人；出现了"泣军"，多是大将破杀的征兆；出现了"天鼓"，多是败军的征兆。由此知道察看风云，观测流年，由来已久。

所以古代一任命大将，军队刚一出门，将要竖起帅旗之时，就要观测风云之气。

如风不从旁兴起，旌旗四周有光晕顺风飘升，或者向敌军方向终日飘扬，这是军队建立功业、大获全胜的征兆。

如果逆风吹来，云气勃兴，牙旗旗杆折断，天气阴沉不见太阳，旌幡激烈飘扬，这是失败的征兆。

如果士卒不尊敬主将，互相谈论的都是妖言怪事，在这种情况下，应当赶紧修明德操，详审法令，修缮盔甲，磨砺武器，勤劳军务，虔诚地宣誓，来避免上天的震怒，然后选择吉日，祭祀牙旗，备好全猪、全牛、全羊，震响鼓锣之声，诚心告启，预备回答上天的责问，同时观察有何吉祥的应验，并占卜凶吉。如果人喜马跃，旌旗都前指向高陵，金铎的声音激扬清亮，鼙鼓的声音宛转鸣响，这就证明得到了神明的助佑，就可以安抚军心，军队就能用以作战了。

如果任贤使能，不用占卜事情也会顺利；军令严明、法度详审，不卜筮计谋也能成功；封赏有功劳的人，不用祷告也能吉祥；如能与士卒同甘共苦，讨伐逆乱就能成功。还有

"五助"可以在指挥作战时灵活运用：一是助谋，二是助势，三是助怯，四是助疑，五是助地。这五项，是帮助夺取战争胜利的辅助方法。所以说，知地知天，才能大获全胜。不能不认真研究啊。

【评析】

天时、地利、人和，是取胜的重要保证。孙子说："知天知地，胜乃可全。"所谓得天时，就是要了解自然，把握自然，利用自然，在最适宜的自然条件下制订规划，采取行动，从而取得最大的效益，最佳的成果。

地形四八

用兵之道，地利为宝。赵奢趋山，秦师所以覆败。韩信背水，汉兵由其克胜。此用地利之略也。

重地利，用兵道

【经文】

孙子曰："三曰地利。地利者，远近、险易、广狭、死生也。故不知山林、险阻、沮泽之形者，不能行军。不用向导，不能得地利。故用兵有散地、有轻地、有争地、有交地、有衢地、有重地、有汜地、有围地、有死地。诸侯自战其地，为散地。入人之地而不深者，为轻地。我得则利、彼得亦利者，为争地。我可以往，彼可以来，为交地。诸侯之地三属①，先至而得天下之众者，为衢地。入人难返之地深，背城邑多者，为重地。行山林、险阻、沮泽，凡难行之道者，为汜地。所由入者隘，所以归者迂，彼寡可以击吾众者，为围地。疾战则存，不疾则亡者，为死地。

"是故散地无战，轻地则无止，争地则无攻，交地则无绝，衢地则合交，重地则掠，汜地则行，围地则谋，死地则战。

"又有六地，有通、有挂、有支、有隘、有险、有远。我可以往，彼可以来，曰通。居通地，先处其高阳，利粮道，以战则利。可以往，难以反，曰挂。挂形曰敌无备，出而胜之；敌有备，出而不胜，难以反，不利。我出而不利，彼出而不利，曰支。支形曰敌虽利我，我无出，引而去也，令敌半出而击之，利。隘形曰我先居之，必盈之而待敌；若敌先居之，盈而勿从也，不盈而从之。险形曰我先居之，必居高阳以待敌；若敌先居，则引而去之，勿从也。夫远形钧势，难以挑战而不利。凡此六者，地之道也。皆将之至任，不可不察。故曰：深草蓊秽者，所以遁逃也；深谷阻险者，所以止御车骑也；隘塞山林者，所以少击众也；沛泽杳冥者，所以匿其形也。

"丈五之沟，渐②车之水，山林石径，泾川③丘阜，草木所在，此步兵之地，车骑二不当一。丘陵漫衍相属，平原广野，此车骑之地，步兵十不当一。平原相远，仰高临下，此弓弩之地，短兵十不当一。两阵相近，平地浅草，可前可后，此长戟之地，剑盾三不当一。萑苇竹萧，草木蒙茏，林叶茂接，此矛铤之地，长戟二不当一。曲道相伏，险厄相薄，此剑盾之地，弓弩三不当一。故曰：地形者，兵之助。又曰：用兵之道，地利为宝。赵奢趋山，秦师所以覆败。韩信背水，汉兵由其克胜。此用地利之略也。"

【注释】

①属：管辖。

②渐：浸没。

③泾（jīng）川：常流不息的河。

【译文】

孙子说："第三要看地利。所谓地利，是指地形的远近，地势的险易，地域的宽广和狭窄以及是否有利于攻守进退等。不知山林的险阻、沼泽的形势，不能行军。不用向导，不能获得地利。用兵有散地、轻地、争地、交地、衢地、重地、氾地、围地、死地之分。诸侯在自己的领地上与敌作战，这样的地区叫'散地'。进入敌境不深的地区，叫'轻地'。我先占领对我有利，敌先占领对敌有利的地区，叫'争地'。我军可以去，敌军可以来的地区，叫'交地'。敌我双方和其它诸侯国接壤的三角地区，先到就可以结交诸侯并取得援助的，叫'衢地'。深入道险难返的地区，背后又有许多城镇，这种地形叫'重地'。山林、险阻、沼泽等道路难行的地区，叫'氾地'。进入时的道路狭隘，退出时的道路迂远，敌人以少数兵力能击败我众多兵力的地区，叫'围地'。迅速奋战则能生存，否则就会被消灭的地区，叫'死地'。在死地作战，趁士卒体力还好，要鼓舞士气，以便与敌人决一死战，可与敌人同归于尽。"

"由以上分析可以得出这样的结论：在'散地'不宜作战，在'轻地'不可停留，遇'争地'不可强攻，在'交地'则各部要互相连接，防止被敌人切断，在'衢地'则应结交邻国，在'重地'则应夺取物质，就地补给，在'汜地'就要迅速通过，在'围地'就要巧设奇谋，在'死地'就要迅猛奋战，死中求生。"

"地理形势又可分六种：有'通''挂''支''隘''险''远'等。凡是我可以去，敌人可以来的，叫做'通'。处在'通'地，要抢先占据地势高而向阳的地方，并保持粮道畅通，这样与敌交战就有利。凡是易进难返的地方叫'挂'。在'挂形'地区，敌军如无防备，就要出击战胜它；如果敌人有防备，我出击不能取胜，又难以撤回，这就于我不利。凡是我出击不利，敌出击也不利的地方，叫做'支'。在'支形'地区，敌人虽然以利诱我，也不要出击，最好是带领部队假装离去，诱敌出动一半时，我突然发起进攻，这样有利。在称做'隘形'的这种狭窄的山谷地带，我若先敌占据，就要用重兵堵塞隘口，等待敌人来攻。如果敌军已先我占据隘口，并以重兵据守，那就不要进攻；如敌军没有重兵把守，就要迅速攻占。在'险形'地区，如我先敌占领，要占据地势高而向阳的地方待击敌人。如果敌人已先占领，那就主动撤退，不要进攻。在'远形'地区，双方势均力敌，不宜挑战，勉强作战，于我不利。以上是关于利用地形的原则，领会运用是将帅的重要一课，不可不认真研究。姜太公说，有让部队紧靠茂密的野草地段的，这是为了遁逃做准备；有占据溪水深谷险要处的，这是为了阻挡敌军的战车骑兵；有把队伍派往隘口要塞山林中的，这是为了以少击多；有把队伍送到杂草丛生的湖泊河泽及幽暗处的，这是为了隐蔽自己的行动。"

"有丈五宽的壕沟，漫漫战车的河水，山林石径，有常流不息的河川以及草木生长的地方，适合用步兵作战，在这类地段，一个步兵可敌二辆战车或骑兵。丘陵绵延相连，平原旷野，这是适于战车、骑兵作战的地方，在这种地方，十个步兵抵挡不了一个骑兵。居高临下，远离平原，适于弓弯手作战，在这种地方，十个使用短兵器的抵挡不了一个弓箭手。两军阵地接近，平原浅草处，可前攻可后撤的地方，适于使用长戟作战，在这种地方，一个使戟的可敌三个使剑盾的。芦苇竹蒿丛生，草木葱茏，林莽相接，森林茂盛之处，适于使用长矛作战，在这种地方，二个使长戟的抵挡不了一个使长矛的。到处是曲折的道路，险要的隘口，这是适于剑盾作战的地方，三个使弓弩的抵挡不了一个使剑盾的。所以说，用兵的原则，最重要的是善于利用地形的辅助作用。又有人说，用兵之道，善于利用地形是最重要的。当年秦兵围困赵国的阏与，赵奢去救援，先占据了北山，秦军后至，攻山不得，赵奢乘机反攻，大败秦军。韩信背水列阵，汉军前临大敌，后无退路，都拼死作战，结果战胜了赵军。这就是善于利用地形作战的典型战例。"

【评析】

孙子说："地形者，兵之助也。"善战者，必须善于利用地形。作为将领，要了解地形，研究地形，制定在各种地形条件下的行动规则。这样，取胜就有了更好的保证，取胜的机会也会更多。

水火四九

以水佐攻者强，以火佐攻者明。是知水火者，兵之助也。

水火也，兵之助

【经文】

《经》曰："以水佐攻者强，以火佐攻者明。"是知水火者，兵之助也。

故火攻有五：一曰火人，二曰火积，三曰火辎，四曰火库，五曰火燧。

行火必有因，烟火素具①。发火有时，起火有日。时者，天之燥也；日者，宿在箕、壁、翼、轸也，凡此四宿者，风起之日。

太公曰："强弩长兵，所以逾②水战。"孙子曰："水可以绝，谓灌城也。"又曰："绝水，必远水。客绝水而来，勿迎之于水内，令敌半渡而击之，利。

欲战，无附于水而迎客也，谓处水上之军。"故曰：以水佐攻者强。

何以言之？昔韩信定临淄、走齐王田广，楚使龙且来救齐。齐王广、龙且并军与信合战。夹潍水阵，韩信乃夜令人为万余囊，盛沙壅水上流，引军半渡，击龙且，佯不胜，还走。龙且果喜曰："固知信怯也。"遂追信渡水，信使决壅囊，水大至。龙且军大半不得渡，即急击之，杀龙且。龙且水军东散走。此反半渡之势。

卢绾佐彭越攻，下梁地十余城。项羽闻之，谓其大司马曹咎曰："谨守城皋，即汉挑战，慎勿与战。"汉果挑楚军，楚军不出，使人辱之，大司马怒，渡汜水。卒半渡，汉击，大破之。此欲战无附于水势也。

故知水火之变，可以制胜，其来久矣。秦人毒泾上流，晋军多死；荆王烧楚积聚，项氏以擒；曹公决泗于下邳，吕布就戮；黄盖火攻于赤壁，魏祖奔岫。此将之至任，盖军中尤急者矣，不可不察。

【注释】

①具：准备、具备。

②逾：越过，渡过。

【译文】

《经》上说："用水来辅助进攻，威势强大。用火来辅助进攻，效果显著。"因此说，水与火，是用兵强有力的辅助。

火攻有五种：一是焚烧敌军人马，二是焚烧敌军的粮草积聚，三是焚烧敌军的辎重，四是焚烧敌军的仓库，五是焚烧敌军的补给线。

实施火攻必须具备一定的条件，发火器材必须平日里准备好。发火还要选择有利的时机，起火要选准有利的日期。所谓有利的时机，指的是天气干燥；所谓有利的日期，指月亮运行到"箕""壁""翼""轸"四个星宿的位置，凡是月亮运行到这四个星宿位置时，就是起风的日子。

姜太公说："弓弩强劲，是长武器，可以用于水战。"孙武说："可以让河水绝堤，用来淹灌敌城。"又说："横渡江河，要在离河流稍远的地方驻扎，这样可以有进退回旋的余地。如果敌军渡河来攻，不要在水中迎击，而要乘它部分已渡、部分未渡时予以攻击，这样比较有利。如果要与已渡河的敌军交战，那就不要靠近江河迎击它，这是水战的原则。"所以说，用水来辅助进攻，威势强大。

为什么这样说呢？当年韩信平定临淄，齐王田广败走，楚派龙且前来营救。齐王田广、龙且把军队合在一起与韩信作战。龙且与韩信在潍水两岸列阵，韩信在夜里命令士兵制成万余条口袋，盛放上沙子堵在了潍水上游，让军队部分渡河，攻击龙且，佯装不能取胜，撤退逃跑。龙且果然高兴他说："我早就知道韩信胆怯了。"于是横渡潍水追击韩信，韩信让人移开盛沙的口袋，一时间河水汹涌而来。龙且的军队大半不能上岸，韩信立刻出击，杀掉了龙且。龙且潍水东面的军队四散逃走。这正是反用"半渡之势"的生动战例。

卢绾辅佐彭越进攻，拿下梁地十余座城。项羽听说后对大司马曹咎说："小心地把守城皋，就是汉军来挑战，也千万不要和它交战。"汉军果然来挑战，楚军坚守不出。汉军便叫人羞辱曹咎，曹咎大怒，便率军渡汜水。士兵正在渡河，汉军发起攻击，楚军大败。这就是准备迎战时不要靠近河水的道理。

所以了解水、火的变化，可以出奇制胜，由来已久了。秦人在泾水上流投毒，晋军多有死者；荆王焚烧楚的粮草，项氏所以被擒；曹操在下邳决开了泗水，吕布因此被杀；黄盖在赤壁采用火攻，曹操被迫逃窜。懂得利用水、火辅助作战，是将军的重要职责，懂得在作战中灵活巧妙地运用，尤其重要。

【评析】

水火无情。兵家正是认识到了水火凶恶，才把它们用于战争，杀伤敌手。但是，水火也有情，也有善的一面：水能滋润养育人类，使人类繁衍生存；火也能温暖改善人类，使人类进化发展。水火既无情又有情，如何使水火于敌无情，而对自己有利，就要看将帅怎样运用，使其为我所用。这正是兵家要认真研究和揣摩的，"不可不察也"。

五间五十

非圣智莫能用间，非密微莫能得间之实。此三军之要，唯贤哲之所留意也。

非圣智，莫用间

【经文】

《周礼》曰："巡国传谍者，反间也。"吕望云："间，构①飞言，聚为一卒。"是知用间之道，非一日也。

故间有五间：有因间，有内间，有反间，有生间，有死间。五间俱起，莫知其道。因间者，因其乡人而用之者也。内间者，因其官人而用之者也。反间者，因敌间而用之者也。生间者，反报者也。死者间，为诳事于外，令吾间知之，而传于敌间者也。

昔汉西域都护班超，初为将军长史，悉发诸国步骑二万五千击莎车，莎车求救龟兹。龟兹王遣左将军发温宿、姑墨、尉头合五万人助之。超召部曲及于阗、疏勒王议曰："兵少不敌，计莫如各解散去。于阗王从此东，长史亦从此西归。夜半闻鼓声使发。"众皆以为然。乃阴缓擒得生口②，生口归，以超言告龟兹。龟兹闻之喜，使左将军将万骑于西界遮超，温宿王将八千骑于东界遮于阗王。人定后，超密令诸司马，勒兵励士。至鸡鸣，驰赴莎车军营掩覆之，胡皆惊走，斩首五千级，莎车遂降。

又，耿弇讨张步，步闻之，乃使其大将费邑军历下，又分兵屯祝阿，别于太山钟城列营数十以待弇。弇渡河，先击祝阿，拔之，故开围一角，令其众得奔钟城。钟城人闻祝阿已溃，大惧，遂空壁亡去。费邑分遣其弟敢守巨里，弇进兵，先胁巨里，多伐树木，扬言以填塞坑堑。数日，有降者言邑闻弇欲攻巨里，谋来救之。弇乃严令军中趣治攻具，后三日当悉攻巨里。阴缓生口，令得亡归，归者以弇期告邑。邑至日果自将来救之，弇喜谓诸将曰："吾所修攻具者，欲诱致邑耳。今来，适③吾所求也。"即分三千人守巨里，自引精兵止岗坂，乘高合战，大破之，临阵斩邑。此用因间之势也。

晋时，益州牧罗尚遣隗伯攻李雄于郫城，迭有胜负。雄乃募武都人朴泰，鞭之见血，使谲罗尚，欲为内应，以火为期。尚信之，悉出精兵，遣隗伯等率领从泰。李雄先使李骧于道设伏，泰以长梯倚城而举火，伯军见火起，皆争缘梯。泰又以绳汲上尚军百余人，皆斩之。雄因放兵，内外击之，大破尚军。此用内间之势也。

郑武公欲伐胡，先以其子妻胡。因问群臣曰："我欲用兵，谁可伐者？"大夫关期思曰："胡可伐。"武公怒而戮之曰："胡，兄弟之国，子言伐之，何也？"胡君闻之，以郑为亲己而不备郑。郑袭胡，取之。此用死间之势也。

陈平以金纵反间于楚军，间范增，楚王疑之。此用反间者也。

故知三军之亲，莫亲于间，赏莫厚于间，事莫密于间。非圣智莫能用间，非密微莫能得间之实。此三军之要，唯贤哲之所留意也。

【注释】

①构：制造。

②生口：俘虏。

③适：恰恰。

【译文】

《周礼》说："遍及全国地传递谍报，就是反间。"吕望说："间，就是制造散布流言蜚语，这些人可以组成一支独立的队伍。"由此可知，使用间谍，由来已久。

所用间谍有五种：有"因间"，有"内间"，有"反间"，有"生间"，有"死间"。五种间谍都使用起来，就能使敌人摸不着头脑而无所适从。所谓"因间"，是指利用敌国乡里人做间谍。所谓"内间"，是指收买敌国的官吏做间谍。所谓"反间"，是指利用或收买敌方派来的间谍为我效力。所谓"生间"，是指派往敌方侦察后，能活着回来报告敌情的人。所谓"死间"，是指故意散布虚假情况，让我方间谍知道而传给敌方的间谍，敌人上当后往往将其处死。

当年汉朝西域都护班超，刚刚任将军长史，将手下的步兵、骑兵二万五千人都派出去攻打莎车国，莎车向龟兹求救。龟兹王派遣左将军发温宿王、姑墨王、尉头王共五万人联合起来帮助莎车。班超召集所属部队及于阗疏勒王商议说："我军兵少不能与敌人对抗，不如先让各部解散。于阗王从这里向东，我从这里西归。半夜里听到鼓声出发。"大家都同意这一意见。班超暗中释放了捉来的俘虏。俘虏回去后把班超的话告诉了龟兹王。龟兹王听后大喜，派左将军带领一万名骑兵在西面伏击班超，温宿王率领八千名骑兵在东面伏击于阗王。夜深人静后，班超却秘密命令各部激励士兵，准备行动。到了鸡鸣时，一齐奔赴莎军军营，来势迅猛，胡兵惊慌奔逃。班超的军队斩杀了五千多敌人，于是莎车被迫投降。

同样的例子还有，耿弇讨伐张步，张步听说之后，便派遣大将费邑驻扎在历下，又分兵屯守祝阿，另在太山钟城布列了几十个兵营等待耿弇。耿弇渡过黄河，先围攻、打败了祝阿，然后故意网开一面，让被围困的祝阿的士兵能奔逃到钟城。钟城的守军听说祝阿已经溃败，非常惊恐，于是集体逃亡。费邑派遣自己的弟弟费敢把守巨里，耿弇进兵，首先威胁巨里，并大量砍伐树木，扬言要填塞坑堑、铺平道路，进攻巨里。不多时，有来投降的人，说费邑听说耿弇要进攻巨里，正打算前来救助。耿于是严令军队赶快准备进攻用的器械，说三天后部队都要去进

攻巨里。耿同时又把投降者释放，让他回去。投降者回去后便将耿进攻巨里的日期告诉了费邑。到了这天，费邑果然亲自带领着部队来救助巨里。耿弇高兴地对自己的将领说："我之所以要让你们准备攻城的器械，正是引诱费邑来巨里的。现在他来了，我求之不得的。"随即分兵三千人把守巨里，自己却领着精锐部队驻扎在高岗、山坡，借高峻的地势和费邑交战，使费邑大败，在阵前斩了费邑。这是使用"因间"所产生的作用。

晋时，益州牧罗尚派遣隗伯在郫城攻打李雄，彼此都有胜负。李雄于是招募武都人朴泰，用鞭子抽得朴泰鲜血淋漓，然后让他投奔罗尚，诡称在罗尚进攻时做内应，以举火为信号。罗尚相信了朴泰，调动全部精兵让隗伯等率领跟随朴泰。李雄先派李骧在道路上埋伏，朴泰登上长梯靠着城墙，举起火把，隗伯的军队看见火把，都争着攀梯而上。朴泰又用绳子吊上来百余名罗尚的士兵，都杀掉了。李雄乘机从城内放出兵，内外夹击，使罗尚惨遭失败。这是使用"内间"所产生的作用。

郑武公准备攻伐胡人，先把女儿嫁给胡人首领，然后询问大臣："我准备发动战争，谁是可以讨伐的对象？"大夫关期思说："胡人可讨伐。"郑武公大怒，说："胡，是兄弟之国，你却说可以讨伐，是何用意？"于是杀掉了关期思。胡人听说后，认为郑国和自己非常友好，因此不去防备郑国。郑国乘机袭击胡，夺取了胡的地域。这是使用"死间"所产生的作用。

陈平用重金在楚军中大行"反间"计，离间范增，楚王因此怀疑他，范增愤然而去。这是使用"反间"计。

所以军队中的亲信，没有比间谍再亲信的了，奖赏没有比间谍更优厚的了，事情没有比间谍更机密的了。不是才智过人的将帅不能使用间谍，不是用心精细、手段巧妙的将帅不能得到间谍的真实情报。这是三军的要害所在，是贤德圣哲所格外留意的。

【评析】

间谍的出现，是军事发展史上的重要事件。间谍的使用，使战争不再是简单的军事对抗，而成为双方智力的较量。使用间谍，必须机智果敢，精心细致，以防止被敌人欺骗和利用。孙子认为："非圣智不能用间，非仁义不能使间，非微妙不能得间之实。"实在是中的之言。

将体五一

凡战之要，先占其将而察其才。用兵之要，为将之略也。

用兵要，在于将

【经文】

《万机论》曰："虽有百万之师，临时吞敌，在将也。"吴子曰："凡人之论将，恒观之于勇。勇之于将，乃万分之一耳。"故《六韬》曰："将不仁，则三军不亲；将不勇，则三军不为动。"孙子曰："将者，勇、智、仁、信、必也。"勇，则不可犯；智，则不可乱；仁，则爱人；信，则不欺人；必，则无二心。此所谓"五才"者也。

三军之众，百万之师，张设轻重，在于一人，谓之气机。道狭路险，名山大塞，十人所守，千人不过，是谓地机。善行间谍，分散其众，使君臣相怨，是谓事机。车坚舟利，士马闲习，是谓力机。此所谓"四机"者也。

夫将可乐而不可忧，谋可深而不可疑。将忧则内疑，谋疑则敌国奋。以此征伐，则可致乱。

故将能清①能静，能平能整，能受谏，能听讼，能纳人，能采善言，能知国俗，能图山川，能裁厄难，能制军权。危者安之，惧者欢之，叛者还之，冤者原之，诉者察之，卑者贵之，强者抑之，敌者残②之，贪者丰之，欲者使之，畏者隐之，谋者近之，谗者覆之，毁者复之，反者废之，横者挫之，服者活之，降者说之，获城者割之，获地者裂之，获国者守之。获厄塞之，获难屯之，获财散之。敌动伺之，敌强下之，敌凌假之，敌暴安之，敌悖义之，敌睦携之，顺举挫之，因势破之，放言过之，四纲罗之。此为将之道也。

故将拒谏，则英雄散；策不从，则谋士叛；善恶同，则功臣倦；将专己，则下归咎；将自臧，则下少功；将受谗，则下有离心；将贪财，则奸不禁；将内顾③，则士卒淫。将有一，则众不服；有二，则军无试④；有三，则军乖背；有四，则祸及国。

《军志》曰：将谋欲密，士众欲一，攻敌欲疾。将谋密，则奸心闭；士众一，则群心结；攻敌疾，则诈不及设。军有此三者，则计不夺。将谋泄，则军无势；以外窥内，则祸不制；财入营，则众奸会。将有此三者，军必败。

将无虑，则谋士去；将无勇，则吏士恐；将迁怒，则军士惧。虑也，谋也，将之所重；勇也，怒也，将之所用。故曰：必死，可杀也；必生，可虏也；忿速，可侮也；廉洁，可辱也；爱人，可烦也。此五者，将军之过，用兵之灾。

故凡战之要，先占其将而察其才。因刑用权，则不劳而功兴也。其将愚而信人，可谋而诈；贪而忽名，可货而赂；轻变，可劳而困；上富而骄，下贫而碟，可离而间；将怠士懈，可潜而袭。智而心缓者，可迫也；勇而轻死者，可暴也；急而心速者，可诱也；贪而喜利者，可袭也、可遗也；仁而不忍于人者，可劳也；信而喜信于人者，可诳也；廉洁而不爱人者，可侮也；刚毅而自用者，可事也；懦心喜用于人者，可使人欺也。此皆用兵之要，为将之略也。

【注释】

①清：廉洁。

②戕：杀。

③内顾：思恋妻妾。

④试：法令。

【译文】

《万机论》说："即使有百万军队，在战斗打响时想要吞没敌人，关键还在于将领。"吴起说："常人在评论将领时，常把'勇'看成一个重要的衡量标准。其实，'勇'对于一个将领来说，只占他所具备品质的万分之一。"所以《六韬》说："为将的不仁爱，三军就不会亲和；为将的不勇猛，三军就不会主动向前。"孙子说:"做为一个将领,要具有勇、智、仁、信、必五种品格。"有勇,就不可侵犯;有智,就不能使他迷乱;有仁,就懂得爱人;有信,就不会欺诈他人;有必,就不会产生二心。这就是通常所称的"五才"。

虽有百万之众的军队,但安排布置、权衡轻重,还要有一个总的指挥,这就是关系到士气之盛衰的"气机"。道路狭窄险峻,有高山坚垒阻隔,十个人把守,千人也休想通过,这就是能否认识利用地形的"地机"。善于使用间谍,离间众人,使敌国君臣相互怨恨,这就是陷敌于不战自乱的"事机"。战车坚固、舟船轻便,战士武艺娴熟,战马久经教练习惯于奔驰,这些是发挥战斗力的"力机"。这就是人们通常所说的"四机"。

为将的要乐观,不可忧愁,谋略要深藏但不可犹疑。将有忧愁,军队内部就会产生怀疑;实行谋略有迟疑,敌国就会振奋。在这种情况下作战,就只会导致失败混乱。

所以为将的要清廉,要镇静,要公平,要严整,能接受意见,能判断是非曲直,能广纳人才,能听取善言,能了解敌国风俗,能图画山川地形,能判断艰难险阻,能控制军权。危难者使他安全,恐惧者使他高兴,叛逃者使他回还,含冤者要平反,申诉者要明察,位卑者要厚待他,强壮者要抑制,敌对者要杀掉他,贪婪者要满足他,有欲望的要利用他,畏惧做前锋的,要安排他到部队的后面,有谋略的亲近他,专门说别人坏话的要除掉他,缺损的官职要及时补上,反叛者要杀掉,横暴者要打击,顺服者要饶恕他,投降者要使之心悦诚服,占领城池者要割出一块奖给他,获取别人领地的要划出一块赐给他,获取敌国后要守卫。夺取了要塞,就要防守;夺取险要之地,就要屯兵把守;夺取了财物,就要分散给众人。敌人有行动,就要注意观察,敌人士气强盛,就要想办法消磨他,敌人攻势凌厉,要避开他,敌人越是暴怒,就越要安定我军,敌人越是悖逆,我军越要有义举,敌人和睦,要离异他,顺应敌人的举动挫败他,要善于分析客观形势、利用有利条件消灭敌人,要会夸大恶言,使敌人出错,然后围而歼之。上述种种,都是作为一个将领必须具备的能力。

所以说,将领不听从别人的意见,英雄就会离他而去;不采纳谋士的计策,谋士就会背叛他;为善为恶一样看待,有功之臣就无心向上;将专断自负，下级就会怨恨；将居功称能，下级就不会积极立功；将听信谗言，下属就会产生离异之心；将贪恋财物，奸佞之事就难以禁绝；将恋妻妾，士卒就放荡。以上种种，将占其一，士卒就不服；占其二，军纪就无法执行；占其三，部队就会反叛作乱；占其四，祸乱就将危及国家。

《军志》上说："将领的谋略要机密周全，全军要团结如一人，攻击敌人要疾速。"将领的谋略机密周全，奸心就无机可逞；全军上下团结如一人，就会众志成城，疾速地攻击敌人奸计就来不及布设。这三条能在军中施行，计谋就不会耽误。谋略被泄漏了，军队就无威势可言；敌人刺探到我军内部情况，祸患将不可制止；非法的财物进入军营，奸佞之人就会结党营私。将领如有这三种行为，军队一定会失败。

将无主见，谋士就会离去；将无勇，军士就会惊恐；将迁怒于人，军士就会惧怕。主见、谋略，是将帅所倚重的；勇气、怒气，是将帅所慎用的。所以说，有勇无谋，只知死拼，就可能被敌诱杀；临阵畏怯，贪生怕死，就可能被敌俘虏；急躁易怒，一触即怒，就可能被敌凌侮而妄动；廉洁好名，过于自尊，就可能被敌污辱而失去理智；只知爱护民众，就可能被烦扰而陷于被动。以上五点，是将帅容易犯的过失，亦是用兵的灾祸。

所以说作战最重要的，首先是要看将领的才能。依据法度使用权力，就会不劳而功成。如敌方将领愚钝而轻信别人，可使用计谋欺诈他；如贪婪而不顾名声，可用重金贿赂他；如轻举妄动，就设法使他劳顿窘困；如上富贵而骄纵，下贫穷而有异心，就可以离间他们；如敌方将帅倦怠，士卒松懈，就可以偷袭他们。如将领聪明而反应迟缓，就要使他急

迫；如勇猛又轻生，就欺凌他；如急躁易激动，就要诱惑他；如贪功好利，就要袭击他、贿赂他。如果因仁爱而对敌不狠，就要用敌人的残暴教育他；如有信誉而喜欢相信别人，就要让人去欺骗他；如廉洁却又不爱他人，就要凌侮他；如刚毅又喜欢自以为是，就要假装顺从他；如果内心懦弱、喜欢被别人驱使，就要让人去欺诈他。以上所说的这些，都是用兵的要旨，为将帅者必须了解。

【评析】

将领，是军队的大脑和灵魂。他既是军事行动的组织者，又是指挥者。在他手里握的不只是千万人的性命，也有国家的安危。因此他要具备超人的智慧、非凡的勇气。"勇""智""仁""信""必"五种品质必须具备，这样，才有可能在血与火的对抗中立于不败之地。

料敌五二

兵者，诡道也。能而示之不能，用而示之不用。

察敌情，视形动

【经文】

夫两国治戎，交和而舍，不以冥冥决事，必先探于敌情。故孙子曰："胜兵先胜而后战。"又曰："策之而知得失之计，候之而知动静之理，因形而作胜于众。"用兵之要也。

若欲先知敌将，当令贱而勇者，将轻锐以尝之。观敌之来，一起一坐，其政以理。其追北，佯为不及；其见利，佯为不知。如此者，将必有智，勿与轻敌。若其众欢旗乱，其卒自止自行，其兵或纵或横。其追北，恐不及；见利，恐不得。如此者，将必无谋，虽众可获。

故曰：敌近而静者，恃其险也；敌远而挑人者，欲人之进也；众树动者，来也；众草多障者，疑也；鸟起者，伏也；禽骇者，覆也；尘卑而广者，徒来也；散而条远者，薪来也；少而往来者，营军也。

辞卑而益备者，进也；辞强而进驱者，退也；无约而请和者，谋也；半进半退者，诱也；杖而立者，饥也；汲而先饮者，渴也；见利不进者，劳也；鸟集者，虚也；夜呼者，恐也；军扰者，将不重也；旗动者，乱也；吏怒者，倦也；粟马食肉，军无悬罃，不及其舍者，穷寇也；淳淳翕翕，徐与人言者，失其众也；数赏者，害也；数罚者，困也；数顾者，失其群也；来委谢者，欲休息也。兵怒而相近，久而不合，又不相去，必谨察之。

敌来新到，行阵未定，可击也；阵虽定，人马未食，可击也；涉长道，后行未息，可击也；行坂涉险，半隐半出，可击也；涉水半渡，可击也；险道狭路，可击也；旌旗乱动，可击也；阵数移动，可击也；人马数顾，可击也。凡见此者，击之而勿疑。

然兵者，诡道也。能而示之不能，用而示之不用。故匈奴示弱，汉祖有平城之围；石勒藏锋，王浚有幽州之陷。即其效也，可不慎哉！

【译文】

两国发生了战争，双方军队营垒相对峙，此时形势不明，不能随意做出判断，一定要先探清敌人的情况。所以孙子说："取胜之兵，首先是在刺探军情方面取胜，而后才在战场与敌人交锋。"又说："认真分析判断，以求明了敌人作战计划的优劣长短；仔细观察，以求了解敌人活动的规律。"根据敌情变化灵活运用战法，可以少胜多，这是用兵打仗的要旨。

如果要先了解敌方将领的情况，最好是让军中贫贱又勇敢的人，带领着轻便精锐的人马去观察敌情。观察敌军初来，如果一起一坐，说明他们治理得有条有理。如果敌军追逐败退者，假装赶不上；看见财利，假装不知道。这样的部队，它的将领一定非常精明，不可以轻视。如敌军喧哗，旌旗散乱，士卒行动随便，纵横坐卧，在追击败军时，惟恐赶不上，看见财利，惟恐得不到。这样的军队，它的将领一定属于无谋之辈，即使其军人数众多，与之交战，也是可以取胜的。

所以说，敌军近前却很安静，是有险峻的地形可依凭；敌军远道而来向我挑战，是企图引诱我军前行；树丛摇动得面积大，敌军来的多；草丛中多处设置障碍，是用来疑惑我军的；有鸟惊起，则有埋伏；禽鸟惊骇，是敌军大举来袭；尘土低而广的，是敌军徒步来袭；尘土分散成条状，而且前后远连，这是敌军在运送粮草；尘土少却往来飘荡，是敌军在安营扎寨。

敌军使者言辞谦卑却加紧战备，是要进攻；言辞强硬而又做出进攻的样子，是要撤退；敌军没有事先约定就来求和，必有计谋；敌军呈半进半退之势，是引诱我向前；敌军持手中武器站立，是饥饿之旅；敌军找水争饮，是饥渴之旅；见到财利却不向前，是因为过度劳困；敌营有鸟雀集聚，说明营中已空；敌人夜间有惊呼声，说明敌军心中恐惧；军营骚动，是将领没有威严；旌旗摇动，是敌军中起了混乱；军吏时常发怒，是过度疲倦之症候；敌人用粮食喂马，杀牲口吃肉，收拾起炊具不再返回营地，是准备决一死战的表示；敌军将领低声下气和士兵说话，是其将领不得人心的表现；再三奖赏士卒的，说明敌将已没有其他办法；再三重罚下属的，是敌军已陷于困境；再三环顾，是丢失了队伍；敌军借故派使者来谈判，言词委婉的，是想休兵息战。敌军盛怒前来，却久不接战，又不离去，必须谨慎观察其意图。

凡是以下情况，均可以毫不迟疑地攻击敌军：敌军刚刚来到，行阵还未来得及布列；行阵虽已布列，但人马还未来得及进食；长途跋涉，后到的部队还未休息；行进于岗坡险阻之地，处在半隐半显状态；半部渡水；正在险狭之路上行进；旌旗乱动；敌阵频繁移动；敌军人马再三返顾。

然而，用兵打仗，是一种诡诈的行为。能攻却要显出不攻的样子，要打却要显出不打的样子。匈奴故意示弱，汉高祖不了解真情，被围困在了平城；

石勒故意藏起锋芒，王浚不知道实况，失陷了幽州。这都是诡诈的结果，不谨慎可以吗？

【评析】

战争实际是一种将人类智慧发挥到极致的斗智斗勇的活动，所以，在此孙武指出战争的特征是：兵者，诡道也。正是由于战争的这个特征，因此，战争取胜的基本原则是：攻其不备，出其不意。

势略五三

水之弱，至于漂石者，势也。

水漂石，势者也

【经文】

孙子曰："勇怯，势也；强弱，形也。"又曰："水之弱，至于漂石者，势也。"何以明之？

昔曹公征张鲁，定汉中，刘晔说曰："明公以步卒五千讨诛董卓，北①破袁绍，南征刘表。九州百郡，十并其八，威震天下，势慑海外。今举汉中，蜀人望风，破胆失守，推此而前，蜀可传檄而定也。刘备，人杰也，有智而迟，得蜀日浅，蜀人未附。今破汉中，蜀人震恐，其势自倾。以公之神明，因其倾而压之，无不克也。若小缓之，诸葛亮明于理而为相，关羽、张飞勇冠三军而为将，蜀人既定，据险守要，则不可犯也。今不取，必为后忧。"曹公不从。居七日，蜀降者说："蜀中一日数十惊，备斩之而不能禁也。"曹公延问晔曰："今尚可击否？"晔曰："今已小定，未可击也。"

又，太祖征吕布，至下邳。布败，固守城，攻不拔，太祖欲还，荀攸曰："吕布，勇而无谋。今三军皆北，其锐气衰。三军以将为主，主衰则军无奋意。夫陈宫有智而迟，今及布气之未复，宫谋之未定，进急攻之，布可拔也。"乃引沂泗灌城，城溃，生擒布。以此观之，当是时，虽诸葛之智，陈宫之谋，吕布之勇，关、张之劲，无所用矣。此谓"勇怯，势也。强弱，形也"。

故兵有三势②，善战者恒求之于势。势之来也，食其缓颊，下齐七十余城；谢石渡淝，摧秦百万之众。势之去也，项羽有拔山之力，空泣虞姬；田横有负海之强，终然刎颈。

故曰：战胜之威，人百其倍；败兵之卒，没世不复。故"水之弱，至于漂石"，此势略之要也。

【注释】

①北：向北。

②三势：指气势、地势、因势。

【译文】

孙子说："勇怯，是'形势'造成的；强弱，是由军事实力决定的。"又说："水性是非常柔弱的，却能冲走石块，这是由于水势强大的缘故。"为什么这样说呢？

从前曹操征伐张鲁，平定汉中，刘晔曾建议说："您以五千名步兵讨伐董卓，向北攻破袁绍，向南征服刘表。天下的州郡，十有八九被兼并，因而威震天下，声扬海外。现在占领汉中，蜀人望风丧胆，城池失守，照这样向前推进，蜀地用一纸檄文就能平定。刘备，是人中之杰，虽有智慧却是后来的，得到蜀地的时间短，蜀人尚未依附他。现在攻破汉中，蜀人得知后非常震恐，形势对刘备非常不利。以您的神明，如果乘着形势对刘备不利而加紧攻伐，没有不胜的。如果稍一松懈，有明察事理的诸葛亮为相，有勇冠三军的关羽、张飞为将，蜀人一旦安定了，据守险要，那就不能轻易侵犯了。今日不攻取，一定会成为后患的。"曹操不听从。过了七天，投降魏的蜀人说："大势已去，蜀中人惧怕曹操，一日内惊恐数十次。刘备连续斩杀劝降者，却不能禁止。"这时，曹操叫来刘晔说："现在是否还用进攻？"刘晔说："现在蜀地已初步平定，不用进攻了。"

曹操征伐吕布，到了下邳。吕布失败坚守下邳城不出。因为不能取胜，曹操准备回返，荀攸说："吕布，有勇而无谋。现在他的各路军队都失败了，他的锐气大衰。三军以将领为主帅，主帅锐气衰减，他的军队必然失去了战斗力。吕布的谋士陈宫虽有智慧却是后来的，现在乘着吕布的元气尚未恢复，陈宫的计谋尚未商定，只要连续进攻，吕布可以除掉。"曹操听了荀攸的建议，引来沂水、泗水灌下邳城，城被大水冲得崩溃了，活捉了吕布。由此来看，在那样的时候，就是有诸葛亮的智慧，陈宫的谋略，吕布的骁勇，关羽、张飞的劲健，也是没有用的。这就是所谓"勇怯，势也；强弱，形也。"

所以说，用兵打仗有"三势"。善于用兵打仗的人，最会捕抓有利于自己的形势。形势到来，郦食其劝说齐王田广，攻克了齐国七十余座城；谢安淝水一战，打垮了前秦百万大军。如果大势已去，项羽纵有拔山之力，只能与虞姬相对而哭泣；田横有背负大海的壮志，最终还是刎颈自杀。

所以说，有胜利带来的威势，斗志会增加百倍；而败军的士卒，再难振奋。所以说，水性至柔至弱，却能冲走石块，这就是"势略"的要旨。

【评析】

要战胜敌人，不仅要有强大的军事实力，还要善于造成威猛难当、气盖山河的态势。勇敢与怯弱，彼此依存，在一定条件下是可以转化的。"势"强者，"怯"可以化为"勇"，少能胜多、弱能胜强；"势"弱者，"勇"可以变成"怯"，虽有百万之众，也脆弱异常，不堪一击。

攻心五四

凡伐国之道，攻心为上，攻城为下。心胜为上，兵胜为下。

攻心上，持之恒

【经文】

孙子曰："攻心为上，攻城为下。"何以明之？

战国时有说齐王曰："凡伐国之道，攻心为上，攻城为下。心胜为上，兵胜为下。是故圣人之伐国、攻敌也，务在先服其心。何谓攻其心？绝其所恃，是谓攻其心也。今秦之所恃为心者，燕、赵也，当收燕、赵之权。今说燕、赵之君，勿虚言空辞，必将以实利以回其心，所谓攻其心者也。"

沛公西入武关，欲以二万人击秦峣关下军。张良曰："秦兵尚强，未可轻也。臣闻其将屠者子，贾竖易动以利。愿沛公且留壁，使人先行，为五万人具食，益张旗帜诸山之上，为疑兵。令郦食其持重宝啖秦将。"秦将果欲连和，俱西袭咸阳，沛公欲听之。良曰："此独其将欲叛，士卒恐不从。不从，必危，不如因其懈击之。"沛公乃引兵击秦军，大破之。

【译文】

孙子说："攻心为上策，攻城为下策。"为什么这样说呢？

战国时有人劝说齐王："攻打一国的方法，以攻心为上策，以攻城为下策。心胜为上，兵服为下。所以圣智之人讨伐他国、战胜敌人，最要紧的是先使其心服。什么叫"攻心"呢？断绝他的凭恃就是"攻心"。现在秦所凭恃为心的，是燕国、赵国，应收回燕、赵的权力。如今劝说燕国、赵国的国君，不要只用空言虚辞，一定要给他们实利使其不帮助秦国，这就是所说的'攻心'。"

沛公刘邦向西进入武关，想用二万人攻打秦峣关的守军，张良进言说："秦兵还很强盛，不能轻敌。我听说峣关的军官是屠户的儿子，商人出身的小子容易利诱。希望沛公暂且安寨不动，派人先去，准备五万人的供给以张声势，再在一些山头上插满旗帜，以为疑兵，叫郦食其带着珍宝去贿赂秦军的将领。"秦军将领果然要求联合起来一同西进袭击咸阳，沛公准备听从这个要求。张良说："这不过是那些将领想叛变罢了，恐怕部下的兵士是不听从指挥的。部下不听从肯定会出危险，不如乘其懈怠进攻他们。"沛公于是领兵袭击，大破

秦军。

【评析】

善于指挥战争、善于用兵的人，降服敌方的军队不需硬打，夺取敌方的城堡不用硬攻，毁灭敌人的国家不需用旷日持久的战争。用确保彻底胜利的谋略来争天下，做到自己兵力不致折损，这才是战争的最高谋略。

伐交五五

善用兵者，使交不得合。

交不合，易攻之

【经文】

孙子曰："善用兵者，使交不得合。"何以明之？

昔楚莫敖将盟贰、轸①，郧②人军于蒲骚，将以随、绞、州、蓼③伐楚师，莫敖患之。斗廉曰："郧人军于其郊，必不诫，且日虞④四邑之至。君次于郊郢，以御四邑。我以锐师宵加于郧，郧有虞心而恃其城，莫有斗志。若败郧师，四邑必离。"莫敖从之，遂败郧师于蒲骚。

汉宣帝时，先零与罕、开羌解仇，合党为寇。帝命赵充国行诛罕、开，充国守便宜，不从，上书曰："先零羌虏欲有背叛，故与罕、开解仇，然其私心不能忘，恐汉兵至而罕、开背之也。臣愚以为其计，常欲赴罕、开之急，以坚其约。先击罕羌，先零必助之，今虏马肥粮方饶，击之，恐不能伤害，适使先零得施德于罕羌也，坚其约，合其党，虏交坚党合，诛之用力数倍，臣恐国家忧累，由十数年，不二三岁而已。先诛先零，则罕、开之属，不烦兵服矣。"帝从之，果如策。

魏太祖伐关中贼，每一部到，太祖辄喜。贼破之后，诸将问其故。太祖曰："关中道远，若各依险阻，征之，不一二年不可定也。今皆来集，众虽多，莫能相服，军无适主，一举可灭，为攻羌易，吾是以喜。"语曰：连鸡不俱栖，可离而解。曹公得之矣。此伐交者也。

【注释】

①贰、轸：古国名。

②郧（yún）：古国名。

③随、绞、州、蓼：古国名。

④虞：忧虑。

【译文】

孙子说："善于用兵打仗者善将威势施加于敌国，使其无法与他国结盟。"为什么这样说呢？

从前楚国的莫敖要与贰国、轸国结盟，郧人却在蒲骚埋伏军队，将和随、绞、州、蓼几国联合起来讨伐楚军，莫敖非常担扰。斗廉说："郧人在其城郊驻军，一定不会诫备，况且日日候望着随、绞等国军队的到来。您在城郊驻军，以抵御随、绞等国的军队。我率领精锐部队乘着黑夜攻打郧人，郧人有担扰之心就要依凭其城，因而不会有斗志。如果能打败郧人的军队，随、绞等国就会和郧离异。"莫敖听从了这个建议，于是在蒲骚打败了郧人的军队。

汉宣帝时，先零部落与罕、开羌解开了仇怨，联合起来为寇贼。宣帝命令赵充国先去讨伐罕、开，赵充国出于对国事的考虑，因而不听从，于是上书给宣帝："先零羌虏想背叛，所以和罕、开解开了仇怨，然而其内心却不能忘记仇怨，担心汉朝军队到来，罕、开背叛了它。我以为先零是这样打算的，它要为罕、开解急，使其约守更坚固。如果先攻击罕羌，先零一定要来协助他们，现在敌人正处在马肥粮足之时，攻击它，恐怕也不能给罕羌以致命打击，反倒使先零有机会施德惠给罕羌，使其盟约更牢固，团结更紧密，这样一来，要想打败他们，就得花更多的力气。我担心国家因此出现困难，会长达十数年，而不是二三年。如果先讨伐先零，那么罕、开等不用发兵，也会顺服。"宣帝听从了赵充国的建议，果然不出所料。

魏太祖曹操讨代关中贼寇，每当一个地方的贼寇出来，太祖就非常高兴。贼寇被消灭之后，各路将领问太祖高兴的原因，太祖说："关中道路遥远，如果贼寇据守险要地形抵抗，要讨伐它，不用一二年时间是不能平定的。现在他们自动聚集前来，人虽多，但彼此不服气，没有统一的指挥，这样就可以一举消灭，比攻打羌人容易得多，我因此高兴。"谚语说：如果用绳子绑在一起的鸡不能一起上架栖息，那就可以分开它们，逐个瓦解。曹操是深得此中道理的。这就是所谓的"伐交"。

【评析】

正面进攻往往会把自己暴露在敌手面前，而且费人、费力。所以有些时候采用迂回、侧攻的方式，反而能取得意想不到的胜利。

各个击破明显要比一下灭之容易得多，而又有几人能熟练地运用"伐交"这个谋略呢？

格形五六

攻其所爱，则动矣。是以善战者，无知名，无勇功。不争白刃之前，不备已失之后。

攻其爱，必动之

【经文】

孙子曰："安能动之。"又曰："攻其所必趋。"何以明之？

昔楚子围宋，宋公使如晋告急①。晋狐偃曰："楚始得曹，而新婚于卫，若伐曹、卫，楚必救之，则齐、宋免矣"。果如其计。

魏伐赵，赵急请救于齐。齐威王以田忌为将，以孙膑为师，居辎车中为计谋，田忌欲引兵之②赵，孙子曰："夫解杂乱纠纷者，不控拳；救斗者，不博戟。批亢捣虚，形格势禁，则自为解耳。今梁、赵相攻，轻兵锐卒必竭于外，老弱疲于内。君不若引兵疾走大梁，据其街路，冲其方虚，彼必释赵而自救，是我一举解赵之围，而弊于魏也。"田忌从之，魏果去邯郸。

又，曹操为东郡太守治东武阳，军顿丘，黑山贼于毒等攻东武阳。太祖

300

欲引兵西入山，攻毒本屯，诸将皆以为当还自救，曹操曰："昔孙膑救赵而攻魏，耿弇欲走西安攻临淄。使贼闻我西而还，则武阳自解。不还，我能破虏家，虏不能拨武阳，必矣。"乃行。毒闻之，果弃武阳还，曹操要击，大破之。

初，关侯围楚襄阳，曹操以汉帝在许，近贼，欲徙都。司马宣王及蒋济说曹操曰："刘备、孙权外亲内疏，关侯得志，权必不愿也。可遣人劝蹑其后，许割江南以封权，则楚围自解。"曹操从之，侯遂见③擒。

此言攻其所爱，则动矣。是以善战者，无知名，无勇功。不争白刃之前，不备已失之后。此之谓矣。

【注释】

①急：危急。

②之：到，前往。

③见：被。

【译文】

孙子说："怎么样才能使敌军移动呢？"又说："那就要攻击他必定要去援救的地方。"为什么这样说呢？

从前楚国军队围攻宋国，宋王派使者到晋国求救。晋国的狐偃说："楚刚刚得到曹国，又新近和卫国缔结婚姻，如果攻打曹、卫，楚军一定会救援，这样宋国和齐国就可解围了。"后来果如狐偃所料。

魏国攻打赵国，赵国急忙向齐国求救。齐威王任命田忌为将、孙膑为军师去救齐，在去救齐路上的战车中，二人商量计谋，田忌打算领兵直接去解救赵国。孙膑则说："解开乱丝，不能用拳头；劝人停止斗殴，不能伸手。只要抓住要害，造成一种阻止纠缠、争执的形势，纷争就会自己解开。现在魏国正在进攻赵国，它的精锐部队一定全开往国外，年老体弱的士兵留守国土。您不如带兵直奔大梁，占据魏都的要道，冲击它空虚的后方。这样，魏军一定会放弃赵国，返回来拯救自己的国家。这样一来，我们既救了赵国，又击败了魏国。"田忌听从孙膑的建议，带兵急奔大梁，魏军果然离开了邯郸。

曹操做了东郡的太守，治理东武阳，屯兵在顿丘，黑山的贼寇于毒等攻击东武阳。曹操打算领兵从西面入山，攻击于毒的大本营，各部的将领都认为应该返回东武阳自救。曹操说："当年孙膑围魏救赵，耿弇想奔向西安却去攻打临淄。如果使贼寇听说我向西攻击其大本营而撤退，那么东武阳的危急就可以解除了。如果贼寇不撤退，我能攻破敌人的老窝，而敌人却不能攻进东武阳。就这样定了。"于毒听说后，果然放弃了东武阳西还，曹操伏兵半路拦截，大败于毒。

当初，关羽围困襄阳，曹操因为汉帝在许都靠近贼寇，打算迁都。司马宣王、蒋济都劝说曹操："刘备和孙权是外亲内疏。关羽得志，孙权肯定心里不痛快。可以派人劝说孙权紧随关羽之后，攻击关羽，答应割取江南给孙权，这样襄阳之围就可以解除了。"曹操听从了这个建议，关羽果然被孙权擒获。

这里说的是要进攻敌人的要害之处，敌人肯定要有行动。所以，善于打仗的人，他取得胜利，既显不出智谋的名声，也看不出勇武功劳。不在白刃搏杀之前争斗，不在进攻机会已失之后才防备，说的就是这个道理。

【评析】

回避敌人正面裸露的锋芒，攻击其身后空虚的地方，从而在敌人的攻击中机动有效地消灭他，这是"格形"的精髓。

蛇势五七

率然者，常山之蛇，击其头则尾至，击其尾则首至，击其中则首尾俱至。

军队齐，首尾顾

【经文】

语曰："投兵散地，则六亲不能相保；同舟而济，胡、越何患乎异心。"孙子曰："善用兵者，譬如率然。"何以明之？

汉宣帝时，先零为寇，帝命赵充国征之。引兵至先零所在，虏久屯聚解弛，望见大军，弃车重，欲渡湟水，道厄狭，充国徐行驱之。或曰："逐利行迟。"充国曰："此穷寇，不可迫也。缓之，则走不顾；急之，则还致死。"诸将校皆曰："善。"虏果赴水溺死者数百，于是破之。

袁尚既败，遂奔辽东，众有数千。初，辽东太守公孙康恃远不服，曹公既破乌丸，或说公："遂征之，尚兄弟可擒也。"公曰："吾方使康斩送尚、熙首，不烦兵矣。"公引兵还。康果斩送尚、熙，传其首。诸将或问曰："公还而康斩尚、熙，何也？"公曰："彼素畏尚、熙，其急之，则并力，缓之，则自相图，其势然也。"

曹公征张绣，荀攸曰："绣与刘表相恃为强，然绣以游军①仰食于表，表不能供也，其势必离。不如缓军以待之，可诱而致也。若急之，则必相救。"曹操不从，进至穰，与绣战。表果救之，军不利矣。

故孙子曰："故善用兵者，譬如率然。率然者，常山之蛇，击其头则尾至，击其尾则首至，击其中则首尾俱至。"或曰："敢问可使如率然乎？"孙子曰："可矣。夫吴人之与越人相恶，当其同舟而济，则救如左右手。是故放马埋轮，不足恃也；齐勇若一，政之道也。"此之谓矣。

【注释】

①游军：指没有根据地的散兵游勇。

【译文】

谚语说："把士卒放在自己的领地内和敌人作战，士卒在危急时就容易逃散，因此在这种情况下，即使是六亲也不能彼此相保。而在风雨飘摇中同处一只船上，即使是曾经相互仇视的胡人和越人，也不用担心他们在此时会存有异心。"孙子说："善于打仗的人，就像能首尾相顾的常山蛇'率然'一样。"为什么这样说呢？

汉宣帝时，先零部落反叛，宣帝命令赵充国去征伐。赵充国领兵到先零

的所在地，先零屯驻很久，开始松懈，看到汉军逼近，他们便慌忙丢弃了装备物质，想渡过湟水，先零败逃的道路险狭，赵充国在后面慢慢地驱赶他们。有人说："为什么追逐敌人这样迟缓。"赵充国说："这是'穷寇'，不能把他们逼急了。如果慢慢地追逐，他们就逃跑了不再回顾；如果逼急了，他们会狗急跳墙，拼死一战的。"听了赵充国的话后，部下都说"是这样"。果然，在渡河时就有数百名先零人淹死，最终先零被赵充国打得大败。

三国时，袁尚因为失败，逃奔到了辽东，手下仍有数千人。当时的辽东太守公孙康依仗着自己地方僻远，不顺服曹魏。曹操这时已经打败了乌丸，有人劝说曹操："要紧接着讨伐辽东，袁尚兄弟就能被擒获。"曹操说："我要让公孙康自己杀掉袁尚、袁熙，送来他们的首级，不用动兵。"曹操于是领兵而回。后来公孙康果然杀掉了袁尚兄弟，并送来了首级。将领中有人问曹操："您领兵返回，公孙康却杀了袁熙、袁尚，这是因为什么呢？"曹操说："公孙康平时就畏惧袁尚兄弟，我如果逼急了，公孙康就会和袁尚兄弟合起来抵抗，如果松缓一下，他们就会自相残杀。这是形势决定的。"

曹操要征伐张绣，荀攸劝谏说："张绣与刘表相互依凭而逞强，然而张绣是领着的散兵游勇向刘表求食。长久下去，刘表是不会提供军资的，最终两人一定会离异。不如先暂缓征伐，看一下情况，引诱他前来。如果逼急了，刘表一定会来救援。"曹操不听，进军到了穰，与张绣作战。刘表果然来救助张绣，使曹操非常被动。

孙武说："善于用兵打仗的人，就像'率然'一样。'率然'是常山的一种蛇，打它的头，尾就来救应；打它的尾，头就来救应；打它的中部，头和尾都来救应。"有人说："请问军队可以像'率然'一样吗？"孙子回答："可以。吴国人和越国人虽然相互仇视，可是，当他们同船渡河时，如遇到大风，也能如左右手一样相互援救。因此，想用系住马匹、埋住车轮的办法来稳定军队，那是靠不住的。要使士卒整齐一致，奋勇杀敌，就要靠组织指挥得法。"说的正是这个道理。

【评析】

善于用兵打仗者，要懂得分化、瓦解敌人。在特殊的情况下，甚至要网开一面，避免把敌人逼急了，负隅死战，给自己带来不必要的损害。

先胜五八

以近待远，以逸待劳，以饱待饥，此治力者。

先胜者，后战之

【经文】

孙子曰："善用兵者，先为不可胜，以待敌之可胜。"何以明之？

梁州贼王国围陈仓，乃拜皇甫嵩、董卓，各率二万人拒之。卓欲速进赴陈仓，嵩不听。卓曰："智者不缓时，勇者不留决。速战则城全，不救则城灭。全灭之势，在于此也。"嵩曰："不然。百战百胜，不如不战而屈①人之兵。是以先为不可胜，以待敌之可胜。不可胜在此，可胜在彼，彼守不足，我攻有余。有余者，动于九天之上；不足者，陷于九地之下。今陈仓虽小，城守固备，非九地之陷也；王国虽强，而攻我之所不救，非九天之势也。夫势非九天，攻者受害；陷非九地，守者不拔。国今已蹈受害之地，而陈仓保不拔之城。我可不烦兵动众，而取全胜之功，将何救焉？"遂不听。王国围陈仓，自冬迄春八十余日，城坚守固，竟不能拔。贼众疲弊，果自解去。

嵩进兵击之，卓曰："不可。兵法：穷寇勿迫，归众勿追。今我追国，是迫归众、追穷寇也。困兽犹斗，蜂虿有毒，况大众乎？"嵩曰："不然，吾前不击，避其锐也。今而击之，待其衰也。所击疲师，非归众也；国众且走，莫有斗志。以整击乱，非穷寇也。"遂独进兵击之，使卓为后拒。连战，大破。国走而死。卓大惭恨。

青州黄巾众百余万人，东平刘岱欲击之。鲍永谏曰："今贼众百万，百姓皆震恐，士卒无斗志，不可敌也。观贼众群辈相随，军无辎重，唯以抄掠②为资。今若畜士众之力，先为固守，彼欲战不得，攻则不能，其势必离散。

然后选精锐，既据其要害，击之，可破也。"岱不从，果为贼所败。

晋代王开攻燕邺城，慕容德拒战代师，败绩，德又欲攻之，别驾韩潭进曰："昔汉高祖云：吾宁斗智，不能斗力。是以古人先胜庙堂，然后攻战。今代不可击者四，燕不宜动者三：代悬军远入，利在野战，一不可击也；深入近畿，顿兵死地，二不可击也；前锋既败，后军方固，三不可击也；彼众吾寡，四不可击也。官军自战其地，一不宜动；动而不胜，众心难固，二不宜动；隍池未修，敌来无备，三不宜动。此皆兵机也。深沟高垒，以逸待劳。彼千里馈粮，野无所掠，久则三军靡费，攻则众旅多弊，师老衅生，详而图之，可以捷也。"德曰："韩别驾之言，良、平之策也。"孙子曰："以近待远，以逸待劳，以饱待饥，此治力者。"此先胜而后战者也。

【注释】

①屈：使……屈服。

②抄掠：抢劫。

【译文】

孙子说："善于用兵打仗的人，首先要创造条件，使自己不致被敌人战胜，然后等待和寻求敌人可能被我军战胜的时机。"为什么这样说呢？

梁州贼寇王国围困陈仓，皇上于是拜皇甫嵩、董卓为将，各率领二万人去讨伐。董卓想迅速领军奔赴陈仓，皇甫嵩不听从。董卓说："智者不会放弃时机，勇者不会迟疑不决。速战就能保全陈仓，不去援救，陈仓就会被攻占。陈仓被保全或被攻占，都在此一举了。"皇甫嵩说："不是这样的。百战百胜，也不如不战就使敌人屈服。所以首先要创造条件，使自己不致被敌人战胜，然后等待和寻求机会，战胜敌人。使自己不被敌人战胜，主动权在于自己；可能战胜敌人，在于敌人有可乘之机采取守势，是因为取胜条件不足；我们进攻，是因为取胜条件有余。取胜条件有余的，像动作于高不可测的天上一样，使敌人无从防备；取胜条件不足的，就像陷在深深的地下一样，难有大的进展。现在，陈仓虽然小，防守牢固，并没有到了'九地之陷'的困境；王国虽然强盛，进攻我军不准备去援救的地方，也没有具备'九天之势'。如果没有具备'九天之势'，那么进攻者就要受害；如果还不到'九地之陷'的困境，那么陈仓就不会被攻破。王国现今已受到危害，而陈仓还是不能被攻破的城池。这样，我军不用兴师动众，就可以大获全胜，又有什么必要迅速进攻呢？"

皇甫嵩因此不听董卓的建议。王国围困陈仓，从冬到春有八十余天，但陈仓防守牢固，不能攻破。久战不胜，王国的军队疲惫不堪，最终还是撤退了。

这时候，皇甫嵩要进兵攻击王国。董卓说："不行，兵法上说：'穷寇勿迫，归众勿追。'现在我们追击王国，是逼迫归众，追击穷寇。困境中的野兽还要搏斗，马蜂蝎子是有毒的，更何况是众多的人呢？"皇甫嵩说："不对，以前我不攻击王国，是回避他的锐气。对方有实力要多防备，强盛要避开，精锐的士卒不要轻易进攻，这都是用兵打伐的要旨。现在进攻他，是因他已衰颓。我们现在进攻的是疲乏之师，而不是'归众'；王国的人虽多但都想逃走，我们以严整之师攻击混乱之师，并非追击穷寇。"皇甫嵩于是单独领兵攻击王国，让董卓在后。皇甫嵩连战告捷，大败敌军，王国在逃跑中被杀。董卓因此惭愧，心中忌恨皇甫嵩。

青州的黄巾起义军有一百多万人，东平的刘岱

打算发起进攻。鲍永劝谏说："现在黄巾军有百万之众，百姓都惊恐害怕，士兵也没有斗志，这样是不可能取胜的。我看黄巾军众多，却一群群相随着，军中又无物质装备，唯以四处抢掠为物质来源。现在我们如果积蓄士卒的力量，先稳固防守，黄巾军不能交战、不能进攻，其凶猛之势就会逐渐被瓦解。然后我们选取精锐部队，占据险要地势攻击它，就可以战胜敌人。"刘岱不听从鲍永的建议，强行进攻，结果被黄巾军打败。

晋代王开攻燕的邺城，慕容德抵御代王的军队，结果大败。慕容德还要进攻，别驾韩潭劝说："当年汉高祖说：我宁可去较量智慧，不愿去和对手较量力气。因此古人先在庙堂上出谋划策，然后才采取军事行动。现在代王不可以击的原因有四个，燕不宜采取行动的原因有三个：代王孤军深入，有利于旷野作战，这是一不可攻；敌军进入到首都附近，把士兵布置在了'疾战则存，不疾战则亡'的'死地'，这是二不可攻；前锋虽然失败，后面阵地仍然牢固，这是三不可攻；敌人众多，我军兵力少，这是四不可攻。我军在自己的地域作战，这是不能行动的原因之一；行动了却不能取胜，军心难以稳定，这是不能行动的原因之二；城墙未能修整，敌人来进攻不能防备，这是不能行动的原因之三。这些都是用兵的机要。不如深挖沟，高垒墙，充分得到休整后再迎击敌人。敌人从千里外运输粮食，田野里又难有所获，时间长了敌军耗

费巨大，进攻多有不便。我们现在要尊老护幼，小心谨慎地图谋攻破敌人，才能获胜。"慕容德说："韩潭的建议，有如当年张良、陈平的计策。"孙子说："以自己的靠近战场来对待敌人长途跋涉，以自己的从容休整来对待敌人的奔走疲劳，以自己的粮足食饱来对待敌人的粮尽人饥。这就是治理军力的方法。"这是首先创造稳操胜算的条件，然后再作战的方法。

【评析】

善于用兵打仗者，要尽可能创造条件，争取主动。行军打仗的目的，就是为了取胜。能胜则胜，不能胜则在保持不败的基础上，创造取胜的条件，然后等待机会获胜。因为兵家最忌讳的就是打没有把握之仗，在条件不成熟时，就要设法避开敌人的锋芒，而后等待机会，寻求机会，最终战胜敌人。正如范蠡所言：时不至，不可强生；事不究，不可强成。